조선통신사, 타자와의 소통

조선통신사, 타자와의 소통

손승철 지음

景仁文化社

프롤로그

　21세기가 시작되는 2000년 1월, 한일양국에서는 한일관계의 새천년을 만들어 가기를 굳게 다짐했다. 그 첫 번째 사업으로 2002년에 월드컵을 공동 주최했고, 2005년에는 한일우정의 해를 약속하면서 새천년의 원년을 삼자고 했다. 그러나 그해 초에 일본 시마네현[島根縣]에서는 이른바 '다케시마의 날'을 제정했고, 문부과학성에서는 극우파의 역사교과서를 원안대로 검정 통과시켰다. 결국 '우정의 해'는 空約이 되고 그야말로 빛 좋은 개살구가 되어버렸다.

　더구나 한일수교 50주년이던 2015년에 양국정상은 회담도 제대로 하지 못하고, 두 나라 관계는 날이 갈수록 악화되고 있다. 하루 1만 명 이상이 오가는 시대에 한·일 두 나라의 역사시계는 거꾸로 가는 것은 아닐까. 이러한 불협화음은 두 나라가 지난 2천 년간 쌓아온 역사적 경험을 무의미하게 만드는 한심한 일이다. 모두 역사에 대해 무지하고 무관심해서 비롯되는 상황이다. 이제라도 지나 온 역사를 제대로 살펴봐야 하는 이유가 여기에 있다. 갈수록 악화되는 한일 관계를 개선할 실마리는 바로 역사 속에 정답이 있기 때문이다.

　2010년 '국권침탈 100년'을 맞아 KBS와 NHK에서는 지난 2천 년간 한일관계의 일면들을 소재로 특집방송 '한국과 일본'을 제작했다. 아쉽게도 공동제작은 하지 못했지만. 이때 나는 마치 조선통신사가 된 기분으로 두 방송국을 오가며 프로그램 제작에 참여했다. 그 과정에서 두 방송사 제작진의 마음이 하나라는 것을 확인할 수 있었다. 신숙주가 유언한 것처럼 한국과 일본은 '공존'해야 한다. 그러나 한일 양국이 공존을 위해서는 역사인식의

'공유'가 전제가 되어야 하고, 미래에 대한 '공생'의 비전을 갖지 않으면 안된다. 그래서 양국은 어떤 경우라도 서로 소통해야 한다. 역사의 답은 조선시대의 한일관계에 있다고 나는 감히 선언하고 싶고, 이 책들을 발간하는 이유가 여기에 있다.

조선시대 5백년간의 한일관계를 돌아보면서 느끼는 바가 적지 않다. 무엇보다 '우호와 적대는 별개가 아닌 한 몸'이라는 사실이다. 그렇기 때문에 아무리 적대적인 상대라도 관계를 끊어서는 안 된다. 오히려 상대가 그런 나라로 느껴질수록 적극적, 능동적으로 관계해야 한다.

조선에서는 일본에 대해 적대를 적대로 되갚지 않고 조선이 주도하는 交隣 정책으로 약탈을 공존으로 바꾸고, 전쟁을 평화로 바꾸었다. 한국에게 일본은 여전히 '가깝고도 먼 나라'이며 '멀고도 가까운 나라'이다. 일본이 한국에게 멀게 느껴지는 때일수록 교린의 의미를 되새기며 먼저 나서보자.

이 책은 지난 30년간 한일관계사를 공부하면서, 그동안 썼던 글을 재구성하여 출간한 6권 중 한권이다. 여섯 권의 책은 세 그룹으로 구분했다. 한 권은 본인의 박사학위 논문이고, 세 권은 조선시대 한일관계사의 여러 모습을 조명한 것이며, 나머지 두 권은 현재 한일관계의 현안이 되고 있는 주제를 다루었다.

세분하면 한 권은 『조선시대 한일관계사 연구, 교린관계의 허와 실』이고 세 권은 『조선전기 한일관계, 약탈과 공존』, 『조선후기 한일관계, 전쟁과 평화』, 『조선통신사, 타자와의 소통』이다. 나머지 두 권은 『독도, 그 역사적 진실』, 『한·일 역사교과서, 왜곡과 인식의 공유』이다.

내용을 요약하면, 제1권은 박사학위논문 『조선후기 대일정책의 성격 연구』를 증보한 책이다. 이 책의 키워드는 '中華的 교린체제에서 脫中華로'이다. 조선의 대일정책의 기본 틀은 交隣이었는데, 교린의 구조와 성격을 밝힌 글이다. 누차 하는 이야기지만 한국과 일본의 숙명적 관계는 더 이상의 설명이 필요 없다. 두 나라의 관계는 역사 이래 그래왔고, 현재에도 그러하며 또한 미래에도 그럴 수밖에 없다. 그래서 어쩌면 두 민족의 역사는 서로가 서로의 '關係'를 어떻게 정립하는 가에 따라서 결정된다고 보아도 무리가 없다. 관계를 어떻게 설정할 것인가, 제1권에서는 조선이 일본에 대해 5백년간 취했던 관계의 형태를 交隣으로 되짚어 본 것이다.

제1권은 2006년에 '경인한일관계 연구총서'로 이미 발간하였다.

제2권은 조선전기의 한일관계인데 부제가 '약탈과 공존'이다. 부제를 이렇게 붙인 이유는 한일관계는 왜구의 약탈로부터 시작되었기 때문이다. 그리고 한일관계의 쟁점은 이 약탈의 문제를 어떻게 풀어 가느냐 였고, 그것은 공존이라는 공동의 목표를 지향하고 있었다.

제3권은 조선후기의 한일관계를 다루었다. 조선후기 한일관계는 임진왜란으로부터 시작되었다. 7년간의 전쟁이 끝난 후, 한일관계의 쟁점은 전쟁을 마무리 짓고 새로운 관계를 시작하는 것이었다. 결국 전쟁을 평화로 바꾸어 가는 것이었다. 평화를 추구하려는 여러 모습을 관계 속에서 투영하고자 했다.

제4권은 조선통신사를 키워드로 양국 간의 갈등을 소통과 통섭으로 풀어가려고 했던 노력을 살펴보았다. 조선통신사는 한일 양국이 함께 연출한 성숙한 국제인식의 표현이다. 그점에서 통신사의 개념과 연구사는 매우 중요하다. 아울러 조선인의 국가관과 대외인식을 통하여 조신인은 일본을 어떻게 이해하고 있었는가를 『海東諸國紀』와 각종 『使行錄』들을 통해 타자와의 소통과 교린관계의 실상과 허상을 그려보고자 했다.

제5권과 제6권은 한일관계의 현재적 관심이라는 측면에서 양국의 최대 현안인 '독도'와 '일본역사교과서'의 왜곡문제를 다루었다.

제5권에서는 조선시대 사람들은 독도에 대하여 어떻게 인식했고, 또 어떠한 영토인식을 가지고 있었는가를 살펴보았다. 특히, 신라장군 이사부와 우산국, 조선인의 도서인식과 경계인식, 안용복사건, 수토사문제 등을 통해

검토했다. 독도 영토주권 확립과 수호에는 여러 측면의 노력이 필요하다. 영토주권의 문제를 한일관계사 연구자로서 접근한 논문으로 매우 유효한 글들로 생각한다.

제6권에서는 일본 역사교과서의 왜곡 실상과 개선을 위한 노력을 살펴보았다. 먼저 2002년 역사왜곡문제의 기폭제였던 扶桑社발행 교과서와 自由社발행 교과서의 중·근세 분야의 왜곡 내용을 분석하였고, 이어 중·근세 분야 쟁점사항의 공통점과 차이점을 비교했다. 그리고 일본의 역사왜곡의 사적 전개과정과 양국의 교과서문제 개선을 위한 노력을 소개했다.

역사교과서의 서술은 한국에서도 아주 중요한 문제이다. 특히 한국의 대외관계사를 전쟁사나 국난극복사로 간주하는 범주에서 벗어나 세계화와 국제화에 부응하여 외부 세계와 교류하고 미래지향적으로 발전하는 역사상을 구현하는데 매우 필요한 분야이다. 그러한 문제의식에서 한국에서 사용되고 있는 현행 중·고등학교 검인정 역사교과서의 조선시대 대외관계분야 서술을 분석하여 문제점과 개선책을 제시하였다. 이 논문들이 양국인의 올바른 역사인식과 역사교육을 위한 기본 자료로 활용되었으면 좋겠다.

물론 위의 6권이 조선시대 한일관계사의 전모를 밝힌다고는 생각지 않는다. 그러나 평소에 點의 역사가 線을 만들고, 線의 역사가 面을 만들어 역사의 實像을 그려간다는 생각으로 엮은 책들이다. 전적으로 나의 주관적인 생각에서 조선시대 한일관계의 주요한 키워드를 약탈, 교린, 공존, 전쟁, 평화, 통신, 배신 등으로 설정하고, 이것을 점으로 삼아 선을 만들고 면을 만들어 조선시대 韓日關係像을 그리고자 했다. 그러나 이 글들 만으로 조선시대 한일관계의 모습을 그려내는 건 아직 요원하다고 생각한다. 하지만 전연 불가능한 것만도 아니다. 비록 편린이기는 하지만 조직검사를 통해 몸의 상태와 병명을 밝혀내듯이 나름대로의 진단은 가능하지 않을까, 조심스럽게 말하고 싶다.

이 책은 제4권 『조선통신사, 타자와의 소통』이다.

이 책에서는 모두 9개의 논문을 3편으로 나누어 편집했다.

제1편, '해동제국기의 세계'에서는 조선시대 전 기간에 걸쳐서 일본관계의 전범이었던 『해동제국기』를 통하여 조선왕조의 대일 외교시스템이 어떠한 구조와 틀 속에서 누구를 상대로 전개되는 가를 살펴보았다. 또한 조선후기의 대표적인 일본지인 『화국지』와의 비교 분석을 통하여 전기와 후기 대일인식의 유사점과 차이점을 서술했다. 나아가 조선시대 사람들의 국가관과 대일 인식이 조선시대 전 기간을 통해 어떠한 특징과 변화를 나타내는가를 살폈다.

제2편, '조선통신사의 역사적 상징성'에서는 우선 조선통신사의 개념에 대한 정의를 내렸다. 1428년 박서생 통신사는 信義를 통하는 교린을 실천하는 최초의 통신사며 통신사의 정례화는 1439년 고득종 통신사 때부터 이다. 이러한 의미에서 1607년, 1617년, 1624년 3차례의 회답겸쇄환사는 통신사와 구분해야 한다. 아울러 개항이후의 修信使도 통신사 개념의 연장선상에서 이해해야 한다. 이어서 한일양국에서의 통신사연구의 현황을 살펴보았다. 조선시대 한일양국이 통신사를 통하여 외교적인 현안을 해결했고, 그 결과 선린우호관계를 지속했다는 점에서 통신사연구는 현재의 한일문제를 해결하는데 시사점이 크다.

또한 '17~8세기, 한중일 문인교류의 실상과 허상'을 통해 자문화중심의 사상적 조류가 각기 어떠한 사상적 특징을 가지고 있으며, 自와 他를 어떻게 인식하고 있었는가. 그러한 인식속에서 연행사와 통신사를 통한 지적교류의 한계는 무엇일까를 중화와 탈중화의 경계에서 비교 분석했다.

제3편, '조선통신사, 기록과 소통'에서는 먼저 임진 직후 사명대사의 외교적인 역할을 통해 한일관계가 전쟁의 관계에서 평화의 관계로 전환되어감을 살펴보았다. 탐적사로서의 역할과 대일 강화조건의 제시와 이행은 해방이후 반세기가 지난 지금도 갈등을 빚고 있는 오늘에도 유의미하다. 또한

임란 당시 일본에 끌려간 민간 피로인의 쇄환은 전쟁이 끝난 지 60년이 지난 1655년까지 계속되었다. 그러나 피로인의 수나 피랍경위, 피랍생활, 쇄환경로 그리고 조선정부의 쇄환대책과 한계 등 연구가 별로 없다. 끝으로 조선시대 일본 사행기록 43편 가운데 시기별로 4편을 선정하여 통신사 내지는 조선인의 일본인식을 '화이관'의 잣대를 가지고 검토했다. 그 이유는 현대 한국인의 일본인식에 혹 이러한 편견은 없는지 되짚어 보기 위함이었다.

이 책에 실린 논문들은 이미 각종 학술지에 수록된 글들을 재구성한 것이다. 뿐만 아니라 이들 논문이 처음부터 한권의 저서로 기획된 것도 아니다. 그래서 수록된 논문들이 자연스럽게 연결되지는 않는 점이 있고, 또한 중복 서술된 부분도 있으나 각 논문의 이해를 위해 그대로 수록했음을 양해해 주기 바란다.

이 책들을 내기까지 많은 분들의 은혜를 입었다. 故 백종기 선생님과 부모님, 각종 자료와 답사를 가능하게 해주신 여러분들, 故 田中健夫, 北島万次, 村井章介선생 등 일일이 열거하기도 힘들다. 한일관계사학회 여러 동학, 東京大學과 九州大學의 朝鮮王朝實錄輪讀會 회원들, 강원대학교의 선배 동료 교수님들, 그리고 제자들, 특히 '처음처럼 영원히 - 長毋相忘 -'에 글을 써준 분들께 감사드린다. 무엇보다 40년을 뒷바라지 해주는 아내 선옥, 아들 민규, 손녀딸 시아, 아우 승구와 승태를 비롯한 가족들에게 고마움을 전한다.

끝으로 학회논문집 『한일관계사연구』, 『한일관계사료집성』, 『경인한일관계연구총서』 100권을 발간해주고 있는 경인문화사 한정희대표에게 진심으로 감사드린다. 그는 부친 한상하회장님과 더불어 한국학과 한일관계사의 출판을 위해 태어난 사람이다.

앞의 모든 분들과 함께 한국과 일본이 교린의 새 천년을 열어갈 것을 기원한다.

2017년 8월 일

손 승 철 謹識

목　차

■ 프롤로그

제1편
『해동제국기』의 세계

제1장
『海東諸國紀』의 사료적 가치 재검토

1. 머리말

『海東諸國紀』는 일본의 지세·국정·풍속·내조기사 및 조빙응접기 등을 기록한 것으로, 1443년에 서장관으로 일본에 다녀온 申叔舟가 1471년(성종 2년)에 편찬한 사료이다.

주지하는 바와 같이 조선왕조가 취한 대일정책의 기본목표는 왜구금압과 통교체제의 구축이었다. 그래서 건국 후부터 막부장군을 교섭상대로 하였으나 별 효과가 없자, 왜구에게 영향력이 있는 유력한 제후나 왜구세력들과 직접 교섭을 하게 된다. 그리하여 구주탐제와 대마도주 등에게 왜구금압을 의뢰하는 동시에 그들에게 여러 종류의 특권을 부여하여 통교체제를 완성해 갔다. 그 결과 왜구의 세력은 현저히 감퇴했으며, 1443년 癸亥約條에 의해 왜구문제는 일단락된다.[1]

계해약조의 성립 후, 조·일 관계는 삼포를 통해 통교체제를 안정화 시켜 갔는데, 1460년대가 되면, 일본으로부터의 내왕자나 삼포 항거왜인의 수가 급증하면서, 통교체제와 제규정을 정비할 필요성을 느끼게 되고, 그 결과 세조의 명에 의해 『해동제국기』가 편찬된다. 『해동제국기』에는 이러한 과정을 일목할 수 있는 통교자의 명단과 통교과정, 그리고 접대규정이 상세히 수록하고 있으며, 일본에 대한 각종 역사지리적인 정보가 담겨져 있다.

이후『해동제국기』는 조선시대 전 기간에 걸쳐 일본관계에 항상 전례가

---

1) 손승철, 『조선시대 한일관계사연구』(개정판), (경인문화사, 2006), 74~76쪽.

되었으며, 『通文館志』, 『春官志』, 『增訂交隣志』 등 모든 사료에 기본 전거
가 되었다. 이러한 점에서 『해동제국기』는 대일관계는 물론이고, 동아시아
의 국제관계를 이해하는 데에 가장 기본적인 사료임을 알 수 있다.

그러나 『해동제국기』에 대한 기존연구는 한국의 경우, 신숙주의 사상이
나 서지학적인 소개, 언어, 지리에 관한 연구가 대부분이며, 아직 단편적인
연구수준에 머물러 있다. 또한 일본연구도 국제관계사의 시각에서 출발하
고는 있지만, 일본 역시 지도나 어음연구에 집중되어, 아직은 종합적이고
체계적인 분석이 이루어지고 있지 않다.[2]

---

2) 『海東諸國紀』에 관한 학문적 관심은 일찍부터 일본학자 중심으로 이루어졌다. 일본의 대
표적 연구로는 中村榮孝의 「海東諸國紀の編修と印刷」(『史學雜誌』39-8, 9. 1928. 뒤에 『日鮮
關係史の硏究』下 수록), 田中健夫의 「申叔舟·海東諸国記」-日本と琉球の歷史·地理·風俗·言
語」(『国文学解釈と鑑賞』 60-3, 1995)가 있다. 『海東諸國紀』의 지도와 관련된 연구로는 東
恩納寬惇의 「申叔舟の海東諸國紀に現れたる 琉球國圖について」(『史學』 16-3, 1937), 浜田敦
의 「海東諸國紀に記錄された日本の地名等について」(『人文研究』 5, 大阪市立大學大學院文學
研究科, 1954), 秋岡武次郎의 『日本地圖史』(1955), 田中健夫의 『海東諸國紀』の日本·琉球圖-そ
の東アジア史的意義と南波本の紹介」(『海事史研究』 通号45, 1988), Kenneth R. Robinson의 「海
東諸國紀 寫本の一考察」(特集 前近代の日朝關係史料と地域交流,『九州史學』132, 九州史學研究
會, 2002)와 「海東諸国記の地図の一考察」(『前近代日本の史料遺産プロジェクト研究集会報告
集 2001~2002』, 2003), 佐伯弘次, 「『海東諸國紀』の日本·琉球圖と『琉球國圖』」『九州史學』 제
144호, 2006. 佐伯弘次,『海東諸國紀』日本人通交者の個別的檢討,『東アジアと日本』, 2006. 등
이 있다. 또 「語音飜譯」에 관한 연구로는 伊波普猷의 「語音飜譯釋義-海東諸國紀附載の古琉
球語の研究-」(『金澤博士還曆記念東洋語乃研究』, 三省堂, 1933), 服部四郎의 「語音飜譯を通し
て見た十五世期末の朝鮮語の音韻」(『言語の科學』 7, 1979), 多和田眞一郎의 「十五·十六世紀首
里語の音韻-語音飜譯'にみる-上·下』(『沖繩文化』 第51·52号, 1979)와 「沖繩語史的研究序說-
'語音飜譯'再論-」(『現代方言學の課題』 第3卷, 明治書院, 1984), 大塚秀明의 「海東諸國紀'の
'語音飜譯について」(『言語文化論集』 第32号, 筑波大學, 1990) 등이 있다.
한국에서는 李炫熙의 「海東諸國紀」(국회도서관보 8-2, 1971)가 소개된 이래 『海東諸
國紀』의 판본에 관한 연구로 申重浩의 「'海東諸國紀' 古刊本 小考」(『古書研究』 第14
號, 韓國古書研究會, 1997)가 있고, 신숙주의 대일인식과 관련한 연구로 조영빈·정
두희 「朝鮮初期 支配層의 日本觀-申叔舟의 '海東諸國紀'를 중심으로-」(『인문논총』 9,
전북대학교 인문과학연구소, 1981), 박경희「'海東諸國紀'에 나타난 申叔舟의 對日認
識」(이화여자대학교 일반대학원 석사학위논문, 1984), 하우봉 「申叔舟と'海東諸國紀'

이글은 이러한 점에 주목하면서, 『해동제국기』에 대한 사료적 가치를 재조명하여, 향후 『해동제국기』의 체계적인 분석을 위한 기초연구로 삼고자한다.

2. 신숙주의 대일본관3)

1) 편찬동기

해동제국기 편찬동기에 관하여 신숙주는 서문에서 다음과 같이 밝히고있다.

「대저 교린빙문하고, 풍속이 다른 나라 사람을 편안하게 접대하기 위해서는 반드시 그 실정을 알아야만 그 예절을 다할 수 있고, 그 예절을 다해야만 그 마음을 다할 수 있습니다. 그리하여 우리 주상 전하께서 신숙주에게 명하여 해동제국의 조빙·왕래·관곡·예접에 대한 구례를 찬술해 오라 하시

－朝鮮王朝前期のある'國際人'の營爲－」(『中世後期における東アジアの國際關係』, 山川出版社, 1997), 김주창 「申叔舟の 對日認識 硏究」(강원대학교 일반대학원 석사학위논문, 1999), 최기호의 「신숙주의 '해동제국기'에 대한 고찰」(『한힌샘주시경연구』 14-15, 2002) 등이 있다. 다음『海東諸國紀』의 지도에 관한 연구로는 이찬 「海東諸國紀'의 日本 및 琉球國地圖」(『문화역사지리』 4호, 한국문화역사지리학회, 1992), 오상학 「조선시대의 일본지도와 일본인식」(『대한지리학회지』 38-1, 2003), Kenneth R. Robinson, 「『해동제국기』 지도와 조선전기 조선일본관계」(『문화역사지리』 17권 3호, 2005) 등이 있다. 또『海東諸國紀』의 '語音飜譯'에 관한 연구로 김사엽 「琉球國語(『海東諸國紀』소재)의 語音飜譯과 釋義에 대하여」(『일본학』 2, 동국대학교 일본학연구소, 1982), 李成根 「'老松堂日本行錄' 및 '海東諸國紀'의 地名表記에 反映된 中世日本語音體系」, 『日本文化學報』 6(1999) 등이 있다. 그 외 이종항 「海東諸國紀'에 보이는 日本의 古代年號에 대하여」, 『韓國學論叢』 제6집, 국민대학교 한국학연구소, 1984) 등이 연구되어져 왔다.
3) 신숙주의 대외관은 『해동제국기』의 서문 내용을 중심으로 서술했다.

니, 신은 그 명령을 받고서 공경하고 두려워하였습니다.

　　삼가 옛 전적을 상고하고, 보고 들은 것을 참작하여, 그 나라의 지세를 그리고, 世系의 원류와 풍토의 숭상한 바와, 또한 우리나라가 응접한 절목에 이르기까지, 대략 서술하여, 그것을 편집하여 한 책을 만들어서 올립니다.」

즉, 일본과의 교린을 위해서는 우선 일본의 실정을 알아야 한다고 했다. 일본의 실정이란 일본의 역사와 지리적 환경·국정·풍속 등을 말하며, 그 내용은 「일본국기」와 「유구국기」중 천황의 세계, 국왕의 세계, 국속, 도로이수 등으로 구성되어 있다. 이어 8도66주, 대마도, 일기도에서 내조자의 인적 사항을 구체적으로 제시하고 있으며, 「조빙응접기」를 통해 이들에 대한 접대규정을 상세히 기술했다. 그리고 『해동제국기』의 편찬이 세조의 명에 의해 이루어졌음을 밝혔다.

2) 일본인의 습성과 통교

일본인의 습성과 통교의 필요성에 관해 다음과 같이 서술하고 있다.

　　「그들의 습성은 강하고 사나우며, 무술에 정련하고 배를 다루는 것이 익숙합니다. 우리나라와는 바다를 사이에 두고 서로 바라보고 있는데, 그들을 도리로 대하면 예절을 차려 조빙하고, 그렇지 않으면 함부로 표략을 했던 것입니다. 前朝 高麗 말기에 국정이 문란하여 그들을 잘 어루만져 주지 않았더니 그들이 연해 지역 수천 리 땅을 침범하여 쑥밭으로 만들곤 하였습니다. 그러나 우리 太祖大王께서 분기하시어, 智異山·東亭·引月驛·兎洞 등지에서 수십 차례 역전하시고 난 다음부터는 적이 함부로 덤비지 못하였습니다. 개국한 이후로 역대의 군주들께서 계승하시어 정치를 잘하시니, 나라 안의 정치가 이미 융성하게 되고, 外地도 곧 복종하였으므로, 변방의 백성들이 편안히 살 수 있게 되었던 것입니다.」

즉 일본인의 습성이 강하고 사나우며, 무술을 좋아하고, 배를 잘 다루는

데, 우리나라에서 잘 도리대로 잘 어루만져주면 예의를 차려 조빙하며, 그
렇지 않으면 노략질을 한다. 고려 말의 왜구가 극성한 것이 그러한 이유였
다고 했다. 그 후 태조의 왜구 토벌이 성공한 이후, 정치가 안정되고, 변방
도 편안히 되었으며, 세조대에 이르러 기강을 바로 잡으면서 주변에서 모두
내조하게 되었다고 했다.

> 「世祖께서 중흥하시어, 數世 동안의 태평을 누리다보니 안일함이 심한 해
> 독이 됨을 염려하셨습니다. 그리하여 하늘의 명령을 공경하고 백성의 다스
> 림을 부지런히 하시어, 인재를 가려 뽑아서 모든 정사를 함께 다스렸습니다.
> 廢墜된 것을 진작시키고 기강을 바로잡느라고, 宵衣旰食을 하시면서 정치에
> 정력을 쓰시니, 治化가 이미 흡족하고 聲敎가 먼 곳까지 창달되어, 만리의
> 遠方에서 산길·바닷길을 통하여 來朝하지 않는 자가 없었습니다.」

그리고 결론적으로

> 「"夷狄을 대하는 방법은, 外征에 있지 않고 內治에 있으며, 邊禦에 있지
> 않고 朝廷에 있으며, 전쟁하는데 있지 않고 기강을 바로잡는 데 있다." 하였
> 는데, 그 말을 이제야 체험할 수 있겠습니다.」

고 하여 주변국을 대하는 방법은 무력에 의한 정벌이나 제압에 있지 않
고, 내치와 기강을 바로잡는데 있다고 했다. 그리고 중국의 고사를 인용하
여 한무제나 수양제의 무력위주 정책보다는 광무제의 국내를 먼저 다스리
고 국외를 뒤에 제어하려는 정책을 높이 평가하면서, 이것이 참으로, 하늘
을 짝할 만한 극치의 功烈이며, 제왕의 거룩한 예절이라고 했다.
그리고 기강을 바로 잡는 다는 것은 그들을 구체적인 접대규정을 만들어
예를 다하여 접대하는 것이라 했다.

3) 접대규정의 정비

내조자에 대한 기강을 바로잡는데 있어 가장 중요한 것은 도리를 지키며, 예로서 그들을 접대하는 것을 강조했는데, 접대에 관하여

> 「지금까지 우리나라에서는, 그들이 오면 보살펴 주고 그 급료를 넉넉히 주었으며 예의를 후하게 해 주었지만 저들은 그것을 예사롭게 여기고 진위를 속이는가 하면 곳곳에 오래 머물면서 걸핏하면 시일을 넘기기도 하며 갖은 방법으로 사기를 치는데, 그 욕심이 한정이 없어서 조금이라도 그 의사에 거슬리면 문득 성낸 말을 하곤 합니다. 땅이 떨어져 있고 바다가 사이에 막혀 있어서, 그 처음과 끝을 구명할 수 없고 그 실정과 허위를 살필 수 없으니, 그들을 대할 때에는 마땅히 先王의 舊例에 의거하여 진압해야 할 것이며, 그 情勢가 각각 중할 때도 있고 경할 때도 있으므로 그 상황에 따라 후하게 하거나 박하게 해야 할 것입니다.」

고 하여, 내조자에 대해서 지금까지 예의로 후하게 대했지만, 그들의 욕심이 한정이 없어 항상 불화가 빚어지고 있다고 했다. 그래서 선왕의 구례를 다시 정비하여 접대규정을 다시 정비하여 기강을 바로 잡아야 하며, 그 기강을 바로잡는 일은 절목은 맡은 관리가 철저히 해야 한다는 것이다.

결론적으로 『해동제국기』는 세조대에 급증하는 내조자에 대한 접대규정을 재정비하여 일본과의 교린을 유지한다는 목적에서 편찬되었음을 재확인할 수 있다.

3. 「일본국기」「천황대서」의 내조기사

「천황대서」는 일본천황의 계보를 쓴 「皇代記」이다. 天神 7代, 地神 5代부터 시작하고 있으나, 구체적으로 서술하지 않았다. 이어 神武天皇(즉위년 기

원전 660년)부터 신숙주 당시의 천황(1471년)까지 약 2천년간, 103명의 천황의 즉위, 연호, 정치의 동향이나 외교, 섭정과 관백의 교체 등에 관해 기술했다. 남북조시대에 관해서는 北朝의 천황을 기록했고, 혜성·지진·대설·벼락·태풍 등 자연재해에 관해서도 서술했다. 내용 중 孝靈天皇을 기술한 부분에, 진시황제가 파견한 徐福이 紀伊에 이르렀다는 기사가 있는데, 이 내용은 『일본서기』에도 기술되어 있지 않은 내용이라서, 「천황대서」가 『일본서기』외에도 다른 자료를 인용하였을 터인데, 구체적으로 어떤 자료를 인용하여 편찬했는지는 아직 밝힐 수가 없다.4)

그런데 이 「천황대서」에 모두 8건의 한국 관련 기사가 수록되어 있어, 일본과의 교류의 시원을 밝히는 좋은 단서를 제공하고 있다. 그 내용을 보면 다음 표와 같다.

「천황대서」에 수록된 한국관련기사

사료	연도	천황	기사	비고
1	200년	중애천황 9년 경진	백제국에서 처음으로 사신을 보내왔다.	320년(?)
2	205년	神功천황 5년 을유	신라국에서 처음으로 사신을 보내왔다.	325년(?)
3	276년	응신천황 7년 병신	고구려가 처음으로 사신을 보내왔다.	396년(?)
4	284년	응신천왕 15년 갑진	백제에서 서적을 보내왔다.	404년(?)
5	285년	응신천황 16년 을사	백제왕의 태자가 왔다.	405년(?)
6	542년	흠명천황 3년 갑술	백제에서 五經博士와 醫博士를 보내왔다.	
7	594년	추고천황 2년 갑인	백제의 중 觀勒이 와서 曆本·천문지리서 등을 바쳤다.	
8	720년	원정천황 4년 경신	신라가 서쪽 변방을 침입했다.	

사료 1 : 「중애천황 9년 경진, 백제국에서 처음으로 사신을 보내왔다」는 기록이 있다. 경진년은 200년이다. 그런데, 『일본서기』233년조에는 신라를 공격하는 기사나 고구려·백제가 스스로 항복하여 조공할 것을 약속했다는 기사가 있다. 반면 『삼국사기』에는 208년에 「왜인이 변경을 침범하므로, 이벌찬 이음으로 하여금 군사를 거느리고 가서 방어했다」는 기록이 있다. 따

---

4) 田中健夫, 『海東諸國紀』(岩波文庫, 1991), 412쪽.

라서 이들 기록을 통해 볼 때, 『일본서기』의 초기연대는 신빙성이 없고, 『삼국사기』에는 백제에서 사신을 보냈다는 기사를 찾을 수가 없으며, 자연히 아직은 이 내용을 별도로 검증할 사료는 발견할 수가 없다.

사료 2 : 「신공천황 5년 을유, 신라국에서 처음으로 사신을 보내왔다」는 기록이 있는데, 을유년은 205년이다. 이 내용은 『일본서기』에도 기록되어 있다. 내용을 보면, 「신라왕이 汗禮斯伐·毛麻利叱智 등을 보내어 조공을 바쳤다. 毛麻利叱智 등이 인질이 되어 있던 微叱己知를 귀국시키기 위해 微叱己知와 음모하여, 본국에서 처자가 노비가 되었다고 거짓으로 속이고 귀국을 청했다. 신공황태후가 이것을 허락하여 葛城襲津彦에게 송환시키도록 했다. 이들이 대마도에 이르자, 毛麻利叱智가 葛城襲津彦을 속이고 微叱己知를 도망시켰다. 葛城襲津彦이 신라 사자 3인을 불태워 죽이고, 신라로 향해, 草羅城을 공격하고 포로를 잡아왔다.」5)고 기록하고 있다.

그러나 『삼국사기』에는, 「…왕의 아우 卜好가 고구려에서 提上 奈麻와 함께 돌아왔다. 가을에 왕의 아우 未斯欣이 왜국에서 도망해 왔다.」6)는 기록과 함께, 권45, 열전 5, 「박제상」에서 박제상에 의해 미사흔이 구출되는 과정과 함께, 왜인이 박제상을 목도에 유배시켰다가 장작불로 온몸을 불태우고 목을 밴다는 내용이 상세히 기록되어있다. 그런데 『삼국사기』에는 418년에 기록되어 있어, 213년의 편차가 있다.

또한 「신라국에서 사신을 처음 보내왔다」는 표현으로 '新羅國始遣使來'라고 했다. 이 표현을 그대로 해석한다면 일본 쪽이 주체가 된 표현이므로, 일본 쪽의 어느 자료인지는 알 수 없지만, 일본의 기술을 그대로 인용했다고 보아야할 것이다.

사료 3 : 「응신천황 7년 병신, 고구려가 처음으로 사신을 보내왔다.」는 기록이 있는데, 『일본서기』에는, 「고려인·백제인·임나인·신라인이 함께 내조하다. 武內宿禰에게 한인들과 함께 연못을 만들게 했는데, 이것을 韓人池라 이름을 붙였다.」7)고 기록되어 있다.

그러나 『삼국사기』에는 고구려와 일본관계에 관해서는 단 한 줄의 기사

---

5) 『日本書紀』 권9, 5년 춘3월 을유.
6) 『삼국사기』 권3, 신라본기, 눌지마립간 2년.
7) 『일본서기』 권10.

도 없다.8) 따라서 신숙주가 이용했던 일본사료에 어떻게 기술되었는지는 알 수 없지만, 『일본서기』의 기사대로라면, 고구려, 백제, 임나, 신라 중 고구려만을 기술한 것으로 볼 수밖에 없다. 그렇다면 문맥으로 보아, 결국 한반도와의 교류를 설명하기 위해, 사료1에서는 신라와의 관계를 서술하고, 사료2에서는 고구려와의 관계를 기술했다고 볼 수밖에 없다.

사료 4 : 「응신천황 15년 갑진, 백제에서 서적을 보내왔다.」는 기록이 있다. 『일본서기』에는 「백제왕이 阿直岐를 보내어 좋은 말 2필을 바치다. 아직기가 경서를 잘 읽어 태자 菟道稚郎子의 스승으로 삼다.」9)라고 되어 있다. 이어

사료 5 : 「백제왕의 태자가 왔다」는 기록이 있는데, 『일본서기』에는, 「王仁이 오다. 태자 菟道稚郎子는 스승으로 모시고 왕인에게서 여러 전적을 배웠는데, 통달하지 않음이 없다.」고 기록했다. 여기서 백제왕의 태자는 왕인을 가리키는 것이 틀림없다.10) 『일본서기』에는 같은 해에 백제의 阿花王이 죽고, 直支王이 왕위를 계승한 것으로 기록하고 있다. 이 기록은 『삼국사기』(권25, 백제본기 3)의 기사와 일치한다. 그렇다면 사료4는 405년의 일이 되고, 사료3은 404년이 된다.

사료 6 : 「흠명천황 3년 갑술, 백제에서 五經博士와 醫博士를 보내왔다」는 기록이 있는데, 흠명천황 3년은 542년에 해당되는데 임술년이고, 실제로 갑술년은 554년이다. 『일본서기』(흠명천황 15년)에 오경박사·승려·역박사·의박사·채약사 등을 교대시켰다는 기록이 있다. 안타깝게도 『삼국사기』에는 이에 해당되는 기록은 없다.

사료 7 : 「추고천황 2년 갑인, 백제의 중 觀勒이 와서 曆本·천문지리서 등을 바쳤다」는 기록이 있는데, 594년이다. 그러나 같은 해의 『일본서기』기록

---

8) 『삼국사기』 권15, 「고구려본기」 권3, 태조대왕 80년 가을 7월. 94년 가을 7월에 '遂成獵於倭山(之下)'의 두 기사가 있으나, 이 사료를 일본과 직접 관련짓기에는 현재로선 어려움이 많다.

9) 『일본서기』 권10, 15년 추8월 임술삭 정묘.

10) 田中健夫, 앞의 책, 60쪽에는 백제왕의 태자란 백제와의 자손이던 왕인이라고 했다.

에는 없고, 추고천황 10년(602년)기록에, 「백제 승려 관륵이 내조하다. 曆本 및 천문지리서·遁甲方術書를 바치다. 이때 서생 3~4인을 선발하여 관륵에게 서 배우게 했다.」11) 는 기록이 있다. 『삼국사기』에는 이 사실이 없어 확인 할 수는 없지만, 602년의 기록을 가리키는 것은 아닐까.

　　사료 8 : 「원정천황 4년, 경신에 신라가 서쪽 변방을 침입했다」는 기록이 있는데, 720년이다. 『일본서기』원정천황 4년에는 신라관련 기록은 없고, 그 한해 전인 719년에 遣新羅使 白猪廣成 등이 출발을 아뢰었다는 기록이 있을 뿐이다. 반면 『삼국사기』에는 722년에 「毛伐郡城을 쌓아 日本賊의 길을 막 았다」는 기록이 있고, 『삼국유사』에는 「개원10년(722년) 임술 10월에 처음 으로 관문을 모화군에 쌓았다. 지금의 毛火村으로 경주 동남경에 속하니 일 본을 막는 요새였다」고 기록되어 있다. 2년의 차이가 있지만, 정반대의 기 록이다.

　이상의 「천황대서」에 수록된 8건의 통교기사를 분석해 볼 때, 다음과 같 은 특징을 발견할 수 있다.

　첫째, 『해동제국기』에 의하면, 일본과 한반도의 교류는 일본 연표에 의하 면, 200년부터 시작되며, 백제, 신라, 고구려순으로 이어진다. 그러나 초기 『일본서기』의 연대는 오류가 많아 그대로 인정하기 어려우며, 『삼국사기』 의 기록을 참고할 때, 비고란에 제시한 것처럼, 한반도와의 교류는 320년부 터로 볼 수 있다. 따라서 종래 일본과의 본격적인 교류를 404년과 405년 백 제의 아직기와 왕인박사에 의해서 시작되었다는 설을 재고할 여지가 있다 고 생각한다.

　둘째, 교류방식은 사신파견에 의해 시작되며, 서적을 휴대한 오경박사나 의학사 등의 왕래를 통해서 시작됨을 볼 수 있다.

　셋째, 교류의 단절은 신라가 변방을 침입하는 것으로 시작되지만, 『삼국 사기』의 일본관련 기사와는 다르게 일본(왜)로 부터의 침략기사는 단 한 건

---

11) 『일본서기』 권22, 동10월.

「지역별 내조자수」

「八道六十六州」				「對馬島, 壹岐, 琉球」			
8도	66주	통교자수	비고	지역	군,포	통교자수	비고
畿內	山城州	25	15처	대마도(8군)	豊崎郡	1	
	攝津州	3			伊乃郡	1	
東山道	信農州	1			卦老郡	1	
山陽道	幡摩州	2			尼老郡	2	
	備前州	2		대마도(82포)	安而老浦	1	
	安藝州	4			沙加浦	6	
	周防州	7			訓羅串	3	
	長門州	8			古于浦	4	
南海道	阿波州	1			豆豆浦	1	
	伊予州	2			沙愁浦	3	
北陸道	若狹州	2			沙愁那浦	1	
山陰道	丹後州	1			吾溫浦	3	
	但馬州	1			頭知洞浦	2	
	伯耆州	1			可時浦	1	
	出雲州	3			仇老世浦	1	
	石見州	5			介伊候那浦	1	
	隱岐州	1		소계	16곳	32	
西海道	筑前州	18		일기도(7鄕)	唯多只鄕	1	
	豊前州	2			古仇音夫鄕	3	
	豊後州	4			小于鄕	1	
	肥前州	31		일기도(14浦)	毛都伊浦	3	
	肥後州	5		소계	4곳	8	
	薩摩州	10		유구국	國王	8	1처
소계	23주	139	장군제외		國都	3	
				소계	2곳	19	

총 181곳	198인	막부장군 제외

도 기록된 것이 없다.

넷째, 신라국, 고구려, 백제 등에서 사신을 보내왔다. 내조했다, 신라가 서쪽변방을 침입했다는 등, 표현의 주체가 일본이라는 점이다. 이점은 「천황대서」의 기록은 전적으로 일본측 사료를 중심으로 그대로 옮겨 적은 것이고, 조선 측의 사료나 입장은 고려치 않은 것으로 판단된다.

그렇다면 그 이유는 어디에 있을까? 또한 『일본서기』를 일본 고대사료 가운데 수록된 수많은 한반도 관련 기사 중[12] 위의 8건만을 수록한 이유는 어디에 있을까? 그 이유는 알 수 없다. 아마도 신숙주가 「천황대서」에서 강조하고 싶었던 것은 일본과의 교류의 시원 및 한반도로부터의 유교문화를 비롯한 선진문화의 전수를 강조하려 했던 것은 아닐까.

4. 八道六十六州·對馬島·壹岐島·琉球國紀

「8도 66주」와 「대마도, 일기」 「유구국」의 내조관련 기사를 분석할 결과 내조자는 총 198인에 이른다. 이 가운데 기내 산성주의 경우 15곳에서 25인이 기록되어 있고, 유구국왕 8인이 기록되어 있으므로, 실제로 내조한 자는 181곳에서 내조했다. 지역별 내조자수는 다음 표와 같다.

1) 八道六十六州

① 機內 5州

기내 5주는 일본의 국도로 지금의 교토일대를 말한다. 기내 5주 가운데

---

12) 김기섭, 김동철, 백승충, 채상식, 연민수, 이종봉, 차철욱, 『일본 고중세 문헌속의 한일관계사료집성』(혜안, 2004). 장동익, 『일본 고중세 고려자료연구』(서울대출관부, 2005) 참조.

산성주와 섭진주 2주의 통교자가 기록되어있다. 그 내용을 간추려 보면, 다음과 같다.

山城州

畠山殿 : 막부의 정치를 관장하는 管提 즉 管領[13]으로서 원의충, 원의승, 원의취를 모두 전산이라 칭했다. 1455년부터 사신을 보냈는데, 管提畠山修理大夫 源義忠이라 했다. 1470년 그의 아들 의승이 사신을 보냈는데, 서장에는 管提 畠山左京大夫 源義勝이라 했다. 의충의 동생 義就가 1460년에 사신을 보내어 내조했다. 서장에는 雍何紀越能五州摠太守畠山右金吾督 源朝臣義就라 했다. 모두 畠山이라 했다

細川殿 : 대대로 전산전과 번갈아 管提가 되었다. 源持之가 죽고 아들 勝元이 대를 이었는데, 현재 우리나라에 사신을 보내지 않는다. 승원이 나이는 40여 세이다. 원지지의 아우 細川右馬頭源朝臣持賢이 1470년에 사신을 보내어 내조했다. 승원과 종형제간인 細川勝氏가 1470년에 사신을 보내어 내조했다. 이들과 처음 왕래하기 시작한 것은 1466년 세조가 일본국왕과 논의할 일이 있어, 上松浦那久野能登守 藤原朝臣賴永의 壽蘭書記편에 중재를 요청한 것에서 비롯되었다. 수린은 그후 해적 때문에 북해를 거처 若狹州로 돌아가 60일만에야 국도에 도착하여 서장과 예물을 국왕에게 전달하고 同福寺에 묵었고, 일본국왕은 세천 승씨에게 명하여 心苑東堂을 보내어 수린과 함께 보냈다고 하나 서신과 사물을 해적에게 약탈당했다하나, 믿기 어렵다.

左武衛殿 : 대대로 畠山·細川과 서로 교체하여 管提가 되어 다른 나라의 사신을 접대하는 모든 사무를 관장했다. 1428년 左武衛源義淳의 이름으로 사신을 보내어 내조했다. 그이 아들 義敏이 1460년에 사신을 보내어 내조했다. 서장에는 左武衛源義敏이라 했다. 1464년 그의 아들 左武衛將軍源義廉이 사신을 보내어 내조했다.

山名殿 : 1459년 처음으로 사신을 보내어 내조했다. 서장에는 但幡伯作因備前後藝石九州總太守山名霜臺 源朝臣教豐이라 했다. 그의 아들 義

---

13) 管領은 막부의 최고관직으로서 막부의 정치전체를 관장했다. 畠山·細川·斯波의 세 가문은 足利時代의 三管領으로 『海東諸國紀』에서는 巨酋라 했다.

安이 1469년에 사신을 보내어 내조했다. 서장에는 丹波丹後但馬因幡伯耆備前備後後八ケ州總太守山名彈正少弼源朝臣義安이라 했다. 1470년에 교풍이 또 사신을 보냈는데, 서장에는, 因伯丹三州太守山名少弼 源敎豐이라 했다.

京極殿 : 1458년에 源持淸이 사신을 보내어 내조했다. 서장에는 京兆尹江岐雲三州剌史住京 極佐木氏兼太膳大夫 源持淸이라 했다 그의 형 源高忠이 1470년에 所司代京極多賀豐後州 源高忠의 명의로 사신을 보내어 내조했다. 또 1471년에 그의 동생이 榮熙가 山陰路隱岐州守護代佐佐木尹左近將作監 源榮熙의 명의로 사신을 보내어 내조했다. 고충과 영희가 지청의 형과 동생이라 믿기 어려워, 접대치 않았으나, 돌아가지 않으므로 對馬島特送의 예로써 접대했다.

右武衛殿 : 고려 말부터 왜구단속을 위해 關西省探題相公에게 서장을 보냈다. 1408년 의정부에서 답서할 때, 九州牧右武衛將軍源公이라 했다. 1409년 源道鎭이 사신을 보내어 내조했다. 서장에는 九州府探題, 鎭西節度使, 九州伯, 九州都督, 九州都元帥右武衛, 九州都督府探題, 右武衛, 九州摠管이라 하여, 일정하지 않았으나, 그 나라사람들은 右武衛展이라 했다. 1420년이후 스스로를 前都元帥라 하고, 그의 아들 義俊은 九州都督左近大將監이라 했다. 부자가 모두 사신을 보내어 끊어지지 않았으며, 그들이 진헌한 방물도 매우 많았으므로 우1466년 도진의 후손 의요가 京城澁河源朝臣義堯의 명의로 사신을 보내어 내조했다.

甲斐殿 : 좌무위의 신하로 1469년에 源政盛이 사신을 보내어 내조했다. 서장에는 甲斐遠尾越濃四州守라 했는데, 巨酋의 예로 접대했다.

伊勢守 : 1470년에 政親이 사신을 보내어 내조했다. 서장에는 國王懷守納政所伊勢守政親이라 하며, 綿紬·綿布·모시·쌀 등을 청했다. 정친에게 특별히 면포·정포 각 1천 필과 쌀 5백 석을 주어 국왕의 군수를 돕게 하고, 그로 하여금 국왕에게 전달하게 했다. 그 사신은 거추의 예로 접대했다.

敎通 : 1470년에 壽蘭의 호송으로 사신을 보내어 내조했다. 서장에는 山城居住 四川伊與住人河野刑部大輔藤原朝臣敎通했다. 수린이 병란 중에 왕래한 까닭으로 호송이라 일컫고 온 사람이 많았다.

之種 : 1470년에 壽蘭의 호송으로 사신을 보내어 내조했다. 서장에는 京

城奉行頭飯尾 肥前守 藤原朝臣之種라 했다. 特送의 예로 접대했다.

信忠 : 1470년에 수린의 호송으로 사신을 보내어 내조했다. 서장에는 京
城居住 宗見駿河守 源朝臣信忠이라 했다.

勝忠 : 1470년에 수린의 호송으로 사신을 보내어 내조했다. 서장에는 京
城居住 鷹野民部小輔源朝臣勝忠이라 했다.

建胄 : 1470년에 館接壽藺으로 사신을 보내어 내조했다. 서장에는 慧日山
內 常喜詳庵住持建胄라 했다. 건주는 글을 잘했으며, 희상암은 東
福寺 안에 있다.

昌堯 : 1468년에 사신을 보내어 내조했다. 서장에는 京城東山 淸水寺主持
大禪師昌堯라 했다. 宗貞國의 청으로 대우해 주었다. 일본이 나라가
시끄럽고 흉년이 들어 우리나라에 빌붙어 먹는 사람이 많았으므로
전에 사신을 보내지 않은 사람에게는 모두 접대를 허락하지 않자,
사신들은 三浦에 억지로 머물면서 돌아가지 않았다. 宗貞國이 사
람을 보내어 접대해 주기를 청하므로 그제야 접대를 허락했다.

用書記 : 1469년에 사신을 보내어 내조했다. 서장에는 深修庵住持 用書記
라 했다. 종정국의 청으로 접대해 주었다.

攝津州

忠吉 : 1467년에 사신을 보내어 내조했다. 서장에는 內攝津州兵庫津平方民
部尉 忠吉이라 했다. 圖書를 받고, 세견선 1척을 보내기로 약속했다.

吉光 : 1468년에 사신을 보내어 내조했다. 서장에는 畿內攝津州西宮津尉長
鹽備中守 源吉光이라 했다. 종정국의 청으로 접대해 주었다.

昌壽 : 1468년에 사신을 보내어 내조했다. 서장에는 畿內攝津州佛法護持四
天王寺主持比丘 昌壽라 했다. 종정국의 청으로 접대해 주었다.

이상 기내5주의 내용은 일본의 국도인 京都 주변의 5개주 중, 산성주와
섭진주의 내조자 18명의 현황을 기록했다. 이들 중 산성주에는 도산전을 비
롯한 막부장군을 제외하고 최고 지위에 있던 관제인 도산전, 세천전, 좌무
위전을 비롯해, 산명전, 경극전, 우무위전과 갑비전, 이세수 등 8명의 최고
직에 있는 영주들을 소개했다. 이들은 부자간에 또는 친족 간에 통교권을

세습하면서 조선에 사신을 보내오고 있으며, 畿內 5주에 등장하는 내조자총 27명의 인명이 기록되어 있다.

조선에의 내조자는 모두 사신의 형식을 취하고 있으며, 이들 가운데 영주들은 국왕(장군) 다음의 대우인 巨酋使로 접대를 받았다. 최초의 내조는 1408년부터 기록되어 있고, 대부분 1460년대 후반부터 1470년의 기록이다. 그리고 1470년 細川殿은 해적 때문에 구주 상송포 거주 등원뢰영에 의뢰하여 수린이란 인물이 대신하여 사신을 파견했고, 이어 수린의 호송을 받고 내조한 사신 4명(지종, 신충, 승충, 건주)과 경도 동복사와 청수사의 주지와 오사카의 사천왕사의 주지 4명(건주, 창요, 용서기, 창수)의 내조기사도 있다. 교토까지의 왕래가 쉽지 않았음을 보여주는 기사이다. 또한 이 시기에는 내조자가 급증하여 조선측에 접대를 허락지 않자, 억지를 부렸으며, 대마도주 종정국이 알선하여 접대를 받는 경우도 있다. 수린과 종정국의 역할이 주목된다. 그리고 이들 가운데 섭진주의 忠吉의 경우, 圖書를 받고, 세견선(1척) 약정을 한 기록이 있다. 1470년 이세수의 사신에게 면포·정포·쌀을 주었다는 기록이 있다. 당시 통교품을 가늠할 수 있다.

② 東山道 8州

信濃州

> 善峯 : 1468년에 사신을 보내어 내조했는데, 信濃州禪光寺主持比丘 善峯이었고, 종정국의 청으로 접대해 주었다.

8개주 가운데 유일하게 신농주의 기사가 1개있는데, 선광사 주지였고, 종정국의 청으로 접대가 이루어졌다.

③ 山陽道 8州

幡摩州

吉家 : 1467년에 사신을 보내와 관음보살이 現象한 것을 치하했다. 서장
　　　에는 幡摩州室津代官 藤原朝臣吉家라 했다. 上院寺에서 관음보살이
　　　현상하고 圓覺寺에 雨花佛舍利가 나온 후, 여러 곳에서 사신을 보
　　　내어 내조했는데, 모두 접대했다.

盛久 : 1468년에 사신을 보내와 관음보살이 현상한 것을 치하했다. 서장
　　　에는 幡摩州太守 周間浦居州 源光祿盛久라 했다.

備前州

貞吉 : 1467년에 사신을 보내와 관음보살이 현상한 것을 치하했다. 서장
　　　에는 備前州 外島津代官 藤原貞吉이라 했다.

廣家 : 1468년에 사신을 보내와 관음보살이 현상한 것을 치하했다. 서장
　　　에는 備前州 小島津代官 藤原廣家라 했다.

備後州

吉安 : 1467년에 사신을 보내와 관음보살이 현상한 것을 치하했다. 서장
　　　에는 備後州 海賊大將橈原左馬助 源吉安이라 했다.

政良 : 1468년에 사신을 보내어 내조했다. 서장에는 備後州高崎城大將軍
　　　源朝臣政良이라 했고, 종정국의 청으로 접대해 주었다.

光吉 : 1468년에 사신을 보내어 내조했다. 서장에는 備後州支津代官 藤原
　　　朝臣光吉이라 했고, 종정국의 청으로 접대해 주었다.

家德 : 1468년에 사신을 보내어 내조했다. 서장에는 備後州三原津太守在京
　　　助 源家德라 했고, 종정국의 청으로 접대해 주었다.

忠義 : 1469년에 사신을 보내어 내조했다. 서장에는 備後州守護代官山名四
　　　宮 源朝臣忠義라 했고, 종정국의 청으로 접대해 주었다.

安藝州

持平 : 1440년에 사신을 보내어 내조했다. 서장에는 安藝州 小早川美作守

持平이라 했다. 세견선 1척을 약속했다. 그의 아비 常賀는 국왕을
近侍하고 있다.

國重 : 1464년에 사신을 보내어 내조했다. 서장에는 安藝州 海賊大將藤原
朝臣村上備中守 國重이라 했다. 圖書를 받고, 세견선 1척을 보내기
로 약속했다.

教實 : 1468년에 사신을 보내어 와서 관음보살이 현상한 것을 치하했다.
서장에는 安藝州太守藤原武田大膳大夫 教實이라 했다.

公家 : 1468년에 사신을 보내어 와서 관음보살이 현상한 것을 치하했다.
서장에는 安藝州嚴島太守藤 原朝臣公家)라 했다.

周防州

大內殿 : 多多良氏로 자칭 백제왕 온조의 후손이라 한다. 周防·長門·豊前·
筑前 4주를 총관하며, 군사가 제일 강성하다. 그 世系가 백제에서
나왔다 하여 우리나라와 가장 친했고, 持世에 이르기까지 23대이
며 大內殿이라 불렀다. 山名과 細川이 적대하면서, 山名을 도왔는
데, 그 사이 小貳가 博多와 宰府등 옛 영지를 차지했다.

弘安 : 1470년에 사신을 보내어 내조했다. 서장에는 周防州山口所司代杉河
守 源弘安이라 했다. 대내전의 代官으로 山口에 居守하고 있다.

教之 : 1454년에 사신을 보내어 내조했다. 서장에는 周防州大內進亮多多良
別駕 教之했다. 대내전 政弘의 숙부다. 세견선 1척을 약정했다.

藝秀 : 1467년에 사신을 보내어 와서 舍利가 쏟아진 것을 치하했다. 서장
에는 周防州 太畠太守海賊大將軍源朝臣 藝秀라 했다.

義就 : 1467년에 사신을 보내어 관음보살이 현상한 것을 치하했다. 서장
에는 周防州上關太守鎌苅 源義就라 했다.

正吉 : 1468년에 사신을 보내어 관음보살이 현상한 것을 치하했다. 서장
에는 周防州上關守屋野藤原朝臣 正吉이라 했다.

盛祥 : 1468년에 사신을 보내어 관음보살이 현상한 것을 치하하고, 漂流
人이 있음을 보고했다. 서장에는 富田津代官源朝臣 盛祥이라 했다.

長門州

弘氏 : 1467년에 사신을 보내어 와서 관음보살이 현상한 것을 치하했다.

서장에는, 藝石防長四州守護代官陶越前守多多良朝臣 弘氏라 했다.

光久 : 1467년에 壽藺의 호송이라며 사신을 보내어 내조했다. 서장에는 長門州文司浦大將軍源 光久라 했다.

忠秀 : 1467년에 사신을 보내어 와서 관음보살이 현상한 것을 치하했다. 서장에는長門州赤 間關鑛守高石藤原 忠秀라 했다. 1471년에도 사신을 보내어 표류인에 관한 일을 보고했다.

忠重 : 1467년에 사신을 보내어 와서 舍利가 分身한 것을 치하했다. 서장에는赤間關太守矢田藤原朝臣 忠重이라 했다.

義長 : 1468년에 사신을 보내어 관음보살이 현상한 것을 치하했다. 서장에는長門州賓重關太守野田藤原朝臣 義長이라 했다.

國茂 : 1468년에 사신을 보내어 관음보살이 현상한 것을 치하했다. 서장에는 長門州鷲尾多多良朝臣 國茂라 했다.

正滿 : 1468년에 사신을 보내어 내조했다. 서장에는 長門州乾珠滿珠島代官 宮內頭 藤原正滿이라 했다 종정국의 청으로 접대해 주었다.

貞成 : 1469년에 사신을 보내어 내조했다. 서장에는 長門州三島尉伊賀羅駿 河守 藤原貞成이라 했다 종정국의 청으로 접대해 주었다.

산양도 8주는 지금의 일본내해인 세토내해에 있는 지역으로 지금의 兵庫, 岡山, 廣島, 山口縣이다. 현재 兵庫縣인 幡摩州에서 2인, 강산현인 비전주에서 2인, 강산현인 비후주에서 5인, 광도현인 안예주에서 4인, 산구현인 주방주에서 7인, 장문주에서 8인 등 총 28인의 통교자명단과 통교현황을 기술했다.

특이한 통교내용은 이들 기사는 주로 1467년과 1468년에 집중되어 있고, 관음보살이 현상한 것을 치하하기 위한 사신들이었다. 안예주 기사에서는 지평과 국중의 세견선 1척을 약정했다는 기사와 국중이 도서를 받았다는 기사가 있다. 또한 주방주에서는 대내전이 자칭 백제온조왕의 23대후손이라는 기록과 우리나라와 가장 친하게 지냈다는 기록이 있고, 이 지역에서의 산명, 세천, 소이씨와의 알력이 상세히 기록되어 있다. 또한 이 지역의 특산물로 하엽록이란 염료와 구리, 인철 등을 기록하고 있는데, 모두 조선의 주요한 수입품이었다. 장문주에는 수린이 호송하는 사신[光久]과 종정국의 청에 의한 접대[正滿, 貞成]의 기록이 주목된다.

④ 南海道 六州

阿波州

義直 : 1468년에 사신을 보내어 와서 관음보살이 현상한 것을 치하했다. 서장에는 阿波州鳴渡浦大將軍源朝臣 義直이라 했다.

伊豫州

盛秋 : 1468년에 사신을 보내어 내조했다. 서장에는 伊豫州川野山城守越知 朝臣 盛秋라 했다. 종정국의 청으로 접대해 주었다.

貞義 : 1468년에 사신을 보내어 내조했다. 서장에는 伊豫州鎌田關海賊大將 源貞義라 했다. 종정국의 청으로 접대해 주었다.

현재의 시코쿠[四國]지방으로 모두 1468년에 사신을 보냈다. 이 지역 역시 관음보살상이 현신한 것을 치하하는 사신이었는데, 貞義의 경우 서장에 해적대장이라고 칭했으며, 이들 역시 종정국의 청으로 접대를 하고 있는 것을 볼 수 있다.

⑤ 北陸道 7州

若狹州

忠常 : 1471년에 壽蘭의 호송이라며, 사신을 보내어 내조했다. 서장에는若 狹州十二關一番遠敷守護備中守 源朝臣忠常이라 했다.

義國 : 1468년에 사신을 보내어 내조했다. 서장에는 若狹州大濱津守護代官 左衛門大夫 源義國이라 했다 종정국의 청으로 접대해 주었다.

동해쪽의 노도[能登]반도 지역으로 지금의 후쿠이[福井]현에 해당된다.

수린의 호송을 받아 사신을 보내고 있으며, 종정국의 청으로 접대를 해 주었다.

⑥ 山陰道 8州

丹後州

家國 : 1468년에 사신을 보내어 내조했다. 서장에는 丹後州田伊佐津平朝臣門四郎 家國이라 했다. 종정국의 청으로 접대해 주었다.

但馬州

源國吉 : 1467년에 사신을 보내어 와서 佛舍利가 분신한 것을 치하했다. 서장에는 但馬州津山關佐佐木兵庫助 源國吉이라 했다.

伯耆州

義保 : 1469년에 사신을 보내어 내조했다. 서장에는 伯耆州太守綠野源朝臣 義保라 했다 종정국의 청으로 접대해 주었다.

出雲州

盛政 : 1467년에 수린의 호송이라며, 사신을 보내어 내조했다. 서장에는 出雲州美保關卿左衛門大夫藤原朝臣 盛政이라 했다.

公順 : 1467년에 사신을 보내어 관음보살이 현상한 것을 치하했다. 서장에는 出雲州見尾關處松田備田太守藤原朝臣 公順이라 했다.

義忠 : 1469년에 사신을 보내어 내조했다. 서장에는 出雲州留關海賊大將藤原朝臣 義忠이라 했다. 종정국의 청으로 접대해 주었다.

石見州

和兼 : 1447년에 친히 와서 圖書를 받았다. 서장에는 石見州因幡守藤原周布 和兼이라 했다. 세견선 1척을 약정했다.

賢宗 : 1470년에 사신을 보내어 내조했다. 서장에는 石見州櫻井津土屋修理
　　　大夫平朝臣 賢宗이라 했다.
久直 : 1467년에 수린의 호송이라며 사신을 보내어 내조했다. 서장에는
　　　石見州益田守藤原朝臣 久直이라 했다.
正教 : 1467년에 수린의 호송이라며 사신을 보내어 내조했다. 서장에는
　　　石見州三住古馬守源氏朝臣 政教라 했다.
吉久 : 1468년에 수린의 호송이라며 사신을 보내어 내조했다. 서장에는
　　　石見州北江津太守平朝臣 吉久라 했다.

筑前州

秀吉 : 1469년에 사신을 보내어 내조했다. 서장에는 隱岐州太守源朝臣 秀
　　　吉이라 했다 종정국의 청으로 접대해 주었다.

우리나라의 동해에 접한 지역으로 일본에서는 우라니혼이라고 하는 지역
인데, 현재의 시마네[島根], 도토리[鳥取]현에 해당된다. 1467년, 68년, 69년
에 주로 통교하고 있는데, 모두 12인이다. 이 가운데 관음보살의 분신을 축
하하기 위한 사절이 3인, 수린의 호송이 3인, 종정국의 청이 4인이 기록되
어 있다. 또 石見州의 和兼의 경우, 도서와 세견선 약정을 했다.

⑦ 西海道 9州

筑前州

少貳殿 : 宰府에 거주했다. 혹은 大都督府라 한다. 筑豊肥三州摠太守太宰府
　　　　都督司馬少卿이라 일컫고, 호를 少貳殿이라 했다. 1469년 賴忠이
　　　　대마도에 있을 때, 세견선 1, 2척을 보내기로 약정했다. 지금은 본
　　　　토로 돌아갔으나 그의 사신은 巨酋의 예로 접대했다.
護軍 道安 : 일찍이 琉球國使로 우리나라에 내빙한 적이 있는데, 이로 인
　　　　해 서로 왕래하기 시작했다. 1455년에 圖書를 받았으며, 1457년에
　　　　受職했다. 大友殿의 관하이다.
司正 林沙也文 : 道安의 아들이다. 1470년에 그의 아버지를 따라와서 受職

했다. 大友殿의 관하이다.

護軍 宗家茂 : 1455년에 와서 圖書도 받고 受職했다. 富商 石城府代官 宗金
의 아들이다. 종금은 대우전이 임명하였으니, 대우전의 관하이다.

司果 信盈 : 1469년에 와서 수직했다. 귀화하여 중추부사를 지낸 藤安吉의
사위다. 安吉의 아비가 내조하여 객사에서 죽어 東郊에 장사지냈
는데, 안길은 어미의 명을 받고 우리나라에 와 벼슬하면서 그의
아비의 무덤을 지켰다. 안길이 죽자, 그의 아우 茂林이 또 와서 副
司果가 되었다. 안길의 어미는 때때로 배를 보냈는데, 藤氏母라 했
다 대우전의 관하이다.

氏鄕 : 1455년에 사신을 보내어 내조했다. 서장에는 筑前州宗像朝臣氏鄕
이라 했다 세견선 1척을 약정했다. 소이전의 관하이다.

貞成 : 1461년에 사신을 보내어 내조했다. 서장에는 筑前州冷泉津尉兼內州
太守田原藤原 貞成이라 했다 圖書를 받고 세견선 1, 2척을 보내기
로 약정했다. 대우전의 족친이며 博多의 代官이다.

信重 : 1456년에 사신을 보내어 내조했다. 서장에는 筑前州冷泉津藤原佐藤
四郞 信重이라 했다.세견선 1척을 보내기로 약속했다. 1471년 겨울
에 유구국왕사로 우리나라에 와서 中樞府同知事의 관직을 받았다.
그는 博多의 큰 상인 定淸의 사위다. 대우전의 관하이다.

安直 : 1467년에 사신을 보내어 우리나라 표류인을 보내왔다. 서장에는
筑前州筥崎津寄住臣藤原孫右衛門尉 安直이라 했다 八幡神留守殿의
관하이다.

直吉 : 1467년에 우리나라 표류인을 보내왔다. 서장에는 筑前州筥崎津寄
住藤原兵衛次郞直吉이라 했다 信重의 형의 아들이다. 팔번신유수전
의 관하로 筥崎津에 거주했다.

重家 : 1467년에 우리나라 표류인을 보내왔다. 서장에는 冷泉津布永臣平
與三郞 重家라 했다. 대우전의 관하이다.

親慶 : 1467년에 사신을 보내어 관음보살이 현상한 것을 치하했다. 서장
에는 筑前州胎土邦北崎津源朝臣 親慶이라 했다.

正家 : 1467년에 수린의 호송이라며 사신을 보내어 내조했다. 서장에는
筑前州相以島大將軍源朝臣正家라 했다.

氏俊 : 1467년에 사신을 보내어 와서 佛舍利의 분신을 치하했다. 서장에
는 筑前州宗像先社務氏俊이라 했다.

道京 : 1468년에 사신을 보내어 내조했다. 서장에는 筑前州絲島太守大藏氏
　　　道京이라 했다. 종정국의 청으로 접대해 주었다.

繩繁 : 1468년에 사신을 보내어 내조했다. 서장에는 名島櫛島兩島太守藤原
　　　繩繁이라 했다 종정국의 청으로 접대해 주었다.

成直 : 1469년에 사신을 보내어 내조했다. 서장에는 筑前州聰政所秋月太守
　　　源成直이라 했다. 종정국의 청으로 접대해 주었다. 대우전의 관하
　　　로 秋月殿이라 했고, 무재가 있었다.

信歳 : 1466년에 사신을 보내와서 관음보살이 현상한 것을 치하했다. 서
　　　장에는 筑前州麻生藤原信歳라 했다. 1467년에 또 사신을 보내 왔으
　　　나, 긴요치 않으므로 접대하지 않았다.

豐前州

邦吉 : 1468년에 사신을 보내와 내조했다. 서장에는 豐前州蓑島海賊大將
　　　玉野井藤原朝臣邦吉이라 했다. 종정국의 청으로 접대해 주었다.

俊幸 : 1468년에 사신을 보내어 내조했다. 서장에는 豐前州彦山座主黑川
　　　院藤原朝臣 俊幸이라 했다. 종정국의 청으로 접대해 주었다. 대우
　　　전의 관하로서 彦山에 거주했다. 무재가 있었다.

豐後州

大友殿 : 博多의 동쪽으로 6~7일 노정에 있다. 박다까지 소이전과 나누어
　　　다스렸다. 처음에 源持直이 豐筑兩後州太守라 일컫고, 1429년에 처
　　　음으로 사신을 보내어 내조한 뒤부터 사신의 배가 끊어지지 않았
　　　다. 대우전이 九州에서 군사가 강성하니, 소이전 이하가 모두 높이
　　　고 섬겼으나 大友라 칭하는 자는 수인이었다. 豐後州는 九州의 동
　　　쪽에 있어 땅이 가장 멀고 오는 자도 드물어서 능히 그 진위여부
　　　를 판단할 수 없다. 우선 왕래한 서장과 여러 사신의 말을 기록하
　　　여 뒷날 참고할 수 있도록 하는 바이다.

親常 : 대우전의 배다른 동생이다. 1471년에 사신을 보내어 내조했다. 서
　　　장에는 日田郡守護修理大夫大藏 親常이라 했다.

國光 : 1460년에 사신을 보내와 우리나라의 표류인을 보고했다. 1467년에
　　　또 사신을 보내와서 관음보살이 현상한 것을 치하했다. 서장에는

豊後州日田郡太守源朝臣 國光이라 했다.

茂實 : 1468년에 사신을 보내어 내조했다. 서장에는 豊後州守護代官木部
山城守 茂實이라 했다. 종정국의 청으로 접대해 주었다.

肥前州

節度使 : 1469년에 사신을 보내어 내조하여, 세견선 1, 2척을 약정했다.
서장에는 九州節度使 源教直 혹은 九州都元帥, 九州摠管이라 했다.
肥前州 阿也非知에 거주하였으며, 박다 남쪽 15리에 있다.

千葉殿 : 1459년에 사신을 보내어 내조했다. 서장에는 肥前州小城千葉介元
胤이라 했다. 세견선 1척을 약속했다.

源義 : 1465년에 사신을 보내어 내조했다. 서장에는 呼子一岐守 源義라 했
다. 세견선 1, 2척을 약속했다. 소이전의 관하로서 呼子에 거주했
고, 呼子殿이라 했다

源納 : 1455년에 사신을 보내어 내조했다. 서장에는 肥前州上松浦波多島
源納이라 했다. 圖書를 받고, 세견선 1, 2척을 약속했다. 소이전의
관하로서 波多島에 거주했다.

源永 : 1456년에 사신을 보내어 내조했다. 서장에는 肥前州上松浦鴨打 源
永이라 했다. 圖書를 받고, 세견선 1, 2척을 약속했다. 소이전의 관
하로서 鴨打에 거주했고, 鴨打殿이라 했다

藤原次郎 : 1456년에 사신을 보내어 내조했다. 서장에는 肥前州上松浦九沙
島主 藤原次郎이라 했다. 세견선 1, 2척을 약속했다.

源祐位 : 1457년에 사신을 보내어 내조했다. 서장에는 肥前州上松浦那護野
寶泉寺 源祐位라 했다. 세견선 1척을 약정했다. 승려가 되어 寶泉
寺에 거주했다.

源盛 : 1457년에 사신을 보내어 내조했다. 서장에는 肥前州上松浦丹後太守
源盛이라 했다. 圖書를 받고, 세견선 1척을 약속했다. 소이전의 관
하이다.

源德 : 1456년에 사신을 보내어 내조했다. 서장에는 肥前州上松浦神田能登
守 源德이라 했다. 圖書를 받고, 세견선 1척을 보내기로 약속했다.

源次郎 : 1469년에 사신을 보내어 내조했다. 서장에는 肥前州上松浦佐志
源次郎이라 했다. 圖書를 받고, 세견선 1척을 보내기로 약속했다.
소이전의 관하로서 무예에 능하였으며, 佐志殿이라 했다.

義永 : 1456년에 사신을 보내어 내조했다. 서장에는 肥前州上松浦九沙島主藤原朝臣筑後守 義永이라 했다. 圖書를 받고, 세견선 1척을 약속했다.

源義 : 1455년에 사신을 보내어 내조했다. 서장에는 肥前州下松浦壹岐州太守志佐 源義라 했다. 세견선 1, 2척을 보내기로 약속했다. 소이전의 관하로서 무예에 능했으며, 志佐殿이라 했다.

源滿 : 1457년에 사신을 보내어 내조했다. 서장에는 肥前州下松浦三栗野太守 源滿이라 했다. 세견선 1척을 보내기로 약속했다. 소이전의 관하로, 三栗野에 거주했다.

源吉 : 1445년에 비로소 사신을 보내어 내조했다. 서장에는 肥前州下松浦山城太守 源吉이라 했다. 圖書를 받고, 세견선 1척을 보내기로 약속했다.

源勝 : 1455년에 사신을 보내어 내조했다. 서장에는 五島宇久守 源勝이라 했다. 圖書를 받고, 세견선 1, 2척을 보내기로 약속했다. 1457년에는 우리나라의 표류인을 돌려보낸 때문에 특별히 세견선 1척을 더 보내주었다. 宇久島에 거주하여 五島를 총괄했다.

少弼弘 : 1457년에 사신을 보내어 내조했다. 서장에는 肥前州平田寓鎭源朝臣彈正 少弼弘이라 했다. 세견선 1, 2척을 보내기로 약속했다.

源義 : 1456년에 비로소 사신을 보내어 내조했다. 서장에는 肥前州平戶寓鎭肥州太守 源義라 했다. 圖書를 받고, 세견선 1척을 보내기로 약속했다. 少弼弘의 아우로서, 平戶에 거주했다.

藤原賴永 : 1466년에 壽藺書記를 보내어 내조했다. 서장에는 肥前州上松浦那久野藤原賴永이라 했다. 壽藺이 서계와 예물을 받아서 국왕에게 전했다. 이 사실은 앞의 細川勝氏의 기록에도 나오며, 那久野에 거주했다.

源宗傳 : 1486년에 사신을 보내어 내조했다. 서장에는 肥前州上松浦多久豐前守 源宗傳이라 했다. 종정국의 청으로 접대해 주었다.

源泰 : 1468년에 사신을 보내어 내조했다. 서장에는 肥前州上松浦波多下野守 源泰라 했다. 종정국의 청으로 접대해 주었다. 波多에 거주했다.

四郎左衛門 : 1465년에 源滿의 사신으로 우리나라에 와서 同參이란 관직을 받았다. 1467년과 1468년에 왔으나 접대를 허락하지 않았다.

源貞 : 1467년에 사신을 보내와서 관음보살이 현상한 것을 치하했다. 서장에는 肥前州下松浦大島太守源朝臣貞이라 했다. 大島에 거주했다.

源義 : 1467년에 사신을 보내와서 관음보살이 현상한 것을 치하했다. 서
　　　장에는 肥前州下松壹岐津崎太守源 義라 했다.

貞茂 : 1469년에 사신을 보내어 내조했다. 서장에는 五島悼大島太守源朝臣
　　　貞茂라 했다. 종정국의 청으로 접대해 주었다. 五島에 거주하였으
　　　며, 源勝 관하의 미약한 자였다.

源茂 : 1467년에 사신을 보내와서 불사리가 雨花한 것을 치하했다. 서장
　　　에는 五島玉浦守源朝臣茂라 했다. 五島에 거주하였으며, 源勝 관하
　　　의 미약한 자였다.

源貞 : 1467년에 사신을 보내와서 관음보살이 현상한 것을 치하했다. 서
　　　장에는 五島太守源貞이라 했다. 五島에 거주했으며, 源勝 관하의
　　　미약한 자였다.

藤原盛 : 1469년에 사신을 보내어 내조했다. 서장에는 五島日島太守 藤原
　　　　朝臣盛이라 했다. 종정국의 청으로 접대해 주었다. 五島에 거주했
　　　　으며, 源勝 관하의 미약한 자였다.

清男 : 1469년에 사신을 보내어 내조했다. 서장에는 肥前州彼杵郡彼杵遠江
　　　清原朝臣 清男이라 했다. 종정국의 청으로 접대해 주었다.

源重俊 : 1467년에 사신을 보내와서 불사리가 분신한 것을 치하했다. 서
　　　　장에는 肥前州太村太守 源重俊이라 했다 太村에 거주했으며, 무예
　　　　에 능숙했다.

源信吉 : 1468년에 사신을 보내어 와서 관음보살이 현상한 것을 치하했
　　　　다. 서장에는 肥前州風島津太守源信吉이라 했다.

源豐久 : 1471년에 사신을 보내어 내조했다. 서장에는 平戶寓鎭肥州太守
　　　　源豐久라 했다. 아비 義松이 1469년에 서거하자, 의송이 받은 圖書
　　　　를 보내고 새 도서 받기를 청했다.

肥後州

菊池殿 : 1456년에 사신을 보내어 내조했다. 서장에는 肥筑二州太守藤原朝
　　　　臣菊池爲邦이라 했다. 세견선 1, 2척을 보내기로 약속했다. 1470년
　　　　에 또 사신을 보내어 圖書를 받았다. 대대로 菊池殿이라 했고, 肥
　　　　後州를 주관했다.

藤原爲房 : 1455년에 사신을 보내어 내조했다. 서장에는 肥後州藤原爲房
　　　　　이라 했다. 세견선 1척을 보내기로 약속했다.

敎信 : 1459년에 사신을 보내어 내조했다. 서장에는 肥後州八代源朝臣敎信
　　　이라 했다. 세견선 1척을 보내기로 약속했다.

政重 : 1467년에 사신을 보내와서 관음보살이 현상한 것을 치하했다. 이
　　　보다 앞서 두 번이나 우리나라의 표류인을 구조했다. 서장에는 肥
　　　後州大將軍大橋源朝臣 政重이라 했다.

武敎 : 1457년에 武磨를 시켜 내조하였으나, 먼 곳에 있는 긴요하지 않은
　　　사람이라 하여 접대하지 않았다. 1467년에 武敎라 개명하고 사람
　　　을 보내와서 관음보살이 현상한 것을 치하했다. 서장에는 肥後州
　　　高瀨郡藤原 武敎라 했다 菊池殿의 족친으로서 그 관하가 되어 高瀨
　　　에 거주했다.

薩摩州

盛久 : 1457년에 사신을 보내어 내조했다. 서장에는 薩摩州日向太守藤 原
　　　盛久라 했다. 세견선 1, 2척만 보내기로 약속했다.

熙久 : 1455년에 사신을 보내어 내조했다. 서장에는 薩摩州伊集院寓嶺隅州
　　　太守 藤原熙久라 했다. 세견선 1, 2척을 보내기로 약속했다.

持久 : 1457년에 사신을 보내어 내조했다. 서장에는 薩摩州島津藤原朝臣
　　　持久라 했다. 세견선 1척을 보내기로 약속했다. 忠國의 족친으로서
　　　관하가 되어 島津에 거주했다.

源忠國 : 1457년에 사신을 보내어 내조했다. 서장에는 薩摩三州太守島 津
　　　忠國이라 했다. 세견선 1척만 보내기로 약속했다. 1467년에 관음보
　　　살이 현상한 것을 축하하려고 또 사신을 보내었다. 서장에는 日隅
　　　薩三州太守島津陸奧 源忠國이라했다. 국왕의 족친으로서 薩摩·日
　　　向·大隅 3주의 일을 총괄했다.

藤原忠滿 : 1467년에 사신을 보내어 와서 관음보살이 현상한 것을 치하했
　　　다. 서장에는 薩摩州壹岐島代官 藤原忠滿이라 했다

只吉 : 1468년에 사신을 보내어 내조했다. 서장에는 薩摩州房泊代官 只吉
　　　이라 했다. 종정국의 청으로 접대해 주었다.

久重 : 1468년에 사신을 보내어 내조했다. 서장에는 薩摩州市來千伐太守大
　　　藏氏 久重이라 했다. 종정국의 청으로 접대해 주었다.

國久 : 1468년에 사신을 보내어 내조했다. 서장에는 市來太守大藏氏 國久
　　　라 했다. 종정국의 청으로 접대해 주었다. 忠國의 종제로서 그 관

하가 되어 部府에 거주했다.

吉國 : 1469년에 사신을 보내어 내조했다. 서장에는 薩摩州內種島太守 吉
　　　 國이라 했다. 종정국의 청으로 접대해 주었다.

持永 : 1469년에 사신을 보내어 내조했다. 서장에는 薩摩州島津藤原朝臣
　　　 持永이라 했다. 종정국의 청으로 접대해 주었다.

현재의 구주지방으로 9개주 중 6개주(축전주 18인, 풍전주 2인, 풍후주 4
인, 비전주 31인, 비후주 5인, 살마주 10인) 총70인의 통교자가 기록되어 있
다. 지역별 특성을 정리해 보면, 축전주에서는 지금의 후쿠오카[福岡]현의
중심지인 박다지방을 자세히 소개하고, 이 지역이 유구국과 남만 등의 장삿
배가 모이는 지역이며, 우리나라에 내왕하는 자가 가장 많은 지역으로 기술
했다. 이 지역의 세력가인 소이씨에 관해 자세히 서술했고, 세견선을 약정
한 자로 거추사의 접대를 받고 있다고 했다.

이 지역의 통교자중 수직인이 4인이 있는데, 이들 수직인은 이름 앞에 모
두 수직한 관직명을 붙였다. 호군 종가무의 경우는 도서도 받았으며, 3인이
세견선 약정을 했다. 이 지역에서도 역시 관음보살의 현신을 치하하는 사신
이 3인이고, 수린의 호송이이 1인, 종정국의 청이 3인이 있으며, 특히 표류
인 송환을 목적으로 사신을 파견한 예도 3인이 있다.

풍전주 통교자 2인인데, 邦吉은 해적대장을 칭했고, 종정국의 청으로 접
대를 받았다.

풍후주는 지금의 오이타[大分]현으로 4인이 기록되었다. 세력가인 大右殿
과 그이 동생친상의 내조기록과 함께 이 지역이 구주의 먼동쪽에 있어, 내
왕자의 진위가 의심된다고 했다. 표류민 송환과 관음보살의 분신을 치하하
는 사신을 기록했고, 종정국의 청으로 접대했다.

비전주에는 구주절도사 원교직을 비롯하여 총 31명의 내조자를 기록했다.
비전주는 지금의 나가사키[長崎]와 사가[佐賀]현인데, 上松浦와 下松浦를 해
적이 사는 곳으로 기술했다. 세견선 정약자가 15인이나 되며, 이중 9인이 圖

書를 받았다. 이중 수직은 사랑좌위문 1인뿐이다. 그러나 이 사절은 1468년
에는 접대치 않았다. 수직까지 했는데, 접대치 않은 것은 특이한 사례이다.
또한 앞의 축전주와 비교하면 수직인과 세견선수가 대조적이다. 앞의 기록에
서 많이 나오는 壽藺은 축전주 상송포의 藤原賴永이 보낸 사자이다.

관음보살의 현신을 치하한 사신이 6인이고, 종정국의 청으로 접대한 사신
이 5인이다. 통교자중 源祐位는 승려이다. 또 五島의 거주자도 4인이 있다.

肥後州는 지금의 구마모토[熊本]현으로, 5인의 내조자를 기록했다. 이중
3인이 세견선정약자이고, 菊池殿은 도서를 받았다. 政重은 관음보살의 현신
을 치하했고, 표류민을 송환했다. 그러나 武敎는 1457년에는 먼 곳에 있는
긴요한 사람이 아니라는 이유로 접대치 않다가, 1467년에는 관음보살의 현
신을 치하하는 댓가로 접대했다.

薩摩州는 현재의 가고시마현에 해당되는데, 유황산지로 기록했다. 10인
의 내조자를 기록했는데, 세견선정약이 4인이고, 4인은 종정국의 청으로 접
대했다. 관음보살 현신치하로 2인이 내조했다.

2) 對馬島

① 8郡

豐崎郡

　　宗盛俊 : 1468년에 사신을 보내어 내조했다. 서장에는 對馬島守護代官平朝
　　　　　臣宗助六 盛俊이라 했다. 고우포에 거주한다.

伊乃郡

　　宗盛弘 : 1445년에 사자를 파견하여 내조했다. 서장에는 對馬州宗右衛門
　　　　　尉 盛弘이라 했다. 세견선 4척을 보내고, 우리나라에서는 해마다
　　　　　쌀과 콩 15섬을 주기로 약속했다.

卦老郡 혹은 인위군(仁位郡)이라고도 한다.

宗茂秀 : 1433년에 사자를 보내어 내조했다. 서장에는 出羽守宗大膳 茂秀
　　　라 했다.

尼老郡

宗盛家 : 1444년에 사자를 파견하여 내조했다. 서장에는 對馬州宗信濃守
　　　盛家라 했다. 세견선 4척을 보내기로 약속하였었는데, 1452년에 그
　　　들의 청으로써 세견선 3척을 더 보내기로 했다. 해마다 쌀과 콩을
　　　합쳐 20섬을 주기로 했다.
護軍 多羅而羅 : 而羅灘文家次 혹은 而羅灘文家繼, 平松而羅灘文家繼, 太郎
　　　二郎이라 했다. 1460년에 圖書를 받았고, 오면 쌀과 콩을 합쳐 10
　　　석을 주었다. 賊의 우두머리였다.

② 82浦

安而老浦

司直 源茂崎 : 1445년에 우리나라 표류인을 구조한 공로로 관직을 받았다.

沙加浦

護軍 六郎灘文 : 1459년에 와서 圖書를 받았다. 오면 쌀과 콩을 합쳐 10섬
　　　을 주었다.
護軍 阿馬豆 : 예전에는 壹岐島 毛都伊浦에 거주했다. 해적의 우두머리 宮
　　　內四郎의 아들이다. 1458년에 도서를 받았고, 오면 쌀과 콩을 합쳐
　　　10섬을 주었다. 1468년에 又四羅盛數라고 개명했다.
司正 都羅馬都 : 六郎灘文의 아들이다. 1464년에 와서 관직을 받았다.
司正 都羅而老 : 귀화한 鐵工匠 干知沙也文의 아들인데, 아버지를 따라 우
　　　리나라에 와서 관직을 받았다. 지금은 本島로 돌아갔다.
奉盛幸 : 본래는 중국 사람이었는데, 도주 宗成職 때에 書契와 文引을 받
　　　았다. 1457년에 도주의 요청에 따라 圖書를 받았다. 세견선 1척만
　　　보내기로 약속했다. 서장에는 海西路關處鎭守奉盛幸이라 했다.

職盛 : 도주 宗成職의 아들이다. 1468년에 사자를 보내어 내조하였고, 1469년에 또 사자를 보내어 내조하여 아버지를 계승하여 세견선을 보낼 것을 청하였으나, 도주의 서장이 없었기 때문에 들어 주지 않았다. 서장에는 對馬州平朝臣宗四郎職盛이라 했다.

訓羅串

上護軍 平茂持 : 平盛秀의 아우인데, 종형 六郎次郎의 후사가 되었다. 우리나라에 오면 쌀과 콩을 합하여 15섬을 주었다.

護軍 皮古時羅 : 平茂持의 아우이다. 1464년에 관직을 받고, 1469년에 圖書를 받았다. 오면 쌀과 콩 10섬을 주었다.

副司果 平伊也知 : 平茂持의 아들인데, 早田彦八이라고도 한다. 1470년에 도주의 요청으로 관직을 받았다.

古于浦

島主 宗貞國 : 1443년 宗貞盛이 도주이었을 때, 한 해 동안에 배 50척을 보내기로 약속하고, 만일 부득이 보고할 일이 있어 定數 외에 배를 보내게 되면 特送이라 했다. 세사미를 쌀과 콩을 합하여 2백 섬을 주기로 했다.

宗貞秀 : 宗貞國의 장자이다. 1467년에 사신을 보내어 내조했다. 서장에는 對馬州平朝臣 貞秀라 했다. 세견선 7척을 보내기로 약속하고, 우리나라에서는 쌀과 콩을 합하여 15섬을 주기로 했다.

盛俊 : 豊崎郡守이다. 자세한 것은 풍기군 조에 나타나 있음.

國幸 : 1471년에 대마도의 特送으로 내조했다. 겸하여 三浦의 일을 살피었다. 서장에는 宗大膳國幸이라 했다. 도주가 친하게 신임하는 처지이기 때문에 특별한 예로 후대하여 보냈다.

豆豆浦

宗茂世 : 宗虎熊丸이라고도 하는데, 종정성의 조카이다. 1455년에 세견선 3척을 보내고, 오면 쌀과 콩을 합하여 10섬을 주기로 약속했다. 서장에는 九州侍所管事平朝臣宗彦八郎茂世라 했다.

沙愁浦

國久 : 기유년에 도주의 요청으로 인하여 圖書를 받았다. 서장에는 對馬州
佐護郡代官平朝臣宗播磨安 國久라 했다 세견선 1척을 보내기로 약
속했다. 天神山의 海賊을 관할하고 현재 군사를 거느리고 博多에
있다.

宗彦九郎貞秀 : 宗盛直의 종제로 1460년에 사신을 보내어 내조했다. 서장
에는 對馬州平朝臣 宗彦九郎貞秀라고 했다. 圖書를 받고, 세견선 1
척을 보내기로 약속했다.

上護軍 宗盛吉 : 宗盛家의 아우이다. 1463년에 도서를 받았다. 그들이 오
면 쌀과 콩을 합하여 15섬을 주었다. 지금은 그가 죽고 아들이 있
는데, 현재까지 사신을 보내지 않았다.

沙愁那浦

國吉 : 1468년에 사신을 보내어 내조했다. 서장에는, 佐須那代官平朝臣宗
石見守 國吉이라 했다.

吾溫浦

護軍 皮古汝文 : 1458년에 관직을 받고 1460년에 圖書를 받았다. 三浦에
상주하는 왜인을 맡아 다스렸다.

司正 所溫皮破知 : 宗茂의 둘째아들인데, 宗茂實이라 개명했다. 1467년에
도주의 청으로 관직을 받았다.

宗茂次 : 1460년에 우리나라 표류인들을 구출하여 내조했다. 1467년에도
왔다. 對馬州上津郡追浦平朝臣宗伯耆守 茂次라 했다.

頭知洞浦

中樞 平茂續 : 賊徒의 괴수 무田의 아들인데, 일찍이 우리나라에 와서 侍
朝하여 中樞가 되었는데, 지금은 대마도로 돌아갔다.

護軍 中尾吾郎 : 平茂續의 아들인데, 1468년에 관직을 받았다.

可時浦

護軍 井可文愁戒 : 아버지는 賊徒의 괴수 井大郎인데, 1419년에 대마도정
　　　벌 때 공이 있었다. 1465년에 도서를 받았다. 한 해 동안에 쌀과 콩
　　　을 합하여 10섬을 주기로 했다. 1462년에 아비의 관직을 세습했다.

仇老世浦

護軍 皮古仇羅 : 해적의 괴수인 護軍 藤武家이니, 倭訓으로 邊沙也文의 아
　　　들이다. 1465년에 관직도 받고 圖書도 받았다. 우리나라에 오면 쌀
　　　과 콩 10석을 주었다.

介伊俟那浦

護軍 時難價毛 : 平家久라 하며, 왜훈 和知難灑毛의 아들이다. 1468년에 관
　　　직을 받았다.

대마도에 관해서는 먼저 대마도의 지형과 척박한 환경 때문에 생산품은
감귤과 木楮뿐이라고 했다. 종씨의 가계를 宗慶부터 貞國에까지 소개했다.
이어 대마도가 한국과 일본의 중간에 위치하여 모든 내조자가 대마도를 거
쳐야 하고, 반드시 도주의 문인을 받아야 하며, 도주 이하가 각기 세견선 약
정이 있고, 우리나라에 가장 가까운 섬인데다가 매우 가난하기 때문에 해마
다 쌀을 차등 있게 주는 歲賜米에 대해 기록했다. 경제적으로 조선에 완전
히 종속되어 있는 대마도의 모습을 상세히 기술했다.

4개의 군에 5인의 내조자를 기록했는데, 1인(護軍 多羅而羅)은 관직와 도
서를 주었다. 宗盛弘과 宗盛家는 세견선 4척과 7척의 정약자이고, 각기 15
석과 20석의 세사미도 주었다.

82포 가운데는 12포에 27인의 내조자 명단이 있다. 이중 16인이 수직왜
인이다. 또 9인이 도서를 받았는데, 수직을 겸한 자가 6인이다. 세견선정약
을 한 내조자는 5인인데, 도주 종정국에게는 50척을 약속했다. 또 세사미두

는 7인인데 이 가운데 도주 宗貞國은 200석을 주었다. 특이한 기록으로는
司正 都羅而老가 鐵工匠의 아들이라 했고, 奉盛幸은 본래 중국 사람인데, 書
契·文引·圖書를 받았다. 護軍 阿馬豆와 國久·호군 井可文愁戒는 해적으로
기술했고, 倭訓으로 수직한 자도 2인이 있었다.

3) 壹岐島

① 七鄕

惟多只鄕

　　源武 : 志佐의 代官으로 1468년에 圖書를 받고, 세견선 1, 2척을 보내기로
　　　　약속했다. 서장에는 壹岐守護代官眞弓兵部少輔 源武라 했다

古仇音夫鄕

　　源經 : 1469년에 도서를 받고, 세견선 1, 2척을 보내기로 약속했다. 서장
　　　　에는 上松浦鹽津留助次郎 源經이라 했다
　　源重實 : 1457년에 세견선 1척을 보내기로 약속했다. 서장에는 上松浦鹽
　　　　津留松林院主源重實이라 했다
　　宗殊 : 1459년에 사신을 보내어 내조했다. 서장에는 壹岐州上松浦鹽津留觀
　　　　音寺宗殊라 했다. 세견선 1척만 보내기로 약속했다.

小于鄕

　　源實 : 呼子의 代官으로 세견선 1척을 보내기로 약속했다. 서장에는 上松
　　　　浦呼子壹岐州代官牧山帶刀源實이라 했다.

　일기도는 모두 7鄕 으로, 구주의 세력가인 志佐, 佐志, 呼子, 鴨打가 나누
어 다스린다. 모두 5인의 내조자가 있는데, 이들은 모두 세견선 정약을 했
으며, 이중 2인은 도서도 받았다.

② 十四浦

毛都伊浦

> 護軍 三甫郎大郎 : 賊의 괴수 護軍 藤永의 繼子이다. 1461년에 圖書를 받
> 았다. 우리나라에 오면 쌀과 콩을 합해서 10섬을 주었다.
> 司正 有羅多羅 : 可文愁戒源貞이라고도 하는데, 三甫郎大郎의 형이다. 1458
> 년에 관직을 받았다.
> 豆流保時 : 藤九郎의 둘째아들인데, 1470년에 관직을 받았다. 큰아들 也三
> 甫羅가 지금 우리나라에 와서 시조하여 司正이 되었다.

14포 중 유일하게 毛都伊浦에만 내조자 3인이 있는데, 모두 수직왜인이
며, 護軍 三甫郎大郎은 세사미두 10석을 받는다. 豆流保時는 수직왜인 藤九
郎의 아들로 수직왜인이며, 그의 아들 也三甫羅도 수직하여 三代가 연이어
수직왜인이 되었다.

4) 「琉球國紀」의 내조기사

(1) 國王代序

1390년에 국왕 察度가 사신을 보내어 내조하였는데, 琉球國中山王이라
했다 이때부터 해마다 사신을 보내었고, 그 세자 武寧도 方物을 헌상했다.
조선왕조의 건국후에는 1409년에 그 손자 思紹가 사신을 보내었고, 1431년
에는 琉球國中山王尙巴志이 사신을 보냈으며, 1453년에는 琉球國中山王尙金
福見이 사신을 보냈다. 1455년에는 琉球國王尙泰久, 1458년에는 琉球國王見,
1459년에는 다시 尙泰久, 1461년에는 琉球國王尙德, 1466년에도 尙德이라
일컫고 사신을 보내었다. 1471년 겨울에는 국왕이 自端書堂을 시켜 내조했
다. 察度 때부터 사신을 보냈는데, 직접 자기 나라 사람을 보내기도 하고,
또는 유구국에 있는 일본 사람을 이용하여 사신으로 보내기도 했다. 그 書

를 箋 혹은 咨文으로 했는데, 격식이나 칭호와 성명도 일정하지 않았다.

(2) 國都

> 梁回 : 1430년에 사자를 보내어 내조했다. 서장에는 琉球國長史 梁回라 했다.
> 李金玉 : 1468년에 사자를 보내어 내조했다. 서장에는 琉球國摠守將 李金 玉이라 했다.
> 等悶意 : 1469년에 사자를 보내어 내조했다. 서장에는 琉球國中平田大島平 州守 等悶意라 했다.

「국왕대서」에서는 「일본국기」의 「천황대서」와는 다르게 조선에 내조한 기사를 중심으로 서술했다. 유구국은 일본국과는 별도의 독립왕국으로 조선과 통교를 했는데, 1390년 고려말부터 시작하여 1471년까지 10차례 이상의 내조사실을 기록했다. 내조자는 유구국인 외에도 유구국에 있는 일본인을 이용했다는 기사가 주목된다. 실제로 유구국 사신으로 박다의 일본인들이 여러 차례에 걸쳐 내조했고, 그중 상당수는 僞使로서 조선에 왔다.

이어 「국왕대서」에는 국도에는 石城이 있으며, 유구국이 별처럼 벌려 있고, 무려 36개의 섬으로 되어 있음을 소개했다. 또 유구국에서 硫黃이 산출되며, 해마다 중국에 사신을 보내고 유황 6만 근과 말 40필을 바친다는 사실을 기록하여 유구가 중국과도 통교하고 있음을 서술했다. 그러나 유구국은 우리나라와 거리가 가장 멀어서, 그 상세한 것을 구명할 수 없으므로, 우선 그 조빙 및 내조자의 차례만을 기록하여 후일의 고증을 기다린다는 단서를 붙이기도 했다. 그리고 유구의 풍속과 도로의 이수를 열거하여 부산포에서 유구국까지 우리나라 이수로 5,430리라고 했다.

그리고 「국도」에는 내조자 3인을 국왕사신과는 별도로 기록했다.

5. 내조기사의 특질

1) 지역별 내조자수

「八道六十六州」				「對馬島, 壹岐, 琉球」			
8도	66주	통교자수	비고	지역	군,포	통교자수	비고
畿內	山城州	25	15처	대마도 (8군)	豊崎郡	1	
	攝津州	3			伊乃郡	1	
東山道	信農州	1			卦老郡	1	
山陽道	幡摩州	2			尼老郡	2	
	備前州	2		대마도 (82포)	安而老浦	1	
	安藝州	4			沙加浦	6	
	周防州	7			訓羅串	3	
	長門州	8			古于浦	4	
南海道	阿波州	1			豆豆浦	1	
	伊予州	2			沙愁浦	3	
北陸道	若狹州	2			沙愁那浦	1	
山陰道	丹後州	1			吾溫浦	3	
	但馬州	1			頭知洞浦	2	
	伯耆州	1			可時浦	1	
	出雲州	3			仇老世浦	1	
	石見州	5			介伊候那浦	1	
	隱岐州	1			16곳	32	
西海道	筑前州	18		일기도 (7鄕)	唯多只鄕	1	
	豊前州	2			古仇音夫鄕	3	
	豊後州	4			小于鄕	1	
	肥前州	31		일기도(14浦)	毛都伊浦	3	
	肥後州	5		유구국	國王	8	1처
	薩摩州	10			國都	3	
7도	23주	139	장군제외		6곳	19	

총 173곳	190인	막부장군 제외

「8도 66주」와 「대마도, 일기」 「유구국」의 내조관련 기사를 분석할 결과 내조자는 총 190인에 이른다. 이 가운데 기내 산성주의 경우 15곳에서 25인이 기록되어 있고, 유구국왕 8인이 기록되어 있으므로, 실제로 내조한 자는 173곳에서 내조했다. 지역별 내조자수는 위의 표와 같다.

2) 내조자 분포지역도

대마도

대마도의 8군 82포 중, 내조자 분포지역을 보면, 豊崎, 伊乃, 掛老, 尼老郡 지역에서 郡守 4인과 伊老郡의 수직왜인 1인 등, 총 5인의 내조자가 있다. 豊崎郡은 현재의 대마도 동북부지역으로 가미쓰시마죠[上對馬町]이며, 尼老郡은 현재의 동북부지역이다. 尼老郡은 현재의 仁位郡 토요타마[豊玉町]이며, 掛老郡은 현재의 嚴原町 佐須瀨지역으로 알려져 있다.14)

----

14) 田中健夫, 앞의 책, 198쪽.

82포 가운데는 12포에 27명의 내조자가 분포하고 있다. 『해동제국기』에는 각 포소의 거주왜인의 호수가 기록되어 있는데, 도표화하면 다음과 같다.

「군·포소의 현지지명 및 내조자 현황」

포이름	현재지명	거주호수	내조자수	수직인수	수도서인수	세견선 (척)	세사미 (석)
4군			5	1	1	11	45석
安而老浦	아지로[網代]	20	1	1			
沙加浦	사가[佐賀]	500	6	4	3	1	20
訓羅串	고후나바시 [小船越]	100	3	3	1		25
古于浦	고후[國府] 이즈하라[嚴原]	100	4			57	215
豆豆浦	쯔쯔[豆酘]	300	1			3	10
沙愁浦	사수[佐須]	300	3		3	2	15
沙愁那浦	사스나[佐須奈]	400	1				
吾溫浦	오오무라[大浦]	100	3	2	1		
頭知洞浦	쯔치요리[土寄]	200	2	2			
可時浦	가시[加志]	150	1	1	1		10
仇老世浦	쿠로세[黑瀨]	140	1	1	1		10
介伊候那浦	가이후나[貝鮒]	200	1	1			
계			27인	16인	11인	74척	350석

이상의 도표에서 알 수 있듯이, 12포의 내조자 27인중, 수직왜인의 수는 16인, 수도서인은 11인인데, 이중 수직과 도서를 다 받은 자는 9인이었다. 그리고 대마도의 세견선은 대마도주 50척을 비롯하여, 이내군과 이노군의 군수가 7척, 그 외에 3개포에 1~3척으로 분포되어 있다. 또한 세사미두는 대마도주 200석을 비롯하여 3개 군수에게 45석, 그 외에 9인의 내조자에게 10~15석을 주어, 총 350석에 달했다. 다음은 일기도와 유구를 보자.

| 「일기도」 | 「유구」 |

　우선 일기도에는 7鄕 중 3개 향에 5인이 내조자가 있고, 14포 중 1개포에만 있다.

　유다지향은 현재 아시베마치(芦辺町)나 이사다마치(石田町)에 해당된다. 古仇音夫鄕은 고쿠부(國分)지역이며, 小于鄕은 鄕ノ村町로 추정된다. 그리고 유일하게 내조인이 있던 毛都伊浦는 鄕ノ村町의 중심지역인 교노우라[鄕ノ浦]로 추정한다.15)

　한편 유구국의 國都는 현재 오키나와의 나하(那覇)와 슈리(首里城)을 말한다.

---

15) 田中健夫, 앞의 책, 229쪽.

3) 세견선, 수직인, 도서발급자 현황

「세견선 약정자」

	1척	1~2척	3척	4척	7척	50척	계
기내 5주	1인						1척
동산도							
산양도	3인						3척
남해도							
북륙도	1인						1척
산음도							
서해도	16인	12인					28~40척
대마도	3인		1인	1인	2인	1인	74척
일기도	3인	2인					5~7척
유구국							
세견선계	27척	14~28척	3척	4척	14척	50척	112~126척

「수직인·도서발급자」

	수직인	도서발급자	종정국의 청	관음불현신
기내5주		1	5	
동산도			1	
산양도		1	6	15
남해도			3	1
북륙도			2	
산음도		1	4	1
서해도	5	13	16	13
대마도	16	11		
일기도	2	2		
유구국				
계	23	29	32	30

세견선은 주로 현재의 구주지역인 서해도, 대마도, 이키에 집중되어 있으며, 46인에게 총 112척 내지 126척을 약정했다. 46인중 1~2척 약정자가 41인으로, 그 나머지는 3~4척이 2인, 7척이 2인이고, 대마도주가 50척으로 절반의 양을 약정했다.

또한 수직인과 수도서인도 서해도, 대마도, 이키에 집중되어 있고, 서해, 대마, 이키를 제외한 지역의 상당수가 대마도주의 알선에 의해 내조하고 있다. 또한 이 시기 내조자중 30인이나 관음불이 현상하는 것을 치하하는 명목으로 조선에 내조하고 있다. 세조대에는 특히 奇瑞현상이 많이 나타나는데 왕권 강화책의 일종이었다고 하는데, 이를 축하하는 명분으로 일본 각지에서 내조했던 것이다.[16]

6. 조빙응접기의 규정

일본으로부터의 모든 내조자는 삼포로 입항했고, 이들은 원칙적으로 使人의 형태를 갖추어야 했다. 따라서 이들의 우두머리들은 상관인(정사), 부관인(부사), 정관 등의 명칭으로 불리웠고, 사자의 등급에 따라 일정한 인원이 상경을 하여 조선 국왕을 알현하는 외교적 행위를 취해야 했다. 그 구체적인 내용을 29개 항목으로 세분하여 기술했다.

그 내용을 성격별로 분류해 보면, 도항하는 사절의 구분과 규모, 입항과 삼포에서의 접대, 삼포를 떠나 상경하는 과정과 절차, 한양에서의 체류와 접대, 국왕에의 숙배, 송별과 배의 수리, 금약조항 등, 내조자가 삼포에 입항하여 상경 후, 국왕숙배와 교역을 마치고, 일본으로 돌아갈 때까지의 모든 과정과 그 사이의 접대규정이 상세히 기술되어 있다.

---

16) 高橋公明, 「朝鮮遣使ブームと世祖の王權」 『日本近代の國家と對外關係』, (吉川弘文館, 1987), 참조.

· 사절의 구분과 규모

諸使定例 : 내조자를 접대하는 데는 4가지 예가 있는데, 국왕사, 제거추
사, 구주절도사 및 대마도주특송사, 제추사 및 대마도수직인으로
구분했다.

使船定數 : 국왕사, 제거추사, 대마도주, 제추사의 세견선수를 정했는데,
대마도주는 50척, 국왕사는 부선을 합쳐 3척, 그 외는 1~2척으로
했고, 이들은 모두 대마도주의 문인을 소지하도록 했다. 그러나 세
견선수는 앞의 내조자 통계와 사뭇 차이를 보인다.

使船大小船夫定額 : 배의 크기와 船夫를 규정했는데, 대선(28~30척), 중선
(26~27척), 소선(25척이하)이며, 선부는 대선 40명, 중선 30명, 소
선 20명으로 정하여 料를 지급했다.

· 입항 및 삼포에서의 접대

三浦分泊 : 대마도주 세견선 50척 중 25척은 제포, 25척은 부산포에 정박
하며, 나머지는 임의로 한다.

給圖書 : 도서의 견본을 예조와 典校署, 또한 三浦에 나누어 두었다가, 내
조자가 가져온 서장과 비교하여 진위를 식별했다.

三浦宴 : 여러 사신들에게는 상경을 기다려 삼포에 체류하는 동안과 돌아
갈 때, 각기 1~3회의 연회를 베풀어 주며, 연회를 베풀 때마다 선
부에게도 음식을 준다.

三浦熟供 : 모든 내조자(상관인, 부관인, 정관, 수행원 등)에게는 정해진
규정에 따라 음식을 제공했고, 선부에게는 料를 지급했다.

· 상경과 접대

上京人數 : 국왕사 25인, 제거추사 15인, 대마도주 특송사 및 구주절도사
는 3인, 제추사는 1인, 수직인은 2~3인, 대마도세견선은 1척당 1인
을 상경시키는데, 짐의 양에 따라 2~5인을 추가할 수 있다.

諸使迎送 : 국왕사와 제거추사는 京通事, 구주절도사 및 대마도주특송사
는 鄕通事가 인솔하여 상경토록 했다.

上京道路 : 내조자의 상경로는 육로와 수로를 이용했는데, 육로는 삼포에
서 각기 13일에서 15일 걸리며, 수로를 이용할 경우, 낙동강과 한
강을 이용했는데, 15~19일이 걸렸다. 그리고 국왕사는 기한이 없
지만, 나머지는 기한이 지나면 料를 감하여 전해진 기일을 초과하
지 못하도록 했다.

路宴 : 여러 사신들에게는 상경도중 국왕사 5번, 제거추사 4번, 특송사·절
도사·제추사에게는 2번, 대마도수직인은 1번의 연회를 베풀어준
다.

諸道宴儀 : 삼포와 상경도중에 베풀어지는 연회의식에 관한 규정이다. 국
왕사의 삼포연향의 경우 선위사는 동벽에 위치하고, 상관, 부관인
은 서벽에 위치하여 예를 행하며, 선위사가 객관에서 향의할 때는
사신들은 북쪽을 향해 4배한다. 그 외에 관찰사와 수령의 연회의
식에 대해서도 규정했다

· 한양체류 중 접대

京中迎餞宴 : 국왕사는 한강에서 영접하여 연회하며, 그 외의 사신은 사
관(동평관)에서 영접연회를 베푼다.

晝奉杯 : 서울에 온 사신들에게는 3일에 한번 씩 주간에 술 대접을 한다.

京中日供 : 국왕사, 제거추사, 대마도특송, 절도사에게는 하루 3끼, 제추사
이하에는 하루 2끼에 걸쳐 정해진 양의 식품을 제공하는데, 5일에
한번 씩 합해서 준다.

禮曹宴 : 여러 사신을 위로하기 위해, 예조에서 특별연을 열어준다.

名日宴 : 명절이나 특별한 날에 여러사신에게 특별히 연회를 열어준다.

禮曹宴儀 : 예조에서의 연회의식 때에 위치와 재배규정에 관한 규정이다.

· 국왕숙배

闕內宴 : 국왕에게 進上肅拜한 뒤에 정해진 음식과 술을 주며, 하직숙배도
마찬가지다.

例賜 : 국왕사 및 제거추사에게 장삼과 말가죽 신말 등을 선물로 하사하
며, 구주 절도사의 사자에게는 의복과 관과 신만 국왕 사신의 예
와 같이하되, 나머지 물품은 지급하지 않는다.

別賜 : 특별한 일이 있어 국왕을 인결할 경우 別賜를 한다.

· 송별연 및 귀국

下程 : 국왕사 및 제거추사에게 3회, 구주 절도사의 사자와 특송사에게는
2회의 송별연을 열어주었다.

留浦日限 : 동평관과 삼포에 머무는 기일을 정했는데, 국왕사는 기일이
없고, 제거추사는 관찰사의 마문이 도착한 뒤 15일이 기한이며, 三
浦로 돌아간 뒤 20일이 기한이다.

修船給粧 : 선척 수리 장비의 지급을 요청할 경우, 임금의 敎令을 받아 수
군절도사로 하여금 제급하도록 했다. 그리고 판자와 쇠못을 지급
한 모든 사유는 돌아가는 날 啓聞할 때에 보고하도록 했다.

日本船鐵釘體制 : 일본배에 쓰는 못의 길이를 배의 크기별로 정해서 지급
했다.

過海料 : 대마도는 5일, 일기도는 15일, 九州는 20일의 料를 주었고, 일본
본국과 유구국 사신은 20일의 요를 주었다.

給料 : 국왕사 이하에게 모두 1일 두 끼로 각 1되씩의 별도의 급료를 주
었다.

· 禁約

三浦禁約 : 삼포의 항거왜인에 대한 거류에 대한 내용으로, 1466년 60인
을 허가한 사항과 1466년 乃而浦(300호, 남녀 1,200여 명), 富山浦
(110호, 남녀 330여 명), 鹽浦(36호, 남녀 120여 명)의 통계를 기술
했다.

釣魚禁約 : 대마도인으로서 고기잡이 하는 자가 지켜야 할 規定으로 島主
의 圖書와 文引 3통을 받아서 知世浦에 도착하여 문인을 바치면,
만호(萬戶)가 문인을 다시 만들어 주며, 孤草島에서만고기를 잡고,
고기잡이를 마치면 지세포에 돌아와서, 만호에게 문인을 돌리고
稅魚를 바치도록 규정했다.

이상의 내용을 요약해 보면, 『海東諸國紀』에는 사절로서 상경이 허락된

왜인들을 네 가지로 구분하고 있다. 즉 「諸使定例」의 장에서 국왕사, 중소
영주의 사절, 대마도주의 사절, 그리고 수직왜인 등 4종류로 구분하였다. 이
들은 당시 왜인들이 입항할 수 있는 항구인 三浦(釜山浦, 乃而浦 후에 薺浦,
鹽浦)로 입국한 후, 각기 정해진 인원만이 서울로 상경할 수 있었다. 상경이
허락되면 이들은 정해진 상경도로를 통하여 서울로 가야 했다. 즉 삼포에서
정해진 입국절차를 밟은 후, 상경인수가 정해지면 각기 등급에 따라 국왕사
와 諸酋使(여러 추장의 사자)는 京通事, 그 나머지는 鄕通事의 인솔 하에 상
경하였다. 상경로는 크게 육로와 수로가 있었다. 또한 상경왜인에게는 상경
도중에도 각기 등급에 따라 연회가 베풀어지는데, 이를 路宴이라고 한다.
노연 역시 사신의 등급에 따라서 각기 차이가 있다.

한편 상경왜인들은 모두가 경기도 광주를 거쳐서 한강에 이르게 되는데,
이들이 한강을 건너면 곧바로 영접을 하며 환영연회를 베풀어주었다. 서울
에 입경한 왜사들은 일단 왜인들의 전용숙소인 동평관에 여장을 푼다. 당시
서울에는 입경하는 외국사신을 위한 여러 客舍가 있었는데, 입국왜인을 위
한 숙소가 동평관이었다.

상경한 모든 왜인들은 그들의 상경목적이 끝날 때까지는 동평관에 머물
면서 지냈으며, 조선측에서 정한 규율에 따라 행동이 제한되었음은 물론이
다. 예를 들면 동평관에 머무는 동안 왜인들은 5일에 한 번씩 식량과 연료
등을 조선으로부터 무상으로 지급받았다. 그리고 이들에게는 예조에서 정
해진 규정에 의하여 공식적인 연회를 베풀어주었으며, 사신과 사자들에게
는 3일에 한 번씩은 주간에 술대접을 하였다. 숙배일이 정해지면 궐내에 입
시하여 국왕에게 배알하는데, 국왕의 숙배 때에도 궐내에서 공식적인 연회
를 베풀어주었으며, 특별히 선물도 주었다. 배알이 끝나면 가져온 물건들을
進上하였고, 조선에서는 진상품에 대하여 回賜의 형식으로 하사품을 주었으
며 이 방법을 통하여 공무역이 이루어졌다. 그리고 정해진 기일이 지나면
상경하였던 길을 되돌아가는데, 역시 정해진 규정에 따라서 환송연으로 下

程과 別下程이라는 연회를 열어주었다.

　그렇다면 조선정부에서는 왜, 무슨 이유에서 이렇게 많은 왜인들을 상경시켜서 복잡한 절차와 비용을 들여가면서 이들을 접대하였을까.

　왜인들이 상경을 하여 행하는 가장 큰 의식은 역시 국왕을 알현하고 숙배하는 일이었다. 이것은 중국에서 漢代이후 일반화된 朝貢과 같은 성격을 가진 것으로서, 조선주변의 이민족들이 조선에 臣禮行爲를 취하는 일종의 외교적인 행위로 조선에 복속하는 의미를 지닌다. 즉 조선에서는 명 이외의 주변국에 대하여는 교린정책을 취하여 왔는데, 그 교린관계의 구조와 성격을 구체적으로 살펴보면, 일본의 중앙정권인 막부장군에 대하여는 조선국왕과 對等關係를 맺지만, 그 외의 일본의 제세력과 유구, 여진에 대하여는 羈縻關係라고 하는 조선이 우위에 있는 특수한 관계를 설정하였던 것이다.17) 따라서 조선과 통교무역을 원하는 모든 자들에게는 조선이 정한 규정에 따라서 입국하여 조선국왕을 알현하는 외교적인 절차를 밟게 함으로서 조선을 大國으로 섬기는 자세를 취하게 했다. 특히 수직왜인의 경우는 반드시 년 1회 삼포를 통해 조선에 입국하여 상경을 한 후, 조선국왕을 알현하는 것을 의무화했다. 그리고 이 절차에 따라야만 무역을 허가하였으며, 그것을 公貿易이라고 했다. 따라서 이들은 무역을 위해서라도 상경을 해야했고, 또 국왕을 알현해야만 했다. 이상의 내용으로 볼 때, 조선에서는 결국 의도적으로 이들 야인과 왜인을 상경시켰던 것이고, 국왕 알현의 절차를 통하여 조선에 외교적으로 복속을 시키고, 그 대가로 무역을 허가해 준 셈이 되는 것이다.

　이「朝聘應接紀」의 규정들은 이후 제정된 『통문관지』(1708년, 36항목) 『증정교린지』(1802년, 69항목) 등 조선후기 대일본 통교관계 규정의 근간이 되고 있다. 그러나 조선후기에는 임진왜란 때에 일본인 상경로가 침략군의 진격로로 이용되었기 때문에 모든 일본인의 상경이 금지되어, 한양에서의 조빙

---

17) 孫承喆, 『朝鮮時代 韓日關係史硏究』 제2장 1. 조·일 교린 체제의 구조와 성격, 참조.

응접절차가 동래와 부산 왜관에서 이루어졌고, 또 모든 통교업무를 대마도주가 담당하여, 조선전기와는 다른 양상을 보인다. 그럼에도 불구하고 『해동제국기』의 「조빙응접기」의 규정들은 「接待日本人舊定事例」로 정리되어 수록되었으며, 항시 참조되어 전례가 되었다.

7. 맺음말

이상에서 언급한 바와 같이, 『해동제국기』는 세조대에 이르러 일본인의 왕래가 급증하면서, 통교체제와 규정을 총괄한 사료이다. 신숙주는 서문을 통해, 일본과의 교린관계를 위해, 일본의 실정을 이해해야 하고, 그를 위해 일본의 역사, 지리, 국정, 풍속 등을 기술했고, 왜구금압을 위해 통교의 필요성을 역설했으며, 통교자의 기강을 바로 잡기 위해 접대규정을 총 정리했다.

통교의 연원을 밝히기 위해 「일본국기」, 「천황대서」에 8건의 기사를 소개했다. 일본과의 교류는 320년 백제에서 일본에 사신을 파견하는 것부터 시작되며, 고대 삼국과의 교류는 백제, 신라, 고구려 순으로 전개됨을 기술했다. 그리고 교류의 형태는 사신과 서적을 휴대한 오경박사와 의박사가 일본에 파견되는 것에 의해 이루어진다. 이 점은 종래 405년을 전후해 일본에 파견된 왕인박사에 의해 유교 및 백제문화가 전수되었다는 기존학설과는 사뭇 다른 견해를 보여준다.

또한 교류의 단절이 720년 신라가 일본의 변방을 침략한 것에 기인하지만, 그 이전에는 단하나의 갈등기사도 없다. 『삼국사기』나 『일본서기』의 수많은 양국관련 기사를 생각할 때, 단지 8건의 기사만 기록했던 이유는 무엇일까. 그것은 아마도 한반도와 일본열도가 우호교린을 해야 한다는 기본입장과 교류의 시원이 한반도로부터의 사신파견과 문화전수에서 이루어졌다는 점을 강조하려 했던 것은 아닐까.

다음 「8도 66주」의 내조기사의 특징을 보면, 기내 5주에 거주하는 막부 장군 이외의 8명의 영주들이 거추사의 대우를 받으며 조선에 내조해 왔다. 최초의 내조는 1408년부터지만, 대부분은 1460년대부터 1470년의 기록이다. 1470년 細川殿은 세토내해의 해적 때문에 구주의 藤原賴永에 의뢰하여 壽藺이 대신하여 내조했고, 때에 따라서는 동해 쪽의 산음도를 거쳐 사신왕래를 했다. 또한 京都와 大坂의 절에서도 사신을 파견했다. 아마 대장경청구 목적으로 내조했을 것이다.[18] 그리고 조선에서는 이들 내조자들은 자기 지역의 특산물인 구리·염료등을 가져왔고, 조선에서는 이들에게 면포·정포·쌀과 콩을 주었다.

8도 가운데 내조자는 지금의 규슈인 西海道가 70회, 세토내해인 山陽道가 23회, 동해 쪽의 山陰道가 12회로 전체 내조자중 규슈지역이 제일 많았다. 『해동제국기』에서도 지금의 후쿠오카현의 중심지인 하카다[博多]를 자세히 소개하고, 이 지역이 유구국과 남만 등의 장삿배가 모이는 지역이며, 우리나라에 내왕하는 자가 가장 많다고 했다. 당시 번성했던 동아시아 해역의 국제무역상황을 짐작할 수 있다.

8도의 내조자 가운데 특이사항으로는 관음보살 현신을 치하하는 내조자가 30인이나 되는데, 모두 山陽道와 西海道에 몰려 있다. 그리고 이 지역 내조자 가운데 상당수가 대마도주 종정국의 알선에 의해 내조하고 있다. 세조의 왕권강화책과 그것을 역이용하는 내조자들, 그리고 양국관계에 있어 대마도주의 역할과 위상을 엿볼 수 있다.

「대마도」의 내조기사에서는 먼저 대마도의 척박한 환경과 일본으로부터의 모든 내조자가 대마도주의 문인을 받아야 하며, 도주이하 세견선약정과 세사미에 대해 상세히 기술함으로써 경제적으로 완전히 종속되어 있는 대마도의 모습을 상세히 기술했다. 또한 대마도내의 모든 내조자의 거주포구

---

18) 村井章介, 「朝鮮に大藏經を求請した僞使について」 『日本近代の國家と對外關係』(吉川弘文館, 1987) 참조.

및 호수를 상세히 기록했고, 특히 왜구와 관련해서는 해적대장이나 괴수라는 표현을 썼다. 왜구에 대한 긴장감을 늦추지 않고 있다.

「대마도」,「일기」,「유구」의 내조자를 분석한 결과 내조자는 총 51인이었으며, 이중 수직인이 23인으로 절반에 가까웠고, 수직과 수도서를 한 내조자는 11인이었다. 또한 세견선은 전체 세견선의 2/3가 이 지역에 집중되어 있으며, 세사미두 총 360석인데, 대마도가 350석, 이키가 10석이다. 세견선과 세사미두의 지급을 통해, 이 지역의 왜인들을 회유하고 있는 조선의 대일정책을 확인할 수 있다.[19] 이러한 점에서 『해동제국기』의 내조기사는 당시 조선에 통교한 일본인들이 어느 지역에서 어떠한 사람들이 무슨 목적에서 어떻게 내왕했는가를 일목요연하게 기술한 것이다.

이상의 내용으로 볼 때,「8도66주」및「유구국기」를 통해서 볼 때, 15세기의 한일관계는 지리적으로 대마도권(쓰시마·이키)·구주권·혼슈권(동해권·세토내해 포함)·유구권 등의 권역으로 크게 구분할 수 있겠고, 조선에 인접한 지역과 막부장군에 이르는 지역루트로 양분할 수 있다. 이러한 지역 구분은 조선의 입장에서 보면, 왜구금압을 위한 무역권지역과 막부장군과 연결하는 외교권지역으로 구분되는 양상도 보여주고 있다.

한편「조빙응접기」에는 使船定數와 諸使定例를 비롯하여 총 29개 항목으로 일본으로부터의 모든 내조자가 삼포에 입항한 후, 정해진 인원이 상경하여 조선국왕을 알현하고 다시 일본으로 돌아갈 때까지 모든 통교와 접대규정에 관해 소상히 정리했다. 입항이후 일본인 내조자의 행적에 관해 일목할 수 있다. 이 내용을 통해 조선에서는 모든 내조자를 사인으로 규정하여 외교적인 절차를 밟게 하여 조선에 복속시키고, 그 반대 급부로 무역을 허가했음을 알 수 있다. 결국 이 시기 조선조 대일정책의 기본방향이 약탈자 왜구였던 일본인을 평화의 내조자로 바꾸어 가는데 있었음을 확인할 수 있다.

19) 한문종,『조선전기 향화·수직왜인 연구』(국학자료원, 2001) 참조.
關周一,『中世日朝海域史の研究』(吉川弘文館, 2002) 참조.

　이러한 점에서 『해동제국기』는 조선전기 한일관계나 동아시아 해역사를 연구하는데 가장 기본적인 사료이다. 특히 『해동제국기』의 내조기사는 시기적으로 1460년대 후반부터 1471년에 집중되어 있으며, 이들 내조기사는 『조선왕조실록』에도 풍부하다. 향후 이러한 사료들이 일본측 사료들과 함께 정밀하고 구체적으로 분석되어 『해동제국기』의 사료적 가치가 재조명되어야 할 것이다.

제2장
『海東諸國紀』와 『和國志』를 통해 본 일본의 표상

1. 머리말

　조선시대인들이 일본을 체험한 기록물은 여러 종류가 있다. 외교적인 목적으로 일본에 파견되었던 통신사행원들의 紀行 및 見聞錄, 임진왜란 때에 일본군에게 납치되어 피랍생활의 상황을 남긴 被拉實記, 항해 중 일본에 표류하여 체험한 漂流記錄 등이 있다.

　그동안 조선인들의 일본체험에 대한 연구는 통신사행기록, 피랍기록, 표류기록 등을 중심으로 이루어져 왔다. 통신사행기록에 대한 연구로는 2008년 숭실대학교 한국문예연구소에서 기존의 논문들을 모두 모아 발간한 『조선통신사 사행록 연구총서』 전12권에 관련논문 총 136편의 논문이 수록되어 있고, 피랍조선인의 일본체험에 관해서는 대표적인 것으로 이채연의 『임진왜란 포로실기 연구』와 이혜순의 『조선통신사의 문학』, 구지현 『계미통신사 사행문학연구』 등이 있고, 있고, 표류기록으로는 박래욱, 남미혜[1] 등이 있는데, 이들 연구의 특징은 대체적으로 문학적인 관심에서 여행체험을 분석한 것이 대부분이다.

　일본체험 기록 중 대부분을 차지하고 있는 사행기록의 경우, 사행록의 체제와 내용은 매우 다양하게 구성되어 있다. 사행록의 체제는 크게 6가지의 형태를 취하고 있는데, ①일기체 ②시문체 ③일기체+견문록 ④일기체+

---

　1) 박래욱, 「표해록연구」 『비교민속학』 제10호, 1993; 남미혜, 「표주록을 통해 본 이지항의 일본인식」 『이화사학연구』 33, 2006.

시문 ⑤일기체+견문록+시문 ⑥견문록 등으로 분류가 가능하다.[2] 이 가운데서 일기체+견문록의 형태가 가장 일반적인 형태이다.

일기체 사행록에 공통적으로 기술되어 있는 내용으로는 사행원의 명단·路程과 일어난 일과 느낀 소감, 그리고 주고 받은 시나 서계 등이 수록되어 있다. 견문록의 내용으로는 일본의 국정·풍속·유학·시문·종교·군제·법제·지리·대외관계 등이 서술되어 있으며, 이들 사행이 기본적으로는 외교적인 목적에서 파견되었던 만큼, 단순한 여행기록이 아니라 일본에 대한 체계적인 이해를 위해 일본을 종합적으로 기술하려고 시도했다는 점이다.

이글에서는 통신사행록의 견문록 중 「日本國志」 성격을 지닌, 조선전기 신숙주의 『海東諸國紀』와 조선후기 원중거의 『和國志』를 중심으로, 동시대 조선인의 일본표상을 살펴보고자 한다. 두 기록을 분석의 대상으로 삼은 이유는 대부분의 통신사사행록이 기행문의 형식을 취하고 있으나, 이들 두 기록은 기행문의 차원을 넘어서, 여행 후에 체계적으로 일본을 이해하기 위해 다시 쓰여 졌고, 내용도 일본을 종합적으로 서술하고 있다. 또한 이들 기록은 편찬된 이후 조선에서는 일본을 이해하기 위한 「종합적인 일본텍스트」로 읽혀 졌고, 각기 조선전기와 조선후기에 「日本國志」를 대표하는 성격을

---

2) 하우봉, 「새로 발견된 일본사행록들」 『역사학보』, 제112집, 82쪽 참조, ① 使行日記 : 출발에서부터 귀국후 복명할 때까지의 과정을 일기체로 적은 것으로, 이 경우 문견사항은 일기속에 포함되는데, 이 체제를 취하고 있는 것은 10편이다. ② 시문만으로 되어 있는 것 : 사행의 과정을 敍事詩(송희경의 『노송당일본행록』, 김인겸의 『일동장유가』등)도 있고, 풍경과 서정을 읊은 시만으로 구성되어있는데 6편이다. ③ 사행일기에 견문록이 붙어 있는 것 : 가장 일반적인 형식으로 '문견잡록' '견문총록' '문견별록' '總記' '追錄' '견문록' 등의 명칭이 붙어있다. 17편이 여기에 해당된다. ④ 사행일기에 시문이 붙어 있는 것 : 일기체에 사행도중 읊은 시가 있고, 일본문인과 唱酬한 시문이 포함되어 있다. 조엄의 『해사일기』를 포함하여 3편이 이 형식을 취했다. ⑤ 사행일기에 견문록과 시문이 붙어 있는 것으로 김세렴의 『해사록』등 3편이 이 형식을 취하고 있다. ⑥ 견문록만 있는 것 : 신숙주의 『海東諸國紀』나 원중거의 『和國志』가 여기에 해당되는데, 형식면에서 볼 때, 사행록이라기 보다는 일본에 관한 人文地理書나 日本國誌 같은 형식을 취하고 있다.

지니고 있기 때문이다.

2. 일본 사행의 체험기록

조선시대 전 기간을 거쳐 막부장군에게 총 32회(전기 20회, 후기 12회)에 걸쳐 사신을 파견했다. 이 가운데 사행록이 남아있는 것은 전기 4회와 후기 12회 등 총 16회이고, 현존하는 것은 43편에 이른다.[3]

이들 사행기록은 공식적인 보고서의 성격을 가진 「謄錄」과는 달리 대부분 개인적인 기록의 성격을 가지고 있다. 43편의 집필자의 신분을 분석해 보면, 三使와 製述官 이외에도 譯官이나 軍官 등 하급신분도 다수 참여 하고 있다. 특히 18세기 이후 문화교류의 역할이 증대되면서 그러한 현상이 두드러졌고, 사행록의 숫자도 급격히 늘어나, 1764년의 경우는 10편이나 된다.

三使가 쓴 사행록은 예외가 있기는 하지만 대체로 체제면에서 갖추어져 있고, 내용도 일본의 국정이나 사회에 대한 깊은 관찰과 견문한 바가 많다. 제술관과 서기의 사행록은 대개 18세기 이후에 문화교류가 본격화한 시기에 서술되었고, 그들이 당대 최고의 문사들로 구성되었던 만큼 체재나 내용면에서 우수한 것이 많다. 견문록도 상세하고, 일본인과의 문화교류 기사나 일본문화에 대한 서술이 많아 좋은 참고가 된다. 신유한의 『海遊錄』, 남옥의 『日觀記』, 원중거의 『乘槎錄』『和國志』 등이 대표적인 예이다.

한편 역관이 쓴 사행록의 경우, 사행의 일정과 진행과정이나 경제관련 기사가 많았고, 군관의 사행록은 주로 자제군관의 신분이라서 비교적 실질

---

3) 이 표는 이원식, 「통신사기록을 통해 본 대일본인식」『국사관논총』제76집, 304~5 쪽과 하우봉, 「새로 발견된 일본사행록들」『역사학보』, 제112집, 102~4쪽의 자료를 참고하여 작성하였음. 두 자료를 비교한 결과 이원식은 39편, 하우봉은 41편을 수록하였는데, 이원식의 자료에 조선전기 4편을 추가하면 총 43편이다.

적인 임무가 없는 입장이어서인지, 문학적인 내용이나 경치의 묘사, 일본풍
속과 필담창화에 관한 기사가 많다. 이상의 내용을 통해서 볼 때, 사행록은
단순한 기행문의 차원을 넘어서 한일관계에 관한 자료는 물론 동시기 양국
의 정치 사회 경제 문화 등 각 방면에 풍부한 기록을 남기고 있다.

그러면 이들 사행록 가운데 조선전기와 후기의 「日本國志」적인 성격을
지닌 『海東諸國紀』와 『和國志』에 대하여 살펴보자.

2. 『海東諸國紀』와 『和國志』의 저술동기 및 구성

1) 『海東諸國紀』

1471년 봄, 예조판서였던 신숙주는 "해동제국의 조빙 왕래의 연혁과 그들
의 사신을 접대하는 규정 등에 대한 구례를 찬술하라"는 국왕의 명을 받았
다. 이에 신숙주는 조선과 일본의 옛 전적을 참고하고, 또 일본에 통신사 서
장관으로 다녀온 체험을 바탕으로 그해 말에 『海東諸國紀』를 완성했다.[4]

조선왕조의 대일정책의 기본목표는 왜구금압과 통교체제의 구축이었다.
왜구금압을 위해서 건국 직후부터 막부장군을 교섭상대로 했지만 별 효과
가 없자, 왜구에게 영향력이 있는 유력한 제후나 왜구세력들과 직접 교섭을
하게 된다. 그리하여 구주탐제와 대마도주 등에게 왜구금압을 의뢰하는 동
시에, 그들에게 여러 종류의 특권을 부여하여 통교체제를 완성해 갔다. 그
결과 왜구의 세력은 현저히 감퇴했으며, 1443년 '癸亥約條'에 의해 왜구문
제는 일단락되었다.

계해약조의 성립 후, 조·일 관계는 삼포를 통해 통교체제를 안정화 시켜

---

4) 이 부분은 손승철, 「『海東諸國紀』의 사료적 가치」『한일관계사연구』 제27집, 2007의
   내용을 정리 요약하여 재인용했다.

갔는데, 1460년대가 되면, 일본으로부터의 내왕자나 삼포 항거왜인의 수가 급증하게 된다. 이에 조선왕조에서는 통교체제와 제규정을 정비할 필요성을 느끼게 되고, 그 결과 세조의 명에 의해 『海東諸國紀』를 편찬한다.

신숙주는 서문에서 『海東諸國紀』의 편찬목적에 대해 자세히 언급하고 있다. 그는 일본인의 습성과 일본과의 통교 필요성에 관해 다음과 같이 서술하였다.

"그들의 습성은 강하고 사나우며, 무술에 정련하고 배를 다루는 것이 익숙합니다. 우리나라와는 바다를 사이에 두고 서로 바라보고 있는데, 그들을 도리로 대하면 예절을 차려 조빙하고, 그렇지 않으면 함부로 표략을 했던 것입니다. 고려 말기에 국정이 문란하여 그들을 잘 어루만져 주지 않았더니, 그들이 연해 지역 수천 리 땅을 침범하여 쑥밭으로 만들곤 하였습니다. 그러나 우리 태조대왕께서 분기하시어, 지리산·동정·인월역·토동 등지에서 수십 차례 역전하시고 난 다음부터는 적이 함부로 덤비지 못하였습니다. 개국한 이후로 역대의 군주들께서 계승하시어 정치를 잘하시니, 나라 안의 정치가 이미 융성하게 되고, 외지도 곧 복종하였으므로, 변방의 백성들이 편안히 살 수 있게 되었던 것입니다."

즉 일본인의 습성이 강하고 사나우며, 무술을 좋아하고, 배를 잘 다루는데, 우리나라에서 도리대로 잘 어루만져주면 예의를 차려 조빙하며, 그렇지 않으면 노략질을 하는데, 고려 말에 왜구가 극성한 것이 그러한 이유였다고 했다. 그 후 태조의 왜구 토벌이 성공한 이후, 정치가 안정되고, 변방도 편안히 되었으며, 세조대에 이르러 기강을 바로 잡으면서 주변에서 모두 내조하게 되었다고 했다.

이어서,

"이적을 대하는 방법은, 외정에 있지 않고 내치에 있으며, 변방을 방어하는데 있지 않고 조정에 있으며, 전쟁하는데 있지 않고 기강을 바로잡는 데 있습니다."

라고 하여, 주변국을 대하는 방법은 무력에 의한 정벌이나 제압보다는 내치와 기강을 바로잡는데 있다고 했다. 그리고 기강을 바로 잡는 것은 구체적인 접대규정을 만들어 禮를 다하여 그들을 접대하는 것이라 했다.

나아가 접대에 관하여,

> "지금까지 우리나라에서는, 그들이 오면 보살펴 주고 그 급료를 넉넉히 주었으며 예의를 후하게 해 주었지만, 저들은 그것을 예사롭게 여기고 진위를 속이는가 하면 곳곳에 오래 머물면서 걸핏하면 시일을 넘기기도 하며 갖은 방법으로 사기를 치며, 그 욕심이 한정이 없어서 조금이라도 그 의사에 거슬리면 문득 성낸 말을 하곤 합니다. 땅이 떨어져 있고 바다가 사이에 막혀 있어서, 그 처음과 끝을 구명할 수 없고 그 실정과 허위를 살필 수 없으니, 그들을 대할 때에는 마땅히 선왕의 구례에 의거하여 진압해야 할 것이며, 그 정세가 각각 중할 때도 있고 경할 때도 있으므로, 상황에 따라 후하게 하거나 박하게 해야 할 것입니다."

고 하여, 내조자에 대해서 지금까지 예로써 후하게 대했지만, 그들의 욕심이 한정이 없어 항상 불화가 빚어진다고 했다. 그래서 선왕의 구례와 접대규정을 다시 정비하여 기강을 바로 잡아야 한다고 했다.

『海東諸國紀』의 체제와 내용을 알기 위해 목차를 적어보면 다음과 같다.

① 地圖 : 「해동제국총도」를 비롯하여 「일본본국지도」 2장·「일본국서해도구주지도」·「일본국일기도지도」·「일본국대마도지도」·「유구국지도」 등 일본지도 7장과 「웅천제포지도」·「동래부산포지도」·「울산염포지도」 등 조선 삼포지도 3장 등 총 10장.

② 日本國紀 : 「天皇代序」·「國王代序」·「國俗」·「道路里數」·「八道六十六州」(대마도·일기도 첨부) 등 일본의 역사 및 지리, 환경, 통교자(내조자)

현황.

③ 琉球國紀 :「國王代序」·「國都」·「國俗」·「도로이수」.

④ 朝聘應接紀 :「使船定數)」·「諸使定例」등 통교자 응접에 대한 29개 항
목의 규정.

이외에 앞 부분에 「목록」·「범례」·「序」가 있고, 조빙응접기 뒤에는 '畠山
殿'에게 보내는 서계와 유구어를 번역한 「어음번역」이 첨부되어 있다.

2) 『和國志』

조선후기 통신사행은 1607년, 임란의 강화사절로부터 시작되어, 총 12회
파견되었다. 최기 3회는 「回答兼刷還使」로 파견되다가, 1636년부터 통신사
의 명칭으로 9회에 걸쳐 파견되었다. 초기의 사절들은 임란이후의 양국의
정치적 상황과 동아시아 국제관계속에서 매우 정치적이었다. 그러나 조청
관계가 안정되고, 조·일 간에도 평화가 정착되자 통신사행의 정치적 의미
는 줄고, 점차 형식화·의례화 하는 경향을 나타내었다.

18세기 후반 동아시아 국제정세는 비교적 안정되어 있었다. 그러나 조일
양국의 국내정세는 그리 순탄치가 못했다. 조선의 경우, 영조 말기에 접어
들면서 농민의 빈곤이 확대되었고, 기근이 계속되었으며, 통신사가 출발한
해 3월에는 호남에서만 48만 여명의 기민이 발생했고, 사망자가 450명에
이르렀다.5) 그리하여 조정에서는 흉황을 고려하여 예단을 줄이자는 논의가
되기도 했다. 한편 일본에서는 1755년부터 오사카에서 쌀 소동이 일어났고,
그해부터 4년 동안 민란의 형태로 '總百姓一揆'가 42건이나 발생했다. 이러
한 상황은 통신사 접대준비에 관한 막부의 지령에 반영되어 빙례의 간소화
조치를 지시하고 있다.6)

---

5) 『英祖實錄』39년 3월 을유.

　양국의 이러한 상황에도 불구하고, 1763년의 통신사는 조선후기 통신사 가운데 가장 풍부한 사행록을 남기고 있다. 17세기 후반부터의 경향이지만, 동아시아 국제정세가 안정되고, 조일간에 외교현안이 줄어들면서 통신사행은 외교적인 행사에만 그치지 않고, 詩文唱和를 비롯해 馬上才 풍악같은 놀이 등을 일본의 일반 백성들에게 보여주는 문화사절단의 성격을 지니게 된다. 특히 시문창화는 조선의 문화를 과시할 수 있는 중요한 역할을 했기 때문에 통신사를 수행하는 제술관과 서기들은 문필의 대가로 선발하는 것이 관례였고, 매우 신중을 기했다. 1763년 통신사의 경우 제술관으로 南玉, 서기로 成大中, 元重擧, 金仁謙이 발탁되었는데, 이들을 四文士라 했으며, 이들은 앞의 표에서 볼 수 있듯이 정사 조엄의 『海槎日記』를 비롯하여 무려 10편의 각종 사행기록을 남겼다.

　이 가운데 서얼출신으로 四文士 중 한사람인 원중거[7])의 사행기록인 『乘槎錄』과 『和國志』를 남겼다.[8]) 『乘槎錄』은 일기형식의 사행록으로 원중거가 영조를 배알한 1763년 7월 24일을 맨 앞에 기술했고, 이어 사행을 실질적으로 시작한 1763년부터 사행을 마치고 영조에게 복명한 1764년 7월 8일에 끝

---

6) 『德川實記』 第十編 「浚明院殿御實記」 권6, 寶曆 12년 12월 9일. 「道路, 宿驛은 물론 江戸의 객관에도 諸事가 너무 사치스럽다, 正德(1711)의 聘禮에는 장려함이 극에 달했기 때문에, 享保(1719)때에는 天和(1682)때의 舊制를 회복하였다. 延享(1748)은 향보의 제를 따른다고 했으나 역시 무익한 바가 많으니, 금번부터는 낭비를 제거하고 모두 天和의 정사를 따르도록 해야 한다.」
7) 원중거의 사행록에 대한 연구는 하우봉, 「원중거의 『和國志』에 대하여」, 『전북사학』 11·12합집. 동, 「원중거의 일본인식」『조선통신사 사행록연구총서』 7. 박재금, 「원중거의 『和國志』에 나타난 일본인식」『조선통신사 사행록연구총서』 10. 김경숙, 「현천 원중거의 대마도인 인식과 그 의미」『조선통신사 사행록연구총서』 4. 동, 「『乘槎錄』의 서술방식과 사행록으로서의 의의」『조선통신사 사행록연구총서』 1 등이 있다.
8) 『乘槎錄』은 김경숙『조선후기 지식인, 일본과 만나다』(소명출판사, 2006), 『和國志』는 박재금 『와신상담의 마음으로 일본을 기록하다』(소명출판사, 2006)로 간행되었고, 이 글에서는 이 번역본들을 참조했다.

을 맺을 때까지 332일간의 사행일정이 매일 매일 일기로 기록되어 있다. 원중거는 『乘槎錄』의 편찬목적에 대해서는 첫째, 이전의 기록들이 소략하여 이를 보충하기 위한 것이라 했고, 둘째, 이후에 사행 오는 자가 참고하여 실수하지 않고 대마도인과 商譯輩의 농간을 막고, 셋째, 나아가 조정에 죄를 입고 나라에 욕되지 않게 하고자 함이라 했다.

특히 원중거는 사행의 귀환 길에 통신사행의 목적과 폐단, 그리고 개선점에 대해 기술했다.[9] 그는 '通信有五利"에서 통신사를 파견해서 얻는 5가지 있점으로 첫째, 교린의 의의를 전하고, 국서와 예물로 수호하여 양국의 기쁨을 맺고 누세의 우호를 두텁게 함으로써 의심과 시기함을 없애어 변방의 평안을 얻는 점, 둘째, 일본의 지세와 풍속을 살피고 政令과 서적 등을 견문해서 유사시에 기미를 알아 조치할 수 있는 점, 셋째, 대마도인의 간계와 횡포를 江戶幕府가 모르는데, 통신사행을 통해 폐해를 알리고 막을 수 있다는 점, 넷째, 우리나라의 舟楫 사용법이 본래 소홀하고 大海風濤를 겪은 경험이 없는데, 통신사행을 통해 익숙해 질 수 있다는 점, 다섯째, 사행의 문화교류를 통해 일본이 예의염치를 알게 되면 군사행동을 일으키지 않을 것이고 변경이 평안해 질 것이라는 점이다.

한편 『和國志』의 서술동기에 대해서는 첫째, 당시의 사람들의 일본에 대한 무지를 비판하는 입장에서 일본의 실상을 파악하고자하는 목적을 가지고 있었다. 예를 들면, 天卷 「人物」에서는 "나는 천하사람들이 일본에 대해서 모르고 있는 것을 두려워 한다."고 하면서, 이어 「風俗」에서, "대저 강호가 나라를 다스리는 방법은 첫째는 무력이요, 둘째는 법이요, 셋째는 은혜로움이다. 인의와 예악, 문장과 정사는 하나도 존재하지 않는다. 그러나 2백년이나 8주가 편안하였고, 인물이 번성했으며, 금지하는 영을 내리면 위 아래가 서로 편안히 즐거워한다. …… 이와 같이 치적을 이룬 원인은 간결함, 검소함, 공손함이라고 말한다. 그러나 이것은 단지 家康의 능력만이 아니라,

---

9) 원중거, 『乘槎錄』 권4, 갑신년 6월 14일.

나라 사람들의 성품이 본래 부드럽고 약한 데다가, 독한 고통을 이은 후의 어지러움이 극하여 편안함을 생각했기 때문일 것이다. …… 長碕 의 서적이 이미 통하여 나라의 문운은 날로 번성해지고 있다. 내가 생각건대 源氏의 패망은 왜황에게 있는 것이 아니라 먼저 江戶에 있는 것이다. 그래서 이 것을 기록하여 훗날을 기리는 것이다."고 하여 당시의 일본의 실상을 나름 대로 논평하면서, 일본에 대해 알아야할 것을 서술했다.

둘째, 대일본관계의 중요성을 인식하고 과거사에 비추어 일본을 경계할 것을 강조했다. 역사적으로 우리나라가 일본에 소극적인 태도와 방식으로 대응한 것을 비판했으며, 일본에 대한 반성과 경계심을 촉구하고 있다. 예 를 들면, 天卷 「壬亂入寇時賊情」에서 "내가 왜인들이 간행한 몇권의 작은 기록을 얻어 참조하고 합하여 엮어서 이 조항을 지었다. 그러나 그 글의 뜻 은 명료하지 못했으며 말이 어그러지고 어지러운 곳에 미쳐서는 혹 글자를 고치고 뽑아버리기도 하여 「壬亂入寇時賊情」이라고 이름하여 太史氏(史官) 가 취할 것을 대비하였다. 아! 내가 반드시 이것을 기록하려고 한 이유는 곧 그것을 잊지 않고자 한 것이다. 이는 臥薪嘗膽이 남아 있는 마음에서 나 온 것이니 보는 자는 마땅히 그것을 살펴야 할 것이다."고 했다.

결국 이상의 내용을 통해서 볼 때, 원중거는 1763년 계미통신사의 서기 로써 일본을 체험하면서, 보고 듣고 느낀 것을 『乘槎錄』으로 남겼고, 일본 에 대한 종합적이고 체계적인 서술을 『和國志』로 남겼던 것이다.

원중거가 수행했던 1763년 계미통신사는 조선후기 11번째 통신사로 江 戶까지 간 마지막 사행이었다. 이후의 1811년 신미통신사는 연기를 거듭하 다가 대마도에서 易地通信으로 이루어졌고, 결국 마지막 통신사가 되었다. 계미통신사행은 가장 활발한 문화활동을 했으며, 사행록도 10편이나 남겼 다. 특히 제술관과 서기등 四文士가 모두 사행록을 남겼으며 문화활동의 주 축이 된 筆談唱和의 풍부한 기록을 남겼다. 체제면에서도 한글가사체로 된 金仁謙의 『日東壯遊歌』와 「日本國志」적인 성격을 가진 『和國志』등 뛰어난 사행록이 나왔다.

또한 이 시기에는 통신사행록의 집대성이라 할 수 있는 『海行總載』가 편찬되어 61편의 사행록이 수록된 시기였다는 점에 주목한다면 조선후기 「조선의 일본이해가 성숙」한 시기였다고 볼 수 있다.[10] 이러한 점에 있어서도 『和國志』는 동 시기 조선인의 일본인식을 총체적으로 엿볼 수 있는 대표적인 기록물이다.

『和國志』는 天·地·仁 3권으로 되어 있으며, 天卷에서는 일본의 지리·역사·정치·외교 등을 중심으로 26항목, 地卷에서는 일본의 사회·경제·풍속을 중심으로 31항목, 人卷에서는 경제·풍속·한일관계사를 중심으로 19항목을 서술했다. 또한 서술에 있어서는 『海東諸國記』를 비롯하여 25종의 국내서적 및 승문원 소장 각종 書契와 『日本三才圖會』등 4종의 일본서적도 인용하고 있어, 『和國志』는 여타 사행록의 부록으로 붙어있는 見聞錄과는 전혀 다른 종합적인 '日本國志'의 성격을 지닌다.

구체적인 목차를 보면 다음과 같다.

○ 天卷 : 총 26항목
(1) 八道六十六州分圖(地圖) (2) 日本天下之東北 (3) 日本形局地脈 (4) 日本與我大小 (5) 日本山少水亦少 (6) 天文 (7) 國號 (8) 節侯 (9) 地理 (10) 道里 (11) 人物 (12) 風俗 (13) 徐福祠 (14) 倭皇本末 (15) 僞年號 (16) 關白之始 (17) 素盞烏尊 (18) 日本武尊 (19) 平信長 (20) 源賴朝本末 (21) 秀賊本末 (22) 武州本末 (23) 馬守本末 (24) 壬辰入寇時賊情 (25) 中國通使征伐 (26) 羅濟麗通使戰伐

○ 地卷 : 총 31항목
(1) 關白宗實錄 (2) 各州城府 (3) 各州氏族食邑總錄 (4) 武州內官職 (5)氏姓之異 (6)文字之始 (7)學問之人 (8) 異端之說 (9) 詩文之人 (10) 倭字 (11) 諺文 (12) 片假名 (13)神祠 (14) 佛法 (15) 前後入中國名僧 (16) 四禮 (17) 衣服

10) 하우봉, 「원중거의 일본인식」 『조선통신사 사행록연구총서』 7. 338쪽.

(18) 飮食 (19) 燥浴 (20) 言語 (21) 拜揖 (22) 輿馬 (23) 宮室 (24) 種樹 (25) 器用 (26) 農作 (27) 蠶織 (28) 貨幣 (29) 道路 (30) 橋梁 (31) 舟楫

○ 人卷 : 총 19항목

(1) 醫藥 (2) 賦稅 (3) 兵制 (4) 兵器 (5) 治盜 (6) 訊囚 (7) 奴婢 (8) 節目 (9) 倭皇官職 (10) 方音 (11) 飮食之名 (12) 禽獸 (13)我朝征倭錄 (14) 國初倭 人來朝 (15) 我朝通信 (16) 倭館事實 (17) 李忠武遺事 (18) 諸萬春傳 (19) 安龍 福傳

天·地·人 3권을 목차와 내용별로 분류해 보면, 「天卷」은 전반부(1항목에 서 13항목까지)는 日本槪觀으로 일본지도, 일본의 위치와 지형·크기, 지리, 국호와 절기, 인물, 풍속 등이 기술되었고, 후반부의 전반(14항목에서 23항 목까지)은 日本歷史로 천황과 關白의 역사, 織田信長, 豊臣秀吉, 德川家康의 역사, 그리고 대마도주의 역사 등을 서술했고, 후반(24항목에서 26항목까 지)에서는 일본과 중국관계, 일본과 신라·백제·고려 관계, 임진왜란 등 戰 爭史에 대해 기술했다.

「地卷」은 전반부(1항목에서 4항목)는 德川家의 家系 및 관할지역, 各州의 城과 大名들의 계보, 식읍, 막부의 관직 등이 서술되었고, 후반부(5항목에서 31항목까지)는 학문, 풍속, 종교, 언어, 음식, 의복, 주거, 상업, 화폐, 도로, 船制 등 당시 일본사회상을 일반적으로 기술했다.

「人卷」은 전반부(1항에서 12항까지)는 地卷에 이어 의료, 세금, 군사, 병 기, 치안, 노비, 음식 등에 관한 내용으로 구성되었고, 후반 전반부(13항에 서 16항)는 고려말부터 왜구를 금압해 가는 과정, 일본으로부터의 내조에 의해 통교가 이루어지면서, 통신사의 왕래, 왜관의 설치 및 운영, 세견선 왕 래 등을 기술했고, 후반부(17항에서 19항까지)는 이충무공, 제만춘, 안용복 에 관해 기술했다.

이상의 목차와 내용을 볼 때, 『和國志』는 일본의 개관에서부터, 역사, 전쟁사, 정치, 경제, 사회, 문화, 산업 등 다른 사행록이나 문견록에서는 볼 수 없을 정도로 방대한 분량으로 각분야에 걸쳐 다양하게 서술하고 있으며, 가히 동시기 조선인이 알고 있었던 일본의 모든 분야를 망라했다고 평가할 수 있겠다.

3. 『海東諸國紀』와 『和國志』의 내용 및 특징

1) 『海東諸國紀』

(1) 지도

『海東諸國紀』에는 일본지도 7장과 삼포지도 3장 등 총 10장의 지도가 첨부되어 있다.

이 일본지도는 독립된 일본지도의 판본으로 한일 양국에서 가장 오래된 지도이다. 이 지도들은 기본적으로 行基圖[11]를 따르고 있는데, 이전 시기 박돈지나 도안이 들여온 일본지도[12]를 참고했다 한다.

신숙주는 서문에서 일본은 '흑룡강 북쪽에서 우리나라 제주의 남쪽에 이르며 유구와 서로 접한다'고 하여, 일본의 지리적 위치에 대해 상당히 정확히 파악하고 있었다. 그리고 범례에서는 도의 경계는 황색, 주의 경계는 흑색, 도로는 붉은 색이라고 예시하고 있어, 본판으로 지도를 인쇄한 후, 도

---

11) 행기도(行基圖)는 일본의 각 주를 거북의 등무늬모양, 또는 누에고치를 연결한 모양에 유사하게 그리고, 일본전체의 해안선도 현실적인 곡선이 아닌 도형에 가까운 곡선으로 연결되어 있는 것이 특징이다. 행기도 계통의 일본도는 1402년에 우리나라에서 만든 혼일강리역대국도지도(混一疆理歷代國都之圖)의 일본도에 처음 나타나고, 독립지도로는 『海東諸國紀』의 지도가 가장 오랜 된 것이다(이찬, '『海東諸國紀』의 일본 및 유구국지도', 『문화역사지리』 4, 1992).

12) 『세종실록』 세종20년 2월 19일 ; 『단종실록』 단종1년 7월 4일.

계·주계·도로를 각기 다른 색으로 표시한 지도였음을 알 수 있다. 또 거리 단위에 대해서는 道路와 里數를 일본의 里數를 기록했는데, 일본의 1리는 우리나라의 10리에 해당되었다.

『海東諸國紀』의 지도는 기본적으로 행기도와 유사하나 한국식 파도무늬 가 바다에 그려져 있는 등 몇 가지 특징이 있다.13)

첫째, 행기도 계열의 지도에 보이는 도로의 표시가 없고, 대신에 해로의 리수가 상세하다. 즉 일본의 국도에 이르는 해로와 유구국의 국도에 이르는 해로가 리수의 표기와 함께 정확히 수록되어 있다. 이는 행기도 계열을 따 르면서도 조선의 현실적인 필요가 반영된 것으로, 해상을 통한 일본과 유구 와의 교류관계가 지도에 그대로 적용되고 있음을 보여준다.

둘째, 동중국해를 비롯한 바다의 섬들이 자세히 그려져 있는데, 그 위치 나 배열이 실재상황을 반영하고 있다. 또한 북쪽에 지금의 북해도가 묘사되 어 있는데, 이러한 묘사는 「해동제국총도」에서 처음 볼 수 있는 사실이다. 뿐만 아니라 『海東諸國紀』의 지도보다 앞서 제작된 「혼일강리역대국도지도」 에는 시코쿠[四國]가 혼슈[本州]와 연속된 것 같이 그려져 있으나 「해동제 국총도」에서는 이것도 수정되어 있다.

셋째, 대마도와 일기도의 지도를 『海東諸國紀』에서 처음 그렸다는 사실이 다. 행기도에는 대마도와 일기도 지도가 없는데, 이 사실은 당시 일본 사행 에서 일본지도를 가져 왔던 朴惇之도 언급하였다.14) 뿐만 아니라 특이한 점 은 대마도와 일기도의 포구 명칭이 우리나라 한자의 음과 훈으로 표기된다 는 점이다. 예를 들면 船越15)을 후나고시(Funakosi)라고 발음하는데, 이것을

---

13) 엄찬호, 「『海東諸國紀』의 역사지리적 고찰」『한일관계사연구』27, 2007.
14) 『세종실록』세종20년 2월 19일.
15) 선월(船越)이라는 지명은 일본의 섬에 흔히 쓰이는 지명으로 즉 좁은 지협으로 만 과 만이 나누어져 있을 때 긴 해로를 돌아가지 않고 작은 배의 경우는 배를 들어 올려 건너편에 있는 만으로 배를 넘긴다는 뜻이다. 즉 선월은 배를 넘기는 곳이라 는 뜻으로 대마도의 후나쿠시[訓羅串]는 좁은 지협을 육로로 넘어서 동서를 연결하

우리 한자음과 훈을 이용하여 訓羅串으로 표기했다. 이것은 대마도 지명을 우리나라 사람들이 알아보기 위하여 이두식으로 고쳐 표기한 것이다.

넷째, 유구국도 역시 도안에 의해서 전해진16) 지도를 바탕으로 새로 그린 것이다. 이 유구국도도 일본국도에 비해서 훨씬 상세하며 포구와 성도 자세하게 묘사되어 있다. 유구섬 뿐만 아니라 주위에 산재하고 있는 약 20개의 섬을 그렸고, 모두 유구에서의 거리를 리수로 기입하고 유인도임을 표시했다.

또한 조선전기 일본에 대한 창구였던 삼포(울산의 염포, 부산의 부산포, 웅천의 제포)의 지도가 3장이 수록되어, 포소의 위치와 지형등을 파악할 수 있으며, 항거왜인의 수와 삼포로부터 한양까지의 상경로와 노정도 자세히 소개했다. 가히 지도로 보는 15세기의 한일관계사라해도 지나침이 없다.

2) 일본국기의 특징

① 「天皇代序」의 내조기사

「천황대서」는 일본천황의 계보를 쓴 기록이다. 천신 7대, 지신 5대에 이어 신무천황(기원전 660년)부터 신숙주 당시의 천황(1471년)까지 약 2천년간, 103명의 천황의 즉위, 연호, 정치의 동향이나 외교, 섭정과 관백의 교체 등에 관해 기술했다. 남북조시대에 관해서는 북조의 천황을 기록했고, 혜성·지진·대설·벼락·태풍 등 자연재해에 관해서도 서술했다.

그런데 이 「천황대서」에 모두 8건의 한국관련 기사가 수록되어 있어, 일본과의 교류의 시원을 밝히는 좋은 단서를 제공하고 있다.

던 곳이다. 일본의 건당사는 후나코시까지 소형 배로 와서 지협을 넘어 대형선으로 갈아타고 중국으로 항해했다고 한다(김의환, 『조선통신사의 발자취』, 정음문화사, 1985).

16) 『단종실록』 단종1년 7월 4일.

「天皇代序」에 수록된 통교기사를 분석해 볼 때, 다음과 같은 특징을 발견할 수 있다.

첫째, 한반도와 일본의 교류는 『日本書紀』의 년표에 의하면, 200년부터 시작되며, 백제, 신라, 고구려 순으로 이어진다. 그러나 초기 『일본서기』의 연대는 오류가 많아 그대로 인정하기 어려우며, 『三國史記』의 기록을 참고할 때, 비고란에 제시한 것처럼, 한반도와의 교류는 320년부터로 볼 수 있다. 따라서 종래 일본과의 본격적인 교류를 404년과 405년 백제의 아직기와 왕인박사에 의해서 시작되었다는 설을 재고할 여지가 있다고 생각한다.

「천황대서」에 수록된 한국관련기사

사료	연도	천황	기사	비고
1	200년	중애천황 9년 경진	백제국에서 처음으로 사신을 보내왔다.	320년(?)
2	205년	신공천황 5년 을유	신라국에서 처음으로 사신을 보내왔다.	325년(?)
3	276년	응신천황 7년 병신	고구려가 처음으로 사신을 보내왔다.	396년(?)
4	284년	응신천왕 15년 갑진	백제에서 서적을 보내왔다.	404년(?)
5	285년	응신천황 16년 을사	백제왕의 태자가 왔다.	405년(?)
6	542년	흠명천황 3년 갑술	백제에서 오경박사와 의박사를 보내왔다	
7	594년	추고천황 2년 갑인	백제의 중 관륵이 와서 역본·천문지리서 등을 바쳤다.	
8	720년	원정천황 4년 경신	신라가 서쪽 변방을 침입했다	

둘째, 교류방식은 사신파견에 의해 시작되며, 서적을 휴대한 오경박사나 의학사 등의 왕래를 통해서 시작됨을 볼 수 있다.

셋째, 교류의 단절은 신라가 변방을 침입하는 것으로 시작되지만, 『삼국사기』의 일본관련 기사와는 다르게 일본(왜)로 부터의 침략기사는 단한건도 기록된 것이 없다.

넷째, 신라국, 고구려, 백제 등에서 사신을 보내왔다. 내조했다, 신라가 서쪽변방을 침입했다는 등, 표현의 주체가 일본이라는 점이다. 이점은 「천황대서」의 기록은 전적으로 일본측 사료를 중심으로 그대로 옮겨 적은 것이고, 조선 측의 사료나 입장은 고려치 않은 것으로 판단된다.

그렇다면 그 이유는 어디에 있을까? 또한 『일본서기』를 일본 고대 사료 가운데 수록된 수많은 한반도 관련 기사 중17) 위의 8건만을 수록한 이유는 어디에 있을까? 그 이유는 알 수 없다. 아마도 신숙주가 「천황대서」에서 강조하고 싶었던 것은 일본과의 교류의 시원 및 한반도로부터의 유교문화를 비롯한 선진문화의 전수를 강조하려 했던 것은 아닐까.

② 「國俗」

國俗은 일본의 문화와 풍속에 관하여 기술한 것이다. 예를 들면 천황의 아들은 그 친족과 혼인하고, 국왕의 아들은 여러 대신과 혼인한다고 했고, 여러 대신 이하의 관직은 세습하고, 그 職田과 封戶는 정해진 제도가 있었는데, 세대가 오래 되면, 서로 겸병하여 증거 할 수 없다고 했다. 또한 형법에 관해서는 형벌은 笞와 杖은 없고, 가산을 적몰하기도 하고, 유배하기도 하며, 중한 경우 죽인다고 했다.

田賦는 토지 생산량의 3분의 1만 취할 뿐, 다른 요역은 없다. 그리고 工役이 있으면 사람을 모집해서 쓴다고 했다. 무기는 창과 칼 쓰기를 좋아하며, 칼날을 만드는데 정교함이 비할 데 없다고 했다. 활은 길이가 6~7척이 되는데, 나무의 결이 곧은 것을 취하며, 대나무를 안팎에 대고 아교로 붙였다.

또 남자는 머리털을 짤막하게 자르고 묶으며, 사람마다 단검을 차고 다닌다고 했고, 부인은 눈썹을 뽑고 이마에 눈썹을 그렸으며, 등에 머리털을 드리워서 그 길이가 땅까지 닿았고, 남녀가 얼굴을 꾸미는 자는 모두 그 이빨을 검게 물들였다고 했다.

집들은 나무 판자로 지붕을 덮었는데, 다만 천황과 국왕이 사는 곳과 절

---

17) 김기섭, 김동철, 백승충, 채상식, 연민수, 이종봉, 차철욱, 『일본 고중세 문헌속의 한일관계사료집성』, (혜안, 2004). 장동익, 『일본 고중세 고려자료연구』, (서울대출판부, 2005) 참조.

은 기와를 사용했으며, 사람마다 차 마시기를 좋아하므로, 길가에 찻집을
두어 차를 팔았으며, 길가는 사람이 돈 1문(文)을 주고 차 한 주발을 마신다
고 했다. 또 사람 사는 곳마다 천 명, 백 명이 모이게 되면, 시장을 열고 가
게를 둔다. 부자들은 의지할 데 없는 여자들을 데려다가 옷과 밥을 주고 얼
굴을 꾸며서, 傾城이라 칭하고, 지나가는 손님을 끌어들여서 유숙시키고, 술
과 식사를 주어 그 대가를 받으므로, 길가는 사람은 양식을 준비하지 않는
다고 했다.

남녀를 논할 것 없이 모두 국자(國字 : 히라가나)를 익히며, 오직 승려만
이 경서를 읽고 한자를 안다고 했다. 남녀의 의복은 모두 아롱진 무늬로 물
들이며, 푸른 바탕에 흰 무늬로 한다. 남자의 상의는 무릎까지 내려오고, 하
의는 길어서 땅에 끌린다고 했다.

비교적 상세하게 당시 일본문화와 풍속의 특징을 묘사하고 있어, 당시
일본 사회의 한단면을 들여다 볼 수 있다.

③ 「八道六十六州」「對馬島」「壹岐」

이 항목에서는 주로 일본으로부터 조선에 통교하는 來朝者를 중심으로
기술했다.

「8도 66주」의 내조기사의 특징을 보면, 기내 5주에 거주하는 막부장군
이외의 8명의 영주들이 巨酋使를 보내 조선에 내조해 왔다. 최초의 내조는
1408년부터지만, 대부분은 1460년대부터 1470년의 기록이다. 1470년 細川
殿은 세토내해의 해적 때문에 규슈의 藤原賴永에 의뢰하여 壽藺이 대신하
여 내조했고, 때에 따라서는 동해 쪽의 산음도를 거쳐 왕래를 했다. 또한 교
토와 오사카[大坂]의 절에서도 사신을 파견했다. 아마 대장경청구 목적으로
내조했을 것이다. 조선전기에 정확히 판명된 것만도 대장경청구 횟수는 78
회 이상이고, 50질 이상의 대장경이 일본에 전해졌다. 이들 내조자들은 자
기지역의 특산물인 구리·염료 등을 가져왔고, 조선에서는 이들에게 면포·

정포·쌀과 콩을 주었다.

8도 가운데 내조자는 지금의 규슈인 西海道가 70회, 세토내해인 山陽道가 23회, 동해 쪽의 山陰道가 12회로 전체 내조자 중 규슈지역이 제일 많았다. 『海東諸國紀』에서도 지금의 후쿠오카현의 중심지인 하카다[博多]를 자세히 소개하고, 이 지역이 유구국과 남만 등의 장삿배가 모이는 지역이며, 우리나라에 내왕하는 자가 가장 많다고 했다. 당시 번성했던 동아시아 해역의 국제무역상황을 짐작할 수 있다.

「對馬島」의 내조기사에서는 먼저 대마도의 척박한 환경과 일본으로부터의 모든 내조자가 대마도주의 文引을 받아야 하며, 도주이하 세견선약정과 세사미에 대해 상세히 기술함으로써 경제적으로 완전히 종속되어 있는 대마도의 모습을 볼 수 있다. 또한 대마도내의 모든 내조자의 거주포구 및 호수를 기록했고, 특히 왜구와 관련해서는 해적대장이나 괴수라는 표현을 했다. 왜구에 대한 긴장감을 늦추지 않고 있다.

대마도·일기·유구의 내조자를 분석한 결과 내조자는 총 51인이었으며, 이중 受職人이 23인으로 절반에 가까웠고, 수직과 受圖書를 한 내조자는 11인이었다. 또한 세견선은 전체 세견선의 2/3가 이 지역에 집중되어 있으며, 세사미두가 총 360석인데, 대마도가 350석, 이키가 10석이다. 세견선과 세사미두의 지급을 통해, 이 지역의 일본인들을 회유하고 있는 조선의 대일정책을 확인할 수 있다. 이러한 점에서 『海東諸國紀』의 내조기사는 당시 조선에 통교한 일본인들이 어느 지역에서 어떠한 사람들이 무슨 목적에서 어떻게 내왕했는가를 일목요연하게 밝히려는 목적이 있음을 알 수 있다.

3) 「琉球國紀」

「國王世系」: 국왕은 세습한다고 소개하고, 1390년 유구국 중산왕 察度가 보낸 사신이 내조했다는 사실과 그 후 계속하여 중산왕 武寧, 思紹, 尙巴志,

尙德이 사신을 보내왔다는 사실을 기술했다. 그리고 유구에서는 자기나라 사람을 보내기도 하고, 혹 일본사신으로 그 나라에 있는 자를 사신으로 삼기도 한다고 했다.

「國都」: 유구는 남해에 있고, 국도에는 石城이 있고, 토산으로 유황을 생산한다고 했다.

「風俗」: 땅이 좁고 인구가 많기 때문에 바다에 배를 타고 다니며 장사하는 것을 직업으로 삼았다. 서쪽으로 남만 중국과 통하고, 동으로 일본과 우리나라에 통한다고 했다. 논에서 2모작을 하며, 남녀의복은 일본과 대동소이 하다고 했다.

「道路里數」 우리나라의 부산포부터 유구국도까지의 도로이수를 적었는데, 도합 5,430리라고 했다.

이어 부록편에 유구국의 개황을 별도로 적었는데, 중국과 사신왕래가 이루어지고 있고, 중국인 3천호가 별도의 성을 쌓고 산다고 했다. 장례의 습관, 형벌, 제사 등을 소개했고, 나라의 동남쪽에 소유구국이 있는데, 군장이 없으며, 사람이 죽으면 친족이 모여서 그 살을 베어 먹고 그 두상을 금빛으로 칠해서 음식을 담는 그릇으로 만든다고 했는데, 알 수 없는 내용이다.

4)「朝聘應接紀」의 규정

『海東諸國紀』와『經國大典』에 규정된 것을 보면, 성종초인 1470년대, 1년에 일본으로부터 조선에 입항한 선박수가 220여 척이나 되고, 입국 일본인수도 5천 5백명 내지 6천명에 이르며, 무역을 제외한 순수한 접대비만도 2만 2천여 석에 달한다.

모든 내조자는 원칙적으로 사절의 형태를 갖추어 삼포로 입항했는데, 이들에 대한 접대규정을 29개 항목으로 세분하여 기술했다. 예를 들면「諸使定例」의 장에서는 모든 입국자를 국왕사절, 거추사(巨酋使 : 중소영주의 사절), 대마도주의 사절, 그리고 수직인·수도서인 등 4종류로 구분하였다. 이들은 삼포로 입항한 후, 각기 정해진 인원만이 上京路를 통해서 서울로 갈 수 있었다. 상경로는 크게 육로와 수로가 있었고 상경도중에도 연회를 베풀어주었는데 이를 路宴이라고 했다.

상경왜인들은 경기도 광주를 거쳐서 한강을 건너, 광희문을 통해 도성안으로 들어왔다. 서울에 온 일본인들은 전용숙소인 동평관에 여장을 풀었다. 조선에서는 이들이 동평관에 머무는 동안 5일에 한 번씩 식량과 연료 등을 무상으로 지급했다. 숙배일이 정해지면 궐내에 입시하여 국왕에게 배알하는데, 국왕의 숙배 때에도 공식적인 연회를 베풀어주었으며, 특별히 선물도 주었다. 배알이 끝나면 가져온 물건들을 진상했고, 조선에서는 진상품에 대하여 회사의 형식으로 하사품을 주었으며 이 방법을 통하여 공무역이 이루어졌다. 그리고 정해진 기일이 지나면 상경했던 길을 되돌아가는데, 역시 정해진 규정에 따라서 환송연을 베풀었다.

그렇다면 조선에서는 왜, 무슨 이유에서 이렇게 많은 일본인들을 상경시켜서 복잡한 절차와 비용을 들여가면서 이들을 접대하였을까.[18]

일본인들이 상경하여 행하는 가장 큰 의식은 역시 국왕을 알현하고 숙배하는 일이었다. 이것은 중국에서 한대이후 일반화된 조공과 같은 성격을 가진 것으로, 조선주변의 이민족들이 조선에 신례행위를 취하는 일종의 외교적인 행위이다. 즉 조선에서는 명 이외의 주변국에 대하여는 교린정책을 취해 왔는데, 일본의 중앙정권인 막부장군에 대하여는 조선국왕과 대등관계를 맺지만, 그 외의 일본의 제세력과 유구, 여진에 대하여는 기미관계라고 하는 조선 우위의 특수한 관계를 설정했다. 따라서 조선과 통교무역을 원하는 모든 자들에게는 조선이 정한 규정에 따라서 입국하여 조선국왕을 알현하는 외교적인 절차를 밟게 함으로서, 조선을 大國으로 섬기는 자세를 취하

---

18) 손승철, 「조선전기 서울의 東平館과 倭人」 『근세조선의 한일관계연구』 국학자료원, 1999, 24쪽.

게 했다. 모든 내조자는 이 절차에 따라야만 무역이 가능했다. 따라서 이들은 무역을 위해서라도 상경을 해야 했고, 또 국왕을 알현해야만 했다. 결국 조선에서는 의도적으로 일본인을 상경시켰던 것이고, 국왕 알현의 절차를 통하여 조선에 외교적으로 복속을 시키고, 그 대가로 무역을 허가해 준 셈이다.

2) 『和國志』

『和國志』를 통한 원중거의 일본인식에 관한 선행연구는 하우봉의 「원중거의 『和國志』에 대하여」, 「원중거의 일본인식」과 박재금의 「원중거의 『和國志』에 나타난 일본인식」. 김경숙, 「현천 원중거의 대마도인 인식과 그 의미」 등이 있다. 그런데 하우봉은 일본민족관, 정치·사회관, 문화교류와 일본문화관, 조일관계의 현황과 대책의 4항목으로 나누어 분석했고, 박재금은 원중거의 일본인식을 화이론적 관점, 역사적 관점, 실용적 관점의 3항목으로 나누어 분석했다. 이러한 분류방식은 연구자들의 임의에 의한 분류로 원중거의 일본인식의 전모를 밝히는데 부적합하다고 본다. 따라서 본고는 앞장에서 밝힌 『和國志』의 저술동기와 구성에 기술한 목차순에 따라 원중거의 일본인식을 살펴보고자 한다.

(1) 日本槪觀

원중거는 일본을 전반적으로 이해하기 위해 일본지도, 일본의 위치와 지형·크기, 지리, 국호와 절기, 인물, 풍속 등이 기술했다.[19] 먼저 책머리에 8도66주의 일본전도가 24장으로 나누어 그려져 있다. 모든 지도에는 항로가 그려져 있고, 특히 통신사가 지나는 지역은 육로의 도로가 연결되어 있다.

---

19) 앞의 번역서, 『와신상담의 마음으로 일본을 기록하다』 19~83쪽 참조.

지도의 형식이나 구체적인 내용에 대해서는 아직 연구가 없어 자세한 내용을 알 수가 없다.

「地形」 일본이 우리나라와 마찬가지로 천하의 동북방에 있다고 했다. 중국을 중심으로 보는 세계관에서 비롯되었다고 생각된다. 그리고 일본의 생김새를 사람들은 사람인(人)자 모양이라고 하나, 원중거는 들입(入)자 모양이라고 했다. 육오주[북해도]는 들입자의 뾰족한 부분이고, 남해도는 파임[입자의 오른쪽 획]부분이고, 서해도는 삐침이며, 琵琶湖는 중앙에 위치한다고 했다. 재미있는 묘사이다. 또한 크기는 우리나와 비교하면 약간 작은 것 같은데, 우리나라는 산과 고개가 많은데 비해 일본은 들판이 많아, 경작지가 많다고 의당 많지만, 지세가 좁고 길어서 큰 하천이 없다고 했으며, 물도 적다고 했다.

「國號」는 본래 倭이다. 倭와 和의 음이 같아서 神武天皇때부터 大和라고 부르기 시작했다가, 670년부터 日本國이 되었다고 한다. 또한 蜻蜓國이라고 하는 것은 지형이 고추잠자리와 같기 때문에 이라고 했다. 또한 절기는 우리나라에 비해 한달 먼저 따뜻하고 한달뒤에 춥다. 역법은 대통력은 사용한다고 하는데, 그 절기는 우리보다 매번 하루를 앞선다고 했다.

「地理」에서는 倭京을 중심으로 8도 66주를 서술했고, 八丈島, 夷挾島[북해도], 一歧島와 對馬島는 8道에 포함시키지 않았다. 우리나라의 영동지방이 일본의 山陰道 북쪽에 해당된다고 했다. 道里에서는 일본의 육로와 수로를 서술했는데, 일본의 10리가 우리나라에서는 8리라고 했고, 일본의 육로와 수로를 이것은 호행무사와 승려무리들에게 물어서 종이에 그림을 그려서 알게 되었다고 적었다. 앞의 지도도 그렇게 얻은 지도들을 모아 완성한 곳이 아닌가 싶다.

「人物」에서는 일본인의 품성을 적고 있는데, "인물은 부드러우나 능히 굳건하고, 굳건하지만 또한 오래가지 않는다. 약하지만 능히 인내하며, 인내하지만 또한 밀치고 일어나지 못한다. 총명하지만 지식이 편벽되고, 민첩

하고 예리하지만 기상이 국한되어 있다. …… 일정한 규율을 지키며, 감히 한치도 나아가거나 물러나지 않는다. 자기의 힘으로 먹고 살며, 개자 하나 락도 남에게 주거나 뺏으려 하지 않는다. …… 이런 까닭으로 人皇[신무천황]은 이것을 이용하여 無爲之治에 이르렀고, 秀吉은 이것을 이용하여 천하의 막강한 도적이 되었다. 家康이 지위에 오르고 나서는 또한 각기 정해진 분수를 소리없이 조용히 지켰는데, 마치 두터운 덕과 넓은 도량이 있어서 몸소 이끌어 인도하듯 하였다. 그런즉 髣月之治가 손바닥에서 운영될 수 있었다.”고 하여 일본인의 품성과 그것을 적절히 이용한 통치자들의 예를 들었다. 비교적 편견 없는 서술이다.

그러나 “맑음이 너무 승하고 탁함이 너무 적으며, 魂은 남아있으나, 魄은 부족하다. 그렇기 때문에 中國으로 나아가지 못한 것이다. …… 인구는 날로 번성해서 사람들이 물고기처럼 많다. 여자는 13~4세가 되면 모두임신을 할 수 있으며, 또한 일찍 죽는 자가 적다. 비록 그 의식을 절약한다 해도 땅에서 나는 곡식을 다 먹일 수가 없다. …… 사실, 사물이 성했다가 쇠퇴해지는 것이 진실로 그 변화이니, 생각건대 그들이 가득 채워 이룬 업을 능히 오래도록 누리지는 못할 것 같다.”고 하여 부정적인 인식을 했다.[20]

「風俗」에서는 “대마도 오랑캐는 학문이 없으며, 교룡이나 이무기가 더불어 산다. 그 사람들은 건장하고 커서 內國과 몹시 다르다. 땅은 바다가운데에 구불구불 솟은 언덕이라 곡식이 나는 땅이 몹시 적고 인구는 많아서 의식을 자급자족할 수 없다. …… 그러나 (대마도)는 두 나라의 경계에 처해 있다. 저들 나라[왜]는 우리가 9세의 원수[임진왜란]를 갚고자 하는 뜻을 품고 있다고 항상 의심했으며, 우리나라도 또한 저들이 반복해서 기회를 엿보아 속이려는 것을 의심했다. 그러므로 대마도 사람들은 두 나라 사이에서 불화를 일으켜 장사를 하며 항상 우리나라 일을 쥐고서 세력을 부렸다.”라고 하여 대마도의 속성에 대해 부정적으로 인식했는데, 그 이유에 관해서

---

20) 위의 번역서, 35쪽.

대마도를 경계하는 이유에 관해 다음과 같이 기술했다.

"대마도의 풍속은 흉악하고 비루하다. 그러나 우리나라 남쪽 변방에 접해 있어 왜관을 드나드는 자는 모두 대마도인이다. 우리나라 사람들은 대마도 왜인들을 가리켜 모두 왜인이라 하는데, 실은 그 풍속이 일본의 내국과 전혀 다르다는 것을 알지 못한다. …… 대개 그 땅은 우리 경계와 가까워서 날로 더불어 서로 접하기 때문에 기록을 상세히 하고자 한 것이다."

이어 통신사행 중에 거쳐 간 각 지역의 상황에 대해 서술했다. 倭京과 江戶에 이르러서는 천황과 장군[大君]의 거처와 제도 등에 대해 서술했다.

이상의 내용을 통해서 볼 때, 원중거는 조선시대 朱子學의 世界觀 속에서 일본문화와 일본인을 무조건 夷狄視하는 전통적인 일본관과는 달랐다. 물론 주자학자로서 기본적으로는 華夷觀을 가지고 있었지만, 일본인의 품성을 선입견 없이 기술했다. 그러나 대마도인에 대해서는 오랑캐로서 학문이 없으며, 흉악하고 비루하다고 하면서, 강한 혐오감과 함께 일본 내국인과는 구별해야 하면서, 심지어는 대마도를 '조선과 일본 양국의 적'이라고 했다. 아마도 대마도인에 대한 이러한 인식은 사행의 체험에서 대마도인의 행위에 대한 깊은 불신감에 기인한 것 같다.[21]

실제로 이 계미통신사행에서 대마도주는 임의로 일정을 조정하여 각 번에서 이익을 구했으며, 귀로 중에는 오사카에서 도훈도 최천종이 호행하는 대마도 통사에게 살해당하는 일까지 있었다.

(2) 日本歷史

日本歷史로는 天皇과 關白의 역사, 織田信長, 豊臣秀吉, 德川家康의 역사, 그리고 대마도주의 역사 등을 서술했다.[22] 「倭皇本末」에서는 '神人이 칼 한 자루와 옥새하나와 거울하나를 가지고 日向山에 하강하여 神武天皇'이 되었

---

21) 하우봉, 앞의 논문, 346~347쪽(『조선통신사 사행록 연구총서』 제7권).
22) 앞의 번역서, 『와신상담의 마음으로 일본을 기록하다』, 84~133쪽 참조.

는데, 이것이 천황이 되어, 대개 人皇으로부터 나라를 연 후에 하나의 성이 서로 전하여 지금까지 이르렀다고 했다. 그리고 천황은 권력이 없기 때문에 군대의 호위를 받지 않으며, 단지 신에게 예를 올리고 염불을 한다고 했다.

왜황의 궁중은 항상 조용하며 떠드는 소리가 없다. 대개 왜황은 神佛로 자처하며 나라사람들도 모두 神主로 대우하기 때문이다. 또한 人皇으로부터 수 천년을 대대로 전해왔고, 나라사람들도 그것을 편히 여겨 틈을 보아 쟁탈하려는 생각이 절대로 없다. 권력을 잃고 난 후, 왜황이 존재하는 바는 단지 神道일 뿐이다. 그러나 "강호의 정치가 혹 혼란스러워져서 황실을 조종하는 무리가 만약 여러 주에서 생긴다면 왜황을 끼고 쟁탈을 기도하는 자가 다시 나지 않을 줄 어찌 알겠는가? 저 나라가 이미 어지러워지면 변방의 교활한 무리가 반드시 기회를 타서 우리 땅을 노략질 하는 일이 있을 것이다. 우리나라 남쪽 변방의 백성들이 저들과 더불어 친하게 지내며 풍속을 날로 서로 익히니 학식이 있는 자는 미리 방비할 바를 마땅히 알아야 할 것이다."라고 하여 100년 후 명치유신을 예견하기도 했다. 이어 천황의 연호를 정리해 놓았다.

다음 「關白의 역사」를 서술했는데, 관백의 시작은 陽成天皇(재위 876~884)의 아들 貞純때부터 인데, 관백이란 『漢書』「霍光傳」에 "매사에 먼저 霍光에게 關 하여 아뢴다(諸事皆先關白霍光)"의 뜻이라고 했다. 이어 源賴朝, 織田信長, 豊臣秀吉의 역사를 서술했는데, 특히 秀吉에 대해서, "아! 秀吉의 일은 아직도 차마 붓을 적셔 적을 수가 없다. 하늘과 땅은 장구하며 동해는 망망하고도 유유하다. 2백년 동안 아직도 한치의 무기를 가지고 伏見을 짓이겨 버리지 못하고, 秀吉로 하여금 뼈를 태워 아무 탈없이 티끌이 되게 했다. 臥薪嘗膽의 의기는 아픔을 참고 원한을 품는데로 쫓아가고, 아픔을 참고 원한을 품은 뜻은 또한 하찮은 것으로 변하여, 세월이 흐르니 끝내 수치를 잊는데로 귀결됨을 면치 못했다." 하면서 이 기록을 남기는 이유는 " 나중에 이것을 보는 사람으로 하여금, 외신상담을 잊어서는 안 된다는 것을 진실로 알게 하고자 하는 것이다"라고 했다.

이어서 「武主本末」에서 德川家康에서부터 德川家治에 이르기까지 역대 장군들의 역사를 서술했다. 그러면서도 西京[京都] 사람들은 아직도 武主를 外蕃으로 보고, 그것이 오래도록 권세를 오로지 하는 것을 분히 여기며 오히려 원망을 그치지 않는다고 한다. 또한 각주의 태수들도 의심하고 두려워하며 몸을 굽히고 한시각도 마음을 놓지 못한다고 했다. 그러므로 관백 또한 근심하고 의심하여 궁궐 땅을 불안히 여겨 궁실에 土室을 만들어 놓은 것이 6곳이 된다고 했다. 그리고 밤마다 항상 장소를 바꾸어 침소로 삼는데, 비록 가까이 모시는 자라도 밤마다 침소를 알지 못한다고 했다. 그리고 과거의 문서를 둘러 보건대, 형법으로 세운 자는 그 종말이 반드시 土崩之勢가 있다고 하면서 德川정권의 종말도 반드시 흙이 무너지는 형세가 있을 것이라고 했다. 그리고 끝부분에 "왜국의 문헌이 적고 또 꺼리는 것이 많아서 사신을 통한지 1백여 년이 되었으나 武主가 어떤 상황인지 아직도 알지 못한다"고 우려하고 있다.

이어 「對馬島主의 역사」를 서술했다. 13세기 阿比留를 진압한 宗知盛부터 대마도정벌 당시의 宗貞義, 계해약조를 맺은 宗貞盛, 삼포왜란을 일으킨 宗盛弘, 임진왜란 때 조선을 침입한 宗義智부터 宗義暢에 이르기까지 대마도주의 가계를 나열했다. 이어 宗氏의 가신이었던 柳川調信, 景直, 調興의 가계와 국서개작사건까지 서술했다. 그리고 승려 玄蘇와 「以酊菴輪番制」까지 서술했고, 江戶參府에 이르기까지 대마도주의 임무에 대해서도 서술했다. 또한 부산에서 江戶까지는 4,470리라고 했다.

이상에서 원중거는 천황과 막부장군을 통해, 천황이 실권은 없지만 최고의 통치자이며 신도의 최고사제로서 막부가 어찌할 수 없는 절대적인 권위를 지닌 것으로 파악했다. 또 관백의 역사에서는 豊臣秀吉을 기술하면서 와신상담의 뜻을 잊지 말 것을 강조했다. 막부와 천황의 상호관계에 대해 당시 천황과 막부가 공존하고 있었지만 막부의 정치 여하에 따라 천황을 다시 세우는 날이 올 가능성도 있다고 했다. 100년 후 명치유신을 예견한 탁견이다.

(3) 戰爭史

　전쟁사분야에는 임진왜란 때 일본군의 동정을 기록한 「壬亂入寇時賊情」 과 중국과 교류 및 몽골군의 일본침공을 기록한 「中國通使征伐」, 삼국·고려 와 일본과의 관계를 기록한 「羅濟 麗通使戰伐」이 있다.[23]

　「壬亂入寇時賊情」에는 일본군의 편성과 임란의 전황전개에 관해 상세히 기술했다. 그리고 이것을 기록하는 이유는 임진란을 잊지 않기 위해서 이며, 臥薪嘗膽이 남아있는 마음에서 後者에게 경계하기 위한 마음이라고 했다.

　「中國通使征伐」에서는 일본이 중국과 더불어 통한 것 중에서, 성덕태자 때 국서를 주고 받은 사실을 기록했고, 몽골·고려군의 일본침략에 대해 적 었다. 여몽군의 일본 침략사실은 순전히 왜인들이 기록한 것을 가지고 적었 다고 하면서, 고려군 김방경의 고사를 소개하고 왜인들이 이 내용이 적지 않은 것은 왜인들이 패한 것을 꺼려하여 적지 않았기 때문이라고 했다. 또 足利義滿이 일본국왕에 봉해진 사실과 足利義政이 우리나라에 사신을 보내 어 명나라의 勘合印信을 청해 명나라가 허락했다는 사실을 적었다. 확인해 볼 만한 일이다.[24]

　한편 "명나라 초년에 그들과 더불어 通和하여 침략을 그치게 하고자 하 여 사신으로 하여금 바다로 들어가게 했으나 도리어 그들의 업신여김만 당 하였다. 이것을 가지고 말한다면, 천자의 높고 높으신 덕을 떨어뜨려서 그 들에게 통화를 구한 것은 또한 下策이라 할만하다."고 평하고 있다. 또한 "지금 보건데 통신사행이 여러 번 들어 왔으며 장기의 서적이 또한 통하였 다. 그 유학을 닦는 선비들이 사람의 떳떳한 도리와 사물의 법칙이 있을을 알게 되어 부녀자와 젖먹이, 천한 사람에게 날마다 선을 권장하니 만약 높

---

23) 위의 번역서, 『와신상담의 마음으로 일본을 기록하다』, 134~174쪽 참조.
24) 위의 번역서, 162쪽.

은 지위에 있는 자가 앞장서서 이끈다면 역말이 빨리 가는'것과 같아서 일본이 아주 바뀔 것이다. 만약 저들이 인의를 알고 염치를 알아, 옛 것을 기뻐하고 지금을 돌이킨다면 이는 단지 그 나라의 다행만이 아니라 우리나라와 중국이 침략 당할 우환이 더욱 없어 질 것이다. 그러므로 일찍이 장기의 물화와 서적을 이러 '진실로 청나라 사람의 상업적 이로움이며, 또한 일본 문명이 걸린 운수라고 한 것이다'고 하여, 장기를 통하여 중국 문물이 들어오는 것을 다행으로 보면서도 그것이 서양 근대 문물임을 전혀 인식하지 못하고 있다.

「羅濟麗通使戰伐」에서는 소위 神功皇后의 삼한정벌을 기록하고, 이 내용이 이치에 닿지 않아서 족히 쓸만하지 않다고 했고, 이어 『三國史記』에 '왜병이 신라에 크게 이르러 화해를 이루었다'는 기사가 있고, 경주와 연인사이에 아직도 '왜의 妖神의 군대'라는 말이 전해지는데, 이것은 모두 신라가 도리어 그것에 현혹되어 싸우지도 않고 궤멸되어 버린 것이라는 평을 달았다. 백제의 아직기와 왕인이 역경과 천자문을 일본에 전한 것을 적었고, 백제로부터 불상과 불경·불구가 전해져, 불법과 의술이 시작되었음을 적었다.

또한 왜인의 기록 중에 '삼한이 조공했는데, 백제는 아주 열심히 했고, 고려(고구려)는 태만했다. 신라는 동요하여 반했는데, 끝내 당나라의 원병으로써 이익을 얻었다'고 했다고 하면서, "나는 속으로 신라를 친찬하고 백제를 비루하게 여긴다."고 했다.

이상의 내용을 통해서 보건데, 원중거는 일본에 대해서는 기본적으로는 적대감 속에서 일본은 경계의 대상으로만 파악하고 있었다.

(4) 德川家와 大名들

地卷은 전반부 4항목은 당시 일본의 지배세력인 德川家의 가계와 각 지방의 大名들이 웅거하는 城을 중심으로 적었고, 이어 막부의 관직을 서술했다.[25]

먼저 「關白宗實錄」에는 德川家의 직할영지인 名護屋城, 和歌山城, 水戶城,

津山城, 福井城, 松江城, 會津城 등에 대해 성주의 가계와 禄에 대해 서술했다. 이어 「各州城府」에서는 8도 64주에 있는 성과 성주의 가계와 녹에 대해 서술했다. 그리고 「各州氏族食邑總錄」에서는 각 주의 씨족과 식읍에 대해 자세히 서술했다. 전국 大名에 대한 내력과 녹의 규모에 대해 상세히 파악할 수 있다. 이어 「武州內官職」에서는 막부의 관직과 인원수에 대해 소상히 적는 등 막번체제의 구조와 운영방식에 대해 깊은 관심을 나타냈다.

그는 덕천막부의 통치방식에 대해, '첫째는 무력이며, 둘째는 법률, 셋째는 지략, 넷째는 恩義'라고 했다. 그리고 '전체 맥락과 분포를 보면 條例와 慣行이 정돈되고 엄밀하며, 누세동안 덕을 잃지 않고 스스로 공손함과 검소함을 지켜 온 까닭으로 국내가 안정되고 내전이 일어나지 않았다.'고 했다. 대체적으로 막부의 통치와 당시 상황에 대해 긍정적으로 평가했다.

마지막으로 「氏姓之異」에서는 姓과 氏의 차이에 대해 적었다. 즉 성에는 源·平·藤·橘의 네 가지가 있는데, 원성은 천황에게서 나왔고, 평성은 秀吉 이후 적어졌다고 했다. 氏는 모두 지명이며 혹은 城府를 쓰는 경우도 있는데 이는 조상이 그곳의 임직을 받아 들였기 때문에 쓴 것이라 했다.

(5) 일본의 사회상

이어 地卷의 제5항부터 人卷의 제12항까지 39개 항목에 걸쳐 일본 사회의 제반 분야에 걸쳐 서술하고 있다.[26] 각 분야의 내용을 간단히 요약을 해보면,

「文字」: 일본의 문자는 응신천왕 15년(284) 아직기와 그 이듬해에 왕인에 의해 전해졌으며, 이때부터 유학도 전해졌다고 한다.

「學者」: 藤原惺窩, 林道春, 新井白石, 木下順菴, 源璵, 雨森東, 林信篤 등을

---

25) 위의 번역서, 175~266쪽 참조.
26) 위의 번역서, 267~364쪽 참조.

열거했고, 당대의 一門을 이룬 木下順菴, 林信篤에 대하여 대저 "木下順菴의 무리는 재주를 끼고 덕이 적다. 학문으로 말한다면 林信篤과 木下順菴 모두 미숙하다."고 평을 하고 있다.

「異端之說」: 伊藤仁齊와 荻生徂來를 거론하면서, 정자와 주자를 헐뜯고 배척하고, 맹자로부터 그 이하로 한결같이 모두 결점을 들어 경멸한다고 하면서, 이러한 학설은 대개 명나라 사람의 서적에서 나와서 중국의 당시에는 통하지 않던 괴팍하고 편벽된 기운일 뿐으로 일본에서 나온 것으로 괴이하다고 했다.

「詩文」: 일본인들의 시문에 대해, "대저 나라 사람들은 총명함이 일찌감치 이루어져서 4~5세에 능히 붓을 잡아, 10여세로 자라게 되면 모두 능히 시를 지을 수 있다. …… 이곳을 일러 해중 문명의 고을이라고 해도 지나치지 않을 것이다."고 칭찬을 하면서도, 주자성인을 알지 못하니, 산의 나무가 겨우 움이 텄는데 소나 양이 그것을 먹어버리는 것 같아서 측은하다고 했다. 정통 정주학자의 면모를 엿볼 수 있다.

「神社」: 일본인들은 천황의 탄생을 신이 강림한 것으로 여겨 나라 안에서는 스스로 神國이라 부르며 천황을 神主로 삼는다고 하면서, 이세주의 신궁이 출현함에 이르러서는 나라의 풍속이 변화되어 집집마다 신주를 모시고 마을마다 사당을 세웠다고 하면서, 일본은 정자와 주자를 존중할 줄 안 후에야 성인의 도가 밝아질 것이요, 성인의 도가 밝아진 후에야 신사가 없어질 것이라 했고, 신사가 없어진 후에야 文敎가 밝아질 것이요, 문교가 밝아진 후에야 교화가 행해질 것이라고 했다.

「四禮」: 冠婚喪祭의 四禮를 말하는데, 일본에는 사례가 없다고 했다. 다만 일본에서 행해지고 있는 관습을 적고 있다. 예를 들면 관례에서는 천황으로부터 인족(천한신분)에 이르기까지 머리를 깎고 상투를 트는 법이 같으며, 성인의 예는 단지 칼을 차는데 있다고 했다. 관직을 가진 사람은 두 자루의 칼을 차고, 관직이 없는 자는 한 자루의 칼을 찬다고 했다. 혼례에서 여자는

13세 이상, 남자는 22세 이상에서 하며, 혼례식 때는 초례나 교배도 없고, 혼인식을 한 후에는 여자집에서 '이를 물들이는 날'을 정해 물을 들인다.

「飮食」: 일본인의 식성은 몹시 담백해서 기름지거나 맵거나 소금에 절인 건어와 몹시 짠 음식을 먹지 못한다. 그 밖에 일본인의 식성과 음식에 대해 상세히 적었다.

이어 목욕을 즐기는 습관, 언어에 성음은 모두 맑은 음이며 탁한 음이 전혀 없는 특징, 사람을 만나거나 인사할 때 拜揖하는 습관, 가마의 종류, 궁실과 가옥의 구조, 특히 가옥의 지붕은 기와나 판자, 짚이나 풀로 덮는데, 기와는 얇고 매끄러운데 宮府외에는 사용을 금한다고 했다.

「農作」: 일본 국내에는 논이 적고 밭이 많으며 백성들이 날로 불어나서 토지는 비좁아지므로 비록 땅의 힘을 다해 곡식을 생산한다 해도 인구와 토지를 계산해 보면 실상 자급을 할 수 없다. 그러므로 농사기술이 지극히 정밀하며 염밭이나 메마른 자갈밭을 개척하여 개간하지 않는 곳이 없다고 했다. 특히 목욕한 물이나 그릇 씻은 물, 쌀 씻은 물과 찌꺼기 및 분뇨의 물을 거름으로 쓰는 것에 주목했다.

또한 화폐사용이 일반화 되어 있음을 적었고, 도로는 매 10리를 1리라 하는데, 우리나라에서는 8리에 해당한다고 했다.

「舟楫」: 배 만드는 법에 대해 상세히 언급하고 있는데, 우리나라 戰船은 홰나무를 쓰는데, 소나무의 황장을 정밀하게 쓰는 것이 좋다고 했다. 일본의 배에 대하여, "저들 배의 정교함은 내가 생각건대 천하에서 일본만한 것이 없을 것이다. 저들이 중국을 침범하는 데 있어서 우리나라를 업신여긴 것은 그들의 배와 조총을 믿어서이다. …… 내가 알기로 일본을 제압할 자는 반드시 아란타일 것이니, 아란타가 만일 일본에 대해 뜻을 품는다면 그 우환은 아마도 일본만으로 그치지는 않을 것이다. 변경을 제압할 자는 마땅히 들어서 알지 않으면 안된다."고 하여 일본의 조선술을 상세히 소개했다. 그런데 아란타에 대한 소개는 매우 흥미롭다. 아란타에 대한 언급을 보면 당시 원중거는 오란다(네덜란드)상관이 있었음을 알고 있었던 것일까? 서양문화에 대한 언급은 전혀 볼 수 없는데, 아란타에 대한 기술은 아주 특이하다.

「醫藥」: 일본인들이 인삼에 관한 관심이 높아, 인삼밀매가 성하게 되었으며, 많은 돈으로 종자와 재배법을 동래관에서 구했는데, 우리나라 사람들에게 사기당한 것이 무려 수십 회나 되었다고 했다. 그래서 우리나라가 인삼종자를 구하여 그 재배법을 상세히 만들어 예조의 서계로서 江戶의 집정에게 보내주면, 두 나라가 신뢰하는 바가 될 것이라고 했다.

「賦稅」: 세금에는 田, 家, 身의 3가지 세금이 있는데, 전세는 쌀을 납부하고, 가세와 신세는 銀을 납부한다고 했다.

「兵制와 兵器」: 병제는 나라의 금령이 엄격하여 전혀 들은 것이 없다고 하면서, 기병, 보군, 종인으로 구성되었는데, 이들은 매월 6차례 교련장에 모여서 대포와 칼, 칼, 창, 잡기를 익힌다고 했다. 강호와 대판에는 무관직을 두고 있으며, 수군을 따로 설치 않고, 급한 일이 있으면 바닷 배와 상업선이 모두 전쟁의 도구가 된다고 했다.

일본인들은 검술에 능하며, 조총제도가 몹시 정교하다고 했다.

「治盜」: 남의 재물과 기물을 도적질한 자는 많고 적음을 따지지 않고 체포하여 죽이며, 자식은 노비로 만들기 때문에, 나라 안에는 도둑이 없어 공사 건물에 자물쇠가 없으며, 집을 비워도 물건을 잃어버리는 일이 없다고 했다. 또 편지를 전하는 방법을 적고 있는데, "비록 천리가 되는 먼 곳이라도 가는 길의 원근을 계산하여 대쪽을 갈라서 편지를 끼우고 요금을 매달아서 사방으로 통하는 길에 꽂아 놓는다. 그러면 거기 가는 사람이 그것을 가지고 간다. 그곳으로 가는 사람이 없으면 그 절반의 길까지 가는 사람이 가지고 간다. 이미 절반의 길에 이르면 그 나머지 절반의 길의 요금을 계산해서 제하고, 다시 사방으로 통하는 길에 꽂아 놓는다. 그러면 그곳으로 가는 사람이 그것을 가지고 간다."고 했다. 그러나 이것은 아마도 과장해서 하는 말 같아서 다 믿을 수 없다고 했다.

「奴婢」: 남의 물건을 훔친 자의 자녀는 몰수하여 물건을 잃은 자의 노비로 삼는데, 타인에게 넘겨 팔아서 타인이 값을 내고 사면, 단지 그 본인만 일을 부리고 자식은 부리지 못한다고 했다. 나라가운데 사람과 물건은 번성하나 생활하는 도리는 매우 어렵고 구차스러워서 의식이 가능한 자는 품삯 다툼이 분분하여 견딜 수가 없어, 부지런하기가 자기들의 노비보다 더하다고 했다.

「倭皇官職」: 관직에는 9품계와 正從의 구별이 있으며, 품계는 位 라고 한다. 대집정, 좌집정, 우집정이 있으며, 대장군은 관백이며, 동서관백이 있는데, 동관백이 강호에 있으며, 서관백은 왜경의 모든 직무를 총괄한다고 했다. 행정조직으로 6部가 있으며, 州에는 守가 있고, 섭정, 재판, 기실, 의관 등의 관직이 있다고 했다.

「飮食」: 스끼야끼를 勝其岳伊로 적고 이 나라에서 가장 진기한 맛으로 친다고 했다. 그 외에 여러 가지 음식을 소개했다.

「禽獸」: 앵무새와 까치, 매와 참새도 아주 적으며, 호랑이나 표범도 없으며, 원숭이가 있다고 했다. 고양이도 매우 귀하며, 간혹 길들인 쥐가 사람을 따르며 옷소매 사이를 들락날락하는 것이 있다고 했다.

이상의 내용을 통하여 원중거의 일본사회에 대한 인식을 볼 때, 우리나라와 비슷한 점과 다른 점을 비교하면서 담담하게 소개하고 있다. 대체로 文化相對主義적인 입장에서 일본을 이해했고, 日本夷狄觀이나 우월의식은 찾아보기가 힘들다. 원중거는 조선을 '儒家的 文治主義 社會'로 보는 반면 일본은 중국의 秦 나라와 비슷한 '法家的 武治主義 社會'로 보았다.[27)]

한편 일본유학에 대해서는 기본적으로 주자학적 입장에서 소개하면서, 일본에 주자학을 보급 발전시키는데 주요한 역할을 한 사람들을 '學問人'으로 서술하는 반면, 伊藤仁齊와 荻生徂來등 古學派 유학자들은 '異端'으로 분류했다. 그러나 瀧長愷는 荻生徂來의 문도였지만, '해외의 中華人'이라고 평

---

27) 하우봉, 앞의 논문, 364쪽.

할 정도로 일정부분은 긍정적으로 평가하기도 했다.

(6) 通交關係

이 부분에서는 고려말 조선초 왜구침략에 대한 응징 및 정벌, 조선전기의 통교관계, 통신사의 왕래, 왜관의 실태 등에 관해 기술했다.[28]

「我朝征倭錄」: 1380년 왜구가 진포로 침구했을 때, 이를 맞아 격멸한 이성계의 황산대첩에서부터, 조선왕조 건국 후 1396년 김사형의 대마도 이키정벌, 1419년 이종무의 대마도정벌, 1510년 삼포왜란, 1555년 을묘왜변, 1592년 임진왜란, 1604년 탐적사 파견 및 1607년 회답사에 의한 강화에 이르기까지의 내용을 소상히 적었다. 이를 기록한 이유는, "대개 저들과 우리의 일을 서로 들어서 왜인들이 기회를 따라 생각이 변하는 것을 방어하는 자료로 삼고자 한 것이다." 고 했으며, 왜구는 "고려 말부터 조선 초년에 이르기까지 대마도와 능도의 작은 무리들이다. 당시 저나라의 각주는 서로 치고 싸우며 다투었으므로 관백의 권력이 나라밖의 일에 대해서는 간여할 겨를이 없었다. 각주에서 달아난 도적들 가운데 가장 교활한 무리들이 변경의 외딴섬에 모여 들어서 대마도의 교활한 오랑캐와 더불어 서로 표리가 되어 물결따라 출몰하면서 우리나라 연해와 중국의 변방을 침략하였다. 그런데도 우리나라에서는 귀화라 하며 오히려 직위를 주고 왕래를 허락하였다. 그러므로 아침에는 귀화인이요, 저녁에는 침략자가 되어 머리를 고치고 얼굴을 바꾸며 교대로 나타났다. 秀吉에 이르러서는 임진년의 하늘을 뒤덮는 변고를 일으켰다. 家康이 학정을 대신한 것은 秀吉이 나라를 통합한 후에 있었다. …… 그 후 지금에 이르기까지 10세 2백년간 저들이 이미 평안해졌고, 우리나라와 중국은 모두 변방을 경계함이 없다."고 했다.

「國初倭人來朝」: 『海東紀』(海東諸國紀)를 인용하여 1409년 源道鎭의 내조

---

28) 앞의 번역서, 366~421쪽 참조.

에서부터 1471년 비전주의 源豊久와 대마도의 國幸의 내조에 이르기까지 내조사실을 적었다. 이들 내조자들은 "때에 일본은 나라가 어지러워 해마다 굶주려서 우리에게 몸을 부쳐먹는 자가 몹시 많았다. 그러므로 전에 사신을 보내지 않은 사람들에게는 모두 접대를 허용하지 않았는데 여러 사람들이 억지로 삼포에 머물면서 가지 않았다. 대마도 宗貞國이 청하여 접대를 허락했는데, 이와 같은 자가 몹시 많았다."고 당시의 실정을 기록했다. 당시 일본은 왜황이 권력이 잃은 지가 5~6백년이나 되었고, 관백의 권력은 커졌는데, 먼 땅에서 생업을 잃고 달아난 도적이 된 무리가 혹은 거짓으로 떠벌리고, 혹은 성명을 거짓으로 지어서 얼굴을 바꿔 내조하여 세선과 하사하는 쌀을 도적질해 갔다. 그러나 조정에서는 그대로 두었다고 했다.

그리고는 신숙주를 평하기를 "내가 신문충공이 왜를 걱정한 道를 보건데, 두루하지 않은 바가 없다. 그러나 단지 그 은혜는 절도없이 하려고 했고, 사랑하는 것은 너무 넓게 하려 했다. …… 내가 일찍이 왜에 대처하는 방법을 말했다. 마땅히 간략하게 알고 상세히 알지 못하고, 대범하게 하고 꼼꼼하게 하지 않으며, 멀리하여 가까이 하지 않으며, 공경하되 친압하지 않으며, 법을 지키되 규례를 바꾸지 않고, 무를 빛내되 문을 늦추지 말아야 한다."고 했다.

「我朝通信」: 1409년 朴和의 통신사행부터, 1443년 卜仲文 통신사를 통해 세견선 약정의 획정까지 상세히 적어 통신사행과 통교규정이 정해지는 과정을 기술했다. 이어 1479년 신숙주가 죽음에 임해서 '일본과의 화친'을 강조하여 李亨元을 사신으로 보냈으나, 대마도에서 병이 나서 그대로 돌아오게 되었고, 그 후로 단절되었다가 1590년 황윤길과 김성일을 파견했던 사실과 1604년 탐적사파견과 1606년 화친의 사절을 파견했고, 이후 원중거 자신이 서기로서 수행한 1764년 계미통신사에 이르기까지의 통신사행의 연월과 사실의 대강을 적었다. 그리고 徐命膺에 의해 『海門總載』가 편찬되고, 趙曦에 의해 『海行總載』가 편찬되고 있음을 기술했다.

「倭館事實」: 왜관의 설치는 구주의 왜인이 내조한 때부터 시작했다고 적었으나 정확한 연대는 알 수 없다. 내조하는데 따라서 변방의 고을이 번을 나누어 접대했는데, 그 수가 일정치 않았다. 1443년 신숙주가 대마도에서 세견선 정약을 맺어 삼포에 나누어 정박하기로 했다. 그러다가 1510년 삼포의 왜란 반란을 일으켜 폐쇄되었다가 1512년 일본의 화친을 허락하고 부산에 왜관을 다시 설치했다. 그리고 임진왜란 후, 1609년의 기유약조에 의해 세견선제도가 부활되었고, 왜인의 상경을 금지했다고 했다. 이후 만송원·유방원·이정암 송사의 시행과 파직의 과정을 적었다.

한편 1638년의 島原의 난에 관해 기술하면서, "남만사람 길이시단이 일본의 島原지방에 와있는데, 하늘에 빌고 사람을 혹하게 하여 무리가 30여만 명에 이르며 그 세력이 몹시 성하다. …… 금년 1월에 80여만 명의 군사를 거느리고 2월에 남김없이 소멸시켰다고 한다."고 하면서, "이 설은 특히 과장이 심하다. 그러나 바다에 들어갔을 때, 저들에게 물으니 과연 길이시단이라는 자가 있어서 하늘에 빌고 사람들을 혹하게 했으며 무리가 성했는데, 강호로부터 군대를 발동하여 모두 섬멸했다고 한다.

이상 통교관계에서는 왜구의 약탈에 대한 응징과 통교관계가 성립되는 과정, 그리고 왜관 및 세견선 현황에 이르기까지 소상히 기술했다. 또한 1409년의 통신사행부터 1764년까지의 통신사행을 전부 기록했는데, 일본의 문헌을 참고했음을 밝혔고, 그 이유에 관해, "그 나라 문자를 인용한 것은 양국의 자료를 다 참고함으로써 倭를 방어하는 자가 기미에 따라 변화를 고려하는데 도움이 되기 위한 것임을 밝혔다.

(7) 列傳

이 부분에서는 임진왜란 당시의 이충무공과 제만춘, 안용복을 기술했다.[29]

---

29) 위의 번역서, 422~461쪽 참조.

「李忠武遺事」: 1591년 2월부터 1592년 9월 12일까지 임진란 초기의 전황과 이순신의 활약에 대해 적었다.

「諸萬椿傳」: 1592년 9월, 거제도 영등포 부근에서 왜선에 피랍되어, 이듬해 8월에 도망쳐 돌아온 제만춘의 행적을 적었다. 원중거는 제만춘을 강항에 비교하여, "엄정하고 날카로운 붓으로 다스린다면 어찌 감히 수은 뒤에 만춘을 나란히 입전할 수 있겠는가. 비록 그러하나 만춘은 저 시골 궁벽한 땅의 미천한 사람으로서 秀吉의 보살핌에서 스스로 몸을 빼어 성심으로 귀국하여 적을 토벌하는데 뜻을 둘 것을 맹세하였으며, 이 충무공의 신임을 받아 노량해전에 참여하여 용력을 떨쳤다."고 적었다.

「安龍福傳」: 1693년과 1696년, 울릉도와 독도를 둘러싼 안용복의 도일사건을 소상히 적었다. 울릉도와 독도에 관한 부분을 정리해 보면, "이미 울릉도에 도착하자 역시 동쪽에서 왜인들의 배가 왔다. 용복이 방향을 헤아리고 그들이 백기주 사람들임을 알고는 뱃사람들에게 눈짓을 하여 그들을 포박하게 했는데, 뱃사람들이 겁을 먹고 당황하여 손을 잘 움직이지 못했다. 용복이 일어나 뱃머리에 서서 말하기를, '무슨 일로 우리 국경을 범했는가?'하니, 왜인들이 '본래 송도를 향하여 가고 있었으니 곧 가겠습니다.'고 하여 돛을 펴고 동쪽을 향하여 갔다. 용복이 또한 그 뒤를 따라 배를 출발하여 그들과 함께 배를 정박하고 큰 소리로 꾸짖기를, '이곳은 우산도이다. 너희들은 우리나라에 우산도가 있다는 말을 듣지 못하였는가?'하며 몽둥이를 들어 가마솥을 쳐부수면서 그들을 포박하려고 하는 척 했다."고 적었다. 울릉도와 독도에 대한 명확한 영토의식을 드러낸 표현한 기록으로 여겨진다.

이어 백기주에 가서 태수를 통해 전후사정과 대마도주의 공무역 부조리 등을 서계로 작성하여 관백에게 호소하기로 하였으나, 대마도주아 간청과 백기주태수의 조정으로 대마도주가 동래부에 서계를 보내어, "다시는 감히 울릉도에 사람을 보내지 않겠다."는 서계를 보내와, 조정에서도 울릉도의 국경분쟁에 대한 근심을 해소하게 되었다고 했다.

4. 맺음말

이상에서 조선시대인의 '일본 표상'을 살펴보기 위해, 조선전기의 『海東諸國紀』와 조선후기의 『和國志』를 통해 그 저술동기·구성·내용 및 특징을 정리했다.

신숙주와 원중거는 각기 15세기 후반과 18세기 후반, 조선의 외교사절로 일본에 파견된 관리들이었고, 일본에 대한 여행체험을 귀국 후 단순 기행문인 아닌 「日本國志」의 체계로 서술한 기록이다.

신숙주시대 대일관계의 주요목표는 왜구금압과 통교체제의 구축이었다. 따라서 『海東諸國紀』의 주요내용도 왜구로 변신하는 일본인의 강하고 사나운 약탈적 습성을 이해하고, 그에 대한 대책으로 조선에의 내조자들을 각종 접대규정에 의해 통교를 허락해 줌으로써 우호관계를 구축해 가는 것이었다. 신숙주는 이러한 목적에서 일본을 이해하기 위해 일본지도와 삼포지도 총 10장을 수록했고, 이어 천황과 국왕의 역사와 한일관계의 시작이 삼국시대 유교문화의 전수로부터 시작되었음을 밝히고 있다. 그리고 아주 간략하지만 관직, 혼인, 형법, 田賦, 복식, 주거, 문자 등을 소개하여 일본문화의 단면을 소개했다.

신숙주가 『海東諸國紀』에서 분량을 가장 많이 할애한 부분은 조선에 통교하는 내조자였다. 그래서 일본의 8도 66주와 대마도 이키, 유구에서 주로 1460년부터 70년대에 왕래한 내조자에 대한 상세한 기록을 남겼다. 신숙주는 '일본인들의 욕심은 한정이 없어서 항상 불화를 빚으므로 舊例와 接待規定을 정비하여 기강을 바로 잡아야 한다'고 하면서, 이들 내조자들을 禮에 의해 접대하여 일본과 신의를 잃지 말고 교린을 해야 한다고 했다. 결국 신숙주는 성종에게 유언한 것처럼, 「일본과의 우호」를 최우선으로 삼았다.

신숙주의 15세기 상황에 비해 원중거의 18세기 한일관계는 동아시아 국제정세도 안정되고, 조·일간에 그다지 큰 외교갈등도 없었다. 그 결과 통신사행이 외교적인 행사에만 그치지 않고, 詩文唱和를 비롯해 문화사절단의 성격을 지니게 되었다. 시문창화는 조선문화를 과시할 수 있는 중요한 기회였기에 통신사를 수행하는 제술관과 서기들은 당대의 문장가로 선발했다. 그 결과 원중거가 수행했던 1763년 계미통신사행은 무려 10편에 달하는 사행기록을 남겼다.

또한 이 시기에는 통신사행록의 집대성이라 할 수 있는 『海行總載』가 편찬되었다는 점을 감안하면 원중거의 시대는 나름대로 「조선시대 일본이해가 가장 성숙했던 시기」로 볼 수 있다. 그러한 점에서 『和國志』는 제목 그대로 일본을 총체적으로 소개한 「日本國志」였다. 앞서 살펴본 바와 같이 『和國志』에는 일본개관에서부터, 역사, 전쟁사, 정치, 경제, 사회, 문화, 산업등 방대한 분량으로 총 76 분야에 걸쳐 다양하게 서술하고 있으며, 가히 동 시대 조선인이 알고 있던 일본을 총체적으로 표현했다고 볼 수 있다.

원중거는 여러 곳에서 일본은 조선을 침략한 원수의 나라이니 경계를 해야 하며, 그러기 위해서 일본의 실상을 정확히 파악할 것을 주장했다. 그러면서도 원중거는 일본에 대해 대체로 문화상대주의적인 입장에서 이해하려 했으며, 일본이적관이나 일본에 대한 우월의식은 별로 나타내지 않았다.

이 점에서 신숙주가 일본을 객관적으로 이해하려고 했던 점과 유사한 공통점을 지니고 있으며, 여타의 조선시대 일본체험 기록들이 기본적으로 華夷論的 觀點에서 일본문화와 일본인에 대한 비하감을 가지고 있는 것과 비교하면 확실히 이 두 기록은 여타의 기록들과 차별성을 지닌다고 볼 수 있다.

또한 두 기록이 기본적으로 외교적인 목적에서 쓰여졌다. 두 기록 모두 국가의 안위를 위해 한일관계를 어떻게 해야 하는 가를 염두에 두고 서술했다. 신숙주의 경우, 왜구에 의한 피해의식, 약탈을 막기 위해 일본과의 안정적인 통교체제를 구축하여 교린을 지속해 가야 한다는 목적이 있었고, 원중거의 경우는 임진왜란에 의한 피해의식, 복수의 대상, 재침략을 막기 위한 경계의 대상으로 인식했던 것이며, 통신사의 왕래를 통해 교린관계는 유지하지만, 가능하면 일본을 문화적으로 교화를 해야 할 대상으로 보았다.

이점에서 두 책은 일본과의 교린관계를 유지하려는 평화롭게 유지하려는 외교적인 목적을 위해 쓰여졌다는 공통점을 가진다. 반면에 『해동제국기』는 약탈자 왜구였던 일본과 어떻게 하면 통교관계를 원활하게 유지할 수 있는가가 목적이었다면, 『화국지』는 침략자 일본과 어떻게 하면 우호관계를 유지해 갈 것인가가 주목적이었다는 차이점을 발견할 수 있다.

이상 두 기록을 통해, 조선전기와 후기, 일본의 표상을 살펴보았다. 두 기록 모두 일본을 상대적으로 보려는 문화상대주의의 시각은 가지고 있었다. 그러나 일본을 함께 살아가야 할 「共存의 대상」으로 인식하지는 않았다. 조선전기와 후기가 별로 다르지 않게 일본은 여전히 조선을 약탈하고, 침략하는 경계의 대상, 원한의 대상이었다. 일반적으로 조선시대 일본인식이 기본적으로 「華夷論的 觀點」을 벗어나지 못하는 이유의 하나가 이러한 일본의 표상에 기인하는 것은 아닐까.

조선시대 전기간을 통해 신숙주의 『海東諸國紀』는 일본을 이해하고 설명하는 기본텍스트였고, 원중거의 『和國志』는 조선시대 「일본국지」의 완결편이라 할 만큼 풍부한 내용을 가지고 있으며, 이후 北學派 내지 實學者들의 일본인식에도 큰 영향을 주었다. 그러나 실학자들 역시 「共存의 대상으로서 日本像」은 도출하지 못했고, 이후 한일관계는 다시 침략과 피침략이라는 적대관계로 돌변해갔고, 암울한 시대로 접어들었다.

21세기에 접어들어 「한일월드컵」을 계기로 동반자의 역할을 강조하지만, 「共存의 經驗과 歷史」를 共有하지 못하는 이상, 한일관계의 미래는 그렇게 희망적이지 않다.

제3장
조선시대 한국인의 國家觀과 日本認識

1. 머리말

한일수교 50주년이 되는 올해 6월, 동아일보와 아사히신문이 공동으로
한일양국인의 상호인식에 대해 여론조사를 했다. 한국인에게 일본선호도를
물어본 결과 2010년 좋다가 11%, 싫다가 36%였는데, 2015년에는 좋다 6%,
싫다 50%였다. 반면 일본인에게 한국에 대해 물어 본 결과, 2010년 좋다
18%, 싫다 10%였는데, 2015년에는 좋다 10%, 싫다 26%였다.[1]

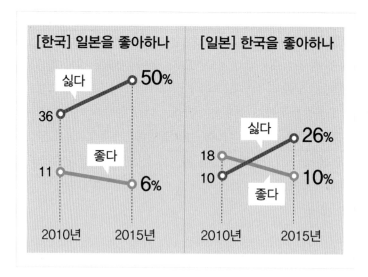

---

1) 『동아일보』, 2015년 6월 20일.

양국이 상호이해를 높이기 위해 가장 중요한 것을 물으니, 한국에서는
식민지지배에 대한 사죄와 보상문제(46%), 역사공동연구(25%)였고, 일본은
경제기술협력(27%), 역사공동연구(20%)였다. 그리고 일본이 식민지지배에
대해 충분히 사죄했나를 물으니, 한국은 96%가 불충분했다 였고, 일본은
65%가 충분히 사죄했다 였다. 한일 양국 모두가 과거에 대한 역사인식을
아주 중요하게 생각하고 있음을 알 수 있다.

이와 같이 한일 양국인의 상호인식은 과거에 이루어진 집단적 체험의 산
물이며, 역사퇴적의 결과이다. 따라서 간단히 바뀌거나 해결될 수 있는 문
제는 아니지만, 상호인식에 대한 연구는 현재의 양국관계뿐만 아니라, 미래
의 전망도 얻을 수 있는 유력한 방법 중의 하나이다.

이 글은 조선시대 이후, 한국인은 어떠한 국가관을 가지고 있었으며, 일
본에 대해 어떻게 인식했던가를 살펴보고자 하는데 있다. 먼저 국가관에 관
해서는 국가관 형성에 배경이 되는 역사관, 민족관, 영토관을 중심으로 대
표적인 지리지와 역사서를 통해 정리를 하고, 이어서 일본인식에 관해서는
일본에 파견되었던 사신들이 남긴 사행록을 중심으로 살펴보고자 한다.

2. 국가관

조선왕조 건국에 이념적 기초를 완성한 정도전은 1394년 『朝鮮經國典』을
편찬하여 조선왕조 경국의 기준을 종합적으로 서술했다. 이 책은 후에 『經
國大典』의 전범이 되어 조선왕조의 국가체제와 이념을 총체적으로 완성하
게 된다. 정도전은 『朝鮮經國典』에서 治國의 대요로서, 천지자연의 이치에
따라 仁으로써 왕위를 지켜가야 할 것, 국호를 조선으로 정하는 것은 기자
조선의 계승이라는 점 등을 역설하였다.

그러면 정도전의 '기자조선의 계승'이라는 인식은 어떻게 형성되었을까.

그것은 그 이전 왕조인 고려시대의 국가관을 계승한 것으로 볼 수 있다.

고려시대의 국가관을 알 수 있는 현존하는 가장 오래된 사서는 『三國史記』(1145), 『三國遺事』(1281), 『帝王韻紀』(1287)를 꼽을 수 있다.

김부식은 『三國史記』를 편찬하면서 우리나라 상고사와 강역에 대한 최초의 서술을 남겼다. 그는 평양을 단군왕검의 도읍이라고 했고, 현도와 낙랑은 원래 조선 땅에 세워진 것으로 기자를 봉했던 곳이라고 했다. 단군과 기자에 대한 관련성에 대해서는 언급은 없었지만 그 역사성을 피력한 것으로 볼 수 있다. 그리고 「지리지」에서는 신라, 고구려, 백제의 강역과 경계, 국도와 주현을 기술했다. 강역에 대해서는 고구려의 경우, 중국 요동지역에 살다가 동쪽으로 옮겨 온 국가였다는 생각을 가지고 있었고, 신라에 대해서는 한반도의 동남방으로 서술한 『通典』, 『舊唐書』, 『新唐書』, 최치원의 三韓說을 소개하고, 이 설들이 사실에 가깝다고 했다. 그리고 백제의 강계는 『後漢書』, 『通典』, 『舊唐書』, 『新唐書』 등을 인용하여 한반도 서남방으로 정리하였다.

『三國遺事』와 『帝王韻紀』단계에서는 상고사를 직접 다루게 되면서 민족사의 내용과 체계확립을 위한 중요한 서술을 남겼다. 『三國遺事』는 『三國史記』와 달리 상고사의 역사지리부분에 독자적인 해석을 했고, 그 내용은 이후 조선시대 중·후기에 고증적인 역사지리학 연구의 기초를 다져갔다. 특히 『帝王韻紀』에서는 상고시대 국가를 모두 단군의 후손국가라고 간주함으로써 뒷날 위의 지역 전체를 강역으로 볼 수 있는 단서를 마련하게 되었다.

고려시대의 이러한 인식은 조선시대로 이어진다. 현존하는 조선전기 역사지리지는 『世宗實錄』「地理志」와 『東國輿地勝覽』이 있다. 『世宗實錄』「地理志」에는 단군과 기자가 자세히 실린 특징이 있다. 특히 평양부에는 『단군고기』를 인용하여 단군과 주몽의 설화를 싣고 있다. 『단군고기』에서 인용한 내용은 『삼국유사』에 인용된 『단군기』와 『帝王韻紀』에 인용된 내용과 동일한 것이다. 그 내용에서는 상고대의 국가들은 모두 단군의 후예라는 인식을 보여주고 있다. 그리고 단군은 당요 무진년 평양에서 고조선을 세웠으며, 은나라 무정 8년 을미 아사달에 들어가 신이 되었는데, 그곳을 문화현 구월 산으로 정하였다고 한다. 소위 '檀君後裔論'이 자리잡게 된다.

『東國輿地勝覽』에서는 각 지역의 역사적 연원을 상고사의 각 국가들을 조선의 판도 속에 기록하였다. 이러한 역사지리인식은 조선후기에 극복이 되고 만주지역을 상고사에 포함하게 되지만, 조선전기 국가적인 차원에서 편찬된 조선인의 역사와 영토인식의 근간이 되었다.

『東國輿地勝覽』의 서문에서 상고사의 전개를 "단군 - 기자 - 사군 이부 - 삼한 - 삼국 - 신라 - 고려"로 이어지는 것으로 기술했다. 그리고 고려의 영 역에 대해 서북으로는 압록강을 경계로 삼았으나 동북으로는 선춘령을 경 계로 삼아 동북쪽은 고구려보다 지나쳤다고 적고 있다.2) 그리고

---

2) 『동국여지승람』권수, 서문 "우리 동방은 단군이 나라를 처음 세우고, 箕子가 봉함을 받았는데 모두 平壤에 도읍하였고, 한 나라 때에는 四郡과 二府를 두었습니다. 이로부터 三韓이 오이처럼 나뉘어져 馬韓은 54국을 통솔하고, 辰韓과 卞韓은 각각 12국을 통솔하였습니다. 그러나 상고할 만한 圖籍이 없고, 그 뒤로는 신라·고구려· 백제 세 나라가 솥발처럼 나뉘어졌습니다. 신라의 땅은 동남으로는 바다에 이르고 서쪽으로는 지리산, 북쪽으로는 한강에 이르렀으며, 고구려는 동으로는 바다, 남쪽 으로는 한강에 이르며, 서북으로는 遼河를 넘었습니다. 백제는 서남으로는 바다, 동 으로는 지리산, 북으로는 한강에 이르렀습니다. 그러나 삼국이 강토가 비등하여 서 로 위가 되지 못하다가 신라가 고구려와 백제를 멸망시키니 강토가 더욱 넓어졌으 나, 그 말기에 이르러 영역이 날로 줄어들어 弓裔는 鐵原에 웅거하여 後高麗라 칭하 고, 甄萱은 完山에 웅거하여 後百濟라 칭하니, 강토가 갈기갈기 찢어져 통일되지 못 하다가 고려 태조가 鷄林인 신라를 멸망시키고 鴨綠江을 차지했던 후고려를 쳐서 삼한을 합쳐 통일하였습니다. 成宗이 비로소 열 개의 道를 정하고, 顯宗이 3京·4都 護·8牧을 정하고 56知州·28鎭將·20縣令을 두었습니다. 睿宗이 여진을 쳐서 쫓아내 서, 9城을 두고 뒤에 5道·兩界로 정하였으니, 地理의 융성함이 이때가 최고였습니 다. 다만 서북으로는 압록강, 동북으로는 先春嶺을 경계로 삼았으니, 서북은 고구려 에 미치지 못하고 동북은 그보다 지나쳤습니다."(한국고전번역원, 한국고전DB에서 인용)

"공손히 생각건대, 우리 태조 강헌대왕이 하늘의 밝은 명을 받아 한양에 도읍을 정하시어 列聖이 서로 이으니, 강토가 날로 개척되어 8道로 정하였으니, 사방의 복판에 있는 것을 경기라 하고, 서남은 충청, 동남은 경상, 남쪽에 치우친 것은 전라, 정동은 강원, 정서는 황해, 동북은 永安(咸鏡), 서북은 평안이라 하였습니다. 京이 둘이고, 府가 넷, 大都護府가 넷, 牧이 20, 도호부가 44, 郡이 83, 縣이 173이니 안팎의 山河의 세로와 가로가 더욱 공고해졌습니다."

라고 하여, 국토의 강역은 八道로 국한하고 있음을 명확히 했다.

이러한 역사와 영토관은 단군의 후예가 상고시대 국가로 이어진다고 하는 『檀君古記』를 인용하여 가술한 『世宗實錄』「地理志」에 비해 훨씬 현실적이고 정치적인 관점에서 접근하고 있음을 알 수 있다.[3]

또한 『東國輿地勝覽』의 강역인식을 보여주는 지도로 『東輿備攷』가 있다. 『東輿備攷』는 조선후기 영조대에 편찬되었지만, 그 내용은 『東國輿地勝覽』의 비정을 기초로 하고 있다. 이 지도에 의하면 우리나라 상고사의 영역은 대체로 압록강과 두만강의 한반도 안쪽으로 비정되어 있다. 그 외에 이 지도에 대마도가 그려진 점과 공험진과 선춘령을 두만강 북쪽에 비정한 점이 특기할 만하다. 대마도가 조선의 영토라는 인식은 1419년 대마도정벌 이후 집중적으로 나타나는데, 『東國輿地勝覽』에는 "대마도는 곧 일본의 대마주이다. 옛날에 우리 계림에 예속되었는데 언제부터 왜인이 살게 되었는지 모르겠다"고 기술되어 있다. 동 시기 대마도인식의 한 단면을 보여준다.

한편 이러한 조선인의 역사, 강역관은 상대적으로 동 시기 중국과의 관련 속에서 형성되었음을 무시할 수 없다. 예를 들어, 명대 편찬된 중국의 지리지 가운데 조선전기 상고시기 역사지리에 많은 영향을 미친 책으로 『大明一統志』와 『遼東志』를 들 수 있는데, 이 책들은 『東國輿地勝覽』의 전범이

3) 박인호, 『조선시기 역사가와 역사지리인식』 제2장 제2절 조선전기 지리서에 나타난 역사지리인식, 이회, 2003, 133쪽.

되었다.

『大明一統志』에는

"조선국 동서남은 바다에 접해 있고, 북쪽은 여진과 이웃하고 있다. 서북
으로는 압록강에 이르고, 동서 2천리 남북 4천리이다. 그 나라의 도읍으로
부터 경사(북경)까지는 3천리, 남경까지는 4천리에 이른다."

고 했다. 연혁에는 주나라가 기자를 봉하여 나라가 되었고, 진나라 때는
요동밖에 있었으며, 한초에 연인 위만이 그 땅에 머물렀으며, 무제때에 4군
을 설치했다고 적었다. 그리고 고구려, 신라, 백제의 역사, 고려와 송, 요,
금, 원과의 조공관계, 이어서 풍속과 산천, 토산 등을 기록했다.

그리고 조선후기에는 『大淸一統志』『遼史』『盛京通志』 등이 있는데, 『大
淸一統志』에는 조선의 건치연혁에 대해, 주나라가 기자를 봉한 이후 조선
8도 및 주요 城堡에 이르기까지의 연혁을 적고, 그 외 여러 자료들을 이용
하여 풍속·산천·고적 등을 적고 있으며, 그 가운데 고적조에서는 기자고도,
고옥저지, 고부여국, 고고구려국, 고삼한지, 고백제국, 고신라국, 고휴인국,
고예맥국, 고탐라국, 고비류국, 정읍진, 벽제관, 숙녕관, 기자묘 등을 기록하
고 있다.

이후, 조선중기 한백겸 이래 역사지리를 전문으로 연구한 학자들은 대부
분 사회개혁을 통해 부국강병을 달성하려는 문제의식을 가지고 있었는데,
이들의 인식이 상고사 연구에 투영되면서 조선전기 지리비정에 비해 좀더
확대된 영역관을 추구하게 되었다. 이에 따라 과거의 강역에 비해 북쪽으로
올려보거나 요동쪽으로 비정하였다. 이러한 경향은 확장된 강역의식을 통
해 임진왜란과 병자호란과 같은 외적의 침략이 가져온 충격에서 벗어나 과
거 우리역사에 대한 자부심과 자존심을 회복하려고 했던 것이다. 그 결과
박지원, 유득공, 성해은, 홍경모, 김정호 등 대체로 북학파계열에서 만주에

대한 관심이 높아지는 경향이 보였고, 정약용의 연구가 개화기 김택영, 장지연에 영향을 미치게 되었다.

이처럼 조선시대에는 기본적으로 조선이라는 나라의 역사는 단군 - 기자 - 삼한 - 삼국 - 신라 - 고려"로 이어지며, 모두 단군의 후손이고, 그 강역은 조선후기에 그 강역이 만주와 요동으로 넓혀지고 있지만, 기본적으로는 압록강과 두만강이남의 소위 조선팔도라는 국가관을 가졌다고 볼 수 있다.

3. 일본인식

조선전기부터 개항기에 이르기까지 총 36회의 사신이 막부장군, 또는 천황에게 파견되었는데, 조선전기 20회, 조선후기 12회, 개항기 4회이다. 이 가운데 사행록이 남아있는 것은 전기 4회와 후기 12회, 개항기 3회로 총 46편에 이른다.[4] 이 글에서는 이들 사행록 중에 15세기부터 19세기까지 각 시기별로 대표적인 사행록인 송희경, 신숙주, 경섬, 원중거, 김홍집 등이 남긴 사행록을 중심으로 조선시대 한국인의 일본인식에 대해 살펴보고자 한다.

1) 15세기, 송희경과 신숙주

① 송희경 『日本行錄』

1419년, 조선은 왜구의 거점을 정벌할 목적으로 對馬島를 공격하였다. 이에 대하여 室町幕府는 조선의 본의를 탐지하기 위하여 大藏經求請으로 명분으로 無涯亮倜를 사절로서 조선에 파견하였다. 이듬해 1420년 조선은 그 요구대로 대장경을 줌과 동시에 宋希璟을 回答使로 無涯 일행이 일본으로

---

4) 손승철, 「외교적 관점에서 본 조선통신사, 그 기록의 허와 실」『한국문학과 예술』제 2집, 숭실대학교, 2008, 118~9쪽.

돌아갈 때 같이 보냈다. 송희경은 윤 정월 15일에 서울을 출발하여 4월 21
일에 京都에 도착하였지만, 足利將軍의 不信으로 2개월이 지난 6월 16일에
야 足利義持를 만났다. 6월 27일에 京都를 떠나 10월 25일에 서울로 돌아왔
다. 宋希璟은 9개월 남짓한 일본 견문과 활동을 날짜 순으로 五言·七言의
漢詩 227편과 散文의 序라고 하는 형식으로써 기록하였다. 그리고 復命 후,
이것을 엮어서『日本行錄』으로 남겼다.

　이 사료는 기록에 남아있는 것으로는 제일 오래된 日本紀行이다.

　『日本行錄』에 나타난 송희경의 일본에 대한 기술은 분석적인 면보다는
대부분 보고 느낀대로 즉흥적으로 적어 내려간 것이다. 또한 당시의 일본
내의 불안한 정세와 귀국에 대한 두려움 때문에 일본 문물에 대한 깊이 있
는 관찰도 부족했다. 그러나 그 이전의 사행기록이 전혀 남아있지 않고, 최
초의 사행기록이라는 점에 있어 동시기 조선인의 일본에 대한 인식을 유추
할 수 있다.

　송희경의『일본행록』에 대한 선행연구를 바탕으로 그의 일본인식을 정
리해 보면5),

　첫째, 송희경은 일본민족에 대해서, 기본적으로 화이관적 입장에서 日本
夷狄觀을 가지고 있었다. 즉 송희경은 조선을 '上國'으로 지칭하고, 조선사
신을 '天使'라고 했으며, 스스로를 '華人'이라고 했다. 한편 일본에 대해서
는 구주탐제의 노래와 그들의 언어를 '오랑캐소리'라 했고, 일본인을 '遠人'
'元戎' '島夷' 등으로 표현했다. 그러나 전체로서의 일본민족과는 달리 개인
적으로 만난 일본인에 대해서는 우호적으로 인식했다. 예를 들면 사행을 안
내한 藤狩野殿에 대해서, "왜풍이 없고 근후함이 조선인과 다름없었다."고

---

5) 하우봉,「조선초기 대일사행원의 일본인식」『조선통신사 사행록연구총서』8.
　정영문,「송희경의『일본행록』연구」『조선통신사 사행록연구총서』3.
　이채연,「조선전기 대일사행문학에 나타난 일본인식」『조선통신사 사행록연구총서』2.
　강재언지음, 이규수옮김, 『조선통신사의 일본견문록』한길사, 2005 참조.

평했고, 이러한 개인적인 호감이 일본에 대한 우호적인 인식으로 연결되었을 것이다.

둘째, 일본의 정치상황에 대해 足利幕府가 守護大名과 해적들을 통제할 수 있는 능력이 없음을 알았고, 대마도 정벌이후 조선에 대해 저항적인 태도를 지닌 小貳殿, 대마도의 左衛門太郎 등에 대해서는 부정적인 반면, 구주탐제에 대해서는 우호적으로 평가했는데, 이후 조선의 통교정책에 큰 영향을 주었다. 그러나 송희경은 일본천황에 관해서나 막부장군과의 관계에 대해서는 전혀 언급이 없는 것으로 보아 일본의 정치체제에 관한 포괄적인 이해는 없는 것으로 보인다. 천황에 대한 구체적인 언급이 되는 것은 1470년대 신숙주의 『해동제국기』부터이다.[6]

셋째, 일본의 농업기술, 토지소유제도, 조세제도 등에 대해 실용적 입장에서 관심을 가지고 기술했다. 특히 1년에 3모작을 하는 농작법에 관심을 가졌는데, 이것을 가능하게 하는 수리시설에 대해서도 자세히 언급했다.[7]

넷째, 일본의 문화에 대해 "아득한 창해가 중화를 가로막아 의복도 말도 다르고 법도도 틀리다"고 하면서, 조선은 中華이고 일본은 夷狄이라는 기본적인 인식을 가지고 있었다. 즉 일본의 농업기술에 대해서는 칭찬을 하면서, "仁義만 있다면 자랑할 만하다"고 하여 문화에 대한 평가를 유교에 기준을 두었다. 또한 불교에 대해서는 그가 유숙한 장소가 대부분이 절이었고, 접촉한 인물 중 승려가 많았던 관계인지, 불교의 성행을 신기하게 표현했고, 일본의 성풍속에 대해서는 '기이한 풍속'이라고 하면서 娼女와 男色을 소개했다. 그러나 송희경은 이러한 일본의 문화와 풍속에 대해 지나치게 이적시하거나 배타적인 인식을 과시하는 식의 표현은 쓰지 않고, 비교적 담담히 소개하였다. 이러한 태도는 송희경의 『日本行錄』에 나타나는 하나의

---

6) 손승철, 「조선시대 일본천황관의 유형적 고찰」 『조선통신사 사행록연구총서』 4 참조.

7) 송희경, 『日本行錄』 6월 27일.

특징으로서 주자학이 심화된 이후 16세기 이래의 유학자나 조선후기 사행원들과는 다른 면모이다.

② 신숙주 『海東諸國記』

1471년 봄, 예조판서였던 신숙주는 "해동제국의 조빙 왕래의 연혁과 그들의 사신을 접대하는 규정 등에 대한 구례를 찬술하라"는 국왕의 명을 받았다. 이에 신숙주는 조선과 일본의 옛 전적을 참고하고, 또 일본에 통신사 서장관으로 다녀온 체험을 바탕으로 그해 말에 『海東諸國紀』를 완성했다.

해동제국기 편찬동기에 관하여 신숙주는 서문에서 다음과 같이 밝히고 있다.

> "대저 교린빙문하고, 풍속이 다른 나라 사람을 편안하게 접대하기 위해서는 반드시 그 실정을 알아야만 그 예절을 다할 수 있고, 그 예절을 다해야만 그 마음을 다할 수 있습니다. 그리하여 우리 주상 전하께서 신숙주에게 명하여 해동제국의 조빙·왕래·관곡·예접에 대한 구례를 찬술해 오라 하시니, 신은 그 명령을 받고서 공경하고 두려워하였습니다.
> 삼가 옛 전적을 상고하고, 보고 들은 것을 참작하여, 그 나라의 지세를 그리고, 世系의 원류와 풍토의 숭상한 바와, 또한 우리나라가 응접한 절목에 이르기까지, 대략 서술하여, 그것을 편집하여 한 책을 만들어서 올립니다."

즉, 일본과의 교린을 위해서는 우선 일본의 실정을 알아야 한다고 했다. 일본의 실정이란 일본의 역사와 지리적 환경·국정·풍속 등을 말하며, 그 내용은 「일본국기」와 「유구국기」 중 천황의 세계, 국왕의 세계, 국속, 도로이수 등으로 구성되어 있다. 이어 8도66주, 대마도, 일기도에서 내조자의 인적사항을 구체적으로 제시하고 있으며, 「조빙응접기」를 통해 이들에 대한 접대규정을 상세히 기술했다. 그리고 『해동제국기』의 편찬이 세조의 명에 의해 이루어졌음을 밝혔다.

일본인의 습성과 통교의 필요성에 관해 다음과 같이 서술하고 있다.

"그들의 습성은 강하고 사나우며, 무술에 정련하고 배를 다루는 것이 익숙합니다. 우리나라와는 바다를 사이에 두고 서로 바라보고 있는데, 그들을 도리로 대하면 예절을 차려 조빙하고, 그렇지 않으면 함부로 표략을 했던 것입니다. 前朝 高麗 말기에 국정이 문란하여 그들을 잘 어루만져 주지 않았더니 그들이 연해 지역 수천 리 땅을 침범하여 쑥밭으로 만들곤 하였습니다. 그러나 우리 太祖大王께서 분기하시어, 智異山·東亭·引月驛·兎洞 등지에서 수십 차례 역전하시고 난 다음부터는 적이 함부로 덤비지 못하였습니다. 개국한 이후로 역대의 군주들께서 계승하시어 정치를 잘하시니, 나라 안의 정치가 이미 융성하게 되고, 外地도 곧 복종하였으므로, 변방의 백성들이 편안히 살 수 있게 되었던 것입니다."

즉 일본인의 습성이 강하고 사나우며, 무술을 좋아하고, 배를 잘 다루는데, 우리나라에서 잘 도리대로 잘 어루만져주면 예의를 차려 조빙하며, 그렇지 않으면 노략질을 한다. 고려 말의 왜구가 극성한 것이 그러한 이유였다고 했다. 그 후 태조의 왜구 토벌이 성공한 이후, 정치가 안정되고, 변방도 편안히 되었으며, 세조대에 이르러 기강을 바로 잡으면서 주변에서 모두 내조하게 되었다고 했다.

"世祖께서 중흥하시어, 數世 동안의 태평을 누리다보니 안일함이 심한 해독이 됨을 염려하셨습니다. 그리하여 하늘의 명령을 공경하고 백성의 다스림을 부지런히 하시어, 인재를 가려 뽑아서 모든 정사를 함께 다스렸습니다. 廢墜된 것을 진작시키고 기강을 바로잡느라고, 宵衣旰食을 하시면서 정치에 정력을 쓰시니, 治化가 이미 흡족하고 聲教가 먼 곳까지 창달되어, 만리의 遠方에서 산길·바닷길을 통하여 來朝하지 않는 자가 없었습니다."

그리고 결론적으로

　　"夷狄을 대하는 방법은, 外征에 있지 않고 內治에 있으며, 邊禦에 있지 않
　고 朝廷에 있으며, 전쟁하는데 있지 않고 기강을 바로잡는 데 있다." 하였는
　데, 그 말을 이제야 체험할 수 있겠습니다.

　고 하여 주변국을 대하는 방법은 무력에 의한 정벌이나 제압에 있지 않
고, 내치와 기강을 바로잡는데 있다고 했다. 그리고 중국의 고사를 인용하
여 한무제나 수양제의 무력위주 정책보다는 광무제의 국내를 먼저 다스리
고 국외를 뒤에 제어하려는 정책을 높이 평가하면서, 이것이 참으로, 하늘
을 짝할 만한 극치의 功烈이며, 제왕의 거룩한 예절이라고 했다.
　그리고 기강을 바로 잡는 다는 것은 그들을 구체적인 접대규정을 만들어
예를 다하여 접대하는 것이라 했다.

2) 16세기, 김성일

　1589년 3월, 豊臣秀吉은 새로 도주가 된 宗義智에게 조선국왕의 入朝를
실현하라는 명령을 내렸다. 대마도주는 이것을 '통신사의 來日'로 바꾸어
玄蘇를 정사로 25인의 일본국왕사를 조선에 파견했다. 이에 대해 조선왕조
는 李德馨을 선위사로 하여 이들 사절단의 임무가 '通信一事'라는 것을 확
인한 후, 이제까지의 거부론을 철회하고, 오히려 통신사를 이용하여 왜구문
제 처리에 대응함으로써 양국분쟁의 해결을 모색하기로 했다. 11월에는 정
사 黃允吉, 부사 金誠一, 서장관 許筬을 비롯한 통신사행원이 편성되었다.
　1590년 3월, 통신사는 국서와 예물을 받들고 한양을 출발하여 7월에 교
토의 大德寺에 들어갔다. 그러나 豊臣秀吉이 小田原에서 돌아오는 것을 기
다려 인견을 한 것은 11월이었다. 豊臣秀吉은 조선사신을 入貢使로 간주하
여 환대를 했지만, 회답서에는 "假道入明"을 요구했고, 김성일은 이를 분개
하며 다시 써 줄 것을 요청했으나, 고쳐 받지 못한 채, 이듬해 2월 그대로
귀국하였다.

귀국 후 豊臣秀吉 및 일본 정세에 대한 보고는 이미 일본의 침입에 대한 소문이 퍼져 있었던 만큼 조선에게는 국가의 운명을 좌우하는 중요한 문제였다. 그러나 이 자리에서 통신사 삼사의 보고는 상반되었다. 정사 황윤길은 豊臣秀吉의 인상을 "그의 눈은 예리하게 빛나고 담력과 지혜를 가진 사람으로서, 생각건대 반드시 병화가 있을 것"이라고 경고했다. 또 서장관 허성도 "豊臣秀吉이 반드시 쳐들어 올 것이다."고 했으나, 항상 호기가 있고 의연하여 '殿上의 호랑이'로 지칭되던 김성일은 "그의 눈은 쥐와 같아 두려워할 것이 못된다."고 했고, 침략의 가능성에 대해서도 "신은 이와 같은 정황을 보지 못했다."고 보고했다. 그러나 1년 후 일본은 조선을 침략했고, 그 결과 당시뿐만 아니라 후세에도 비판이 되고 있다.

김성일은 일본사행을 마친 뒤 『海槎錄』5권을 남겼는데, 1, 2권은 사행 중에 지은 기행시문이고, 3, 4, 5권은 사행 중 정사 황윤길, 서장관 허성, 일본의 접반사 현소 등과 왕복한 서찰과 說辨志, 행장 등으로 구성되어 있다.

이들 기록가운데 사행 중 외교적인 마찰을 일으켰던 3가지 사건을 중심으로 외교적 관점에서 살펴보자.

첫 번째의 사건은, 통신사 일행이 부산을 출발해 처음 대마도에 도착했을 때, 國分寺에서 향연을 받았는데, 이때 대마도주 宗義智가 가마를 타고 계단을 지나 당상에 올랐다. 김성일은 그 무례함에 격분하여 퇴장했고, 조선 측 역관은 김성일이 몸이 불편하여 먼저 일어선 것이라고 둘러대었다. 김성일은 역관이 거짓으로 왜인의 비위를 맞추어 체모를 손상시켰다 하여 왜인들 앞에서 역관의 볼기를 쳤다. 사태가 이에 이르자 宗義智는 가마를 메고 온 하인에게 모든 책임을 지워 그 하인의 목을 베고 사죄한 일이 있었다. 이 일에 대해 서장관 허성은, "가지가지의 의아와 간격으로 평지에 풍파를 일으켜 안색에 노기를 띠고 언사를 거세게 하여 사람마다 책하고 말마다 겨룬다면 악에 가깝지 않겠는가"하고 비난을 했다. 이에 대해 김성일은 사행 중 국체를 지키라는 선조의 명을 기억하여 경계하면서 이어서,

" …… 지금 그 경계에 들어서자마자 스스로 신중하게 하지 않고, 한결같
이 왜인의 마음을 기쁘게 하는 것으로 상책을 삼고 있으니, 저들이 비록 무
식하나 또한 매우 영리한데 어찌 우리들의 염치없는 것을 알지 못하겠습니
까, 이로써 말하면 國分寺에서 굴욕은 우리들이 자진해서 가져온 것이 아니
겠습니까."8)

라고 하여, 왕명을 받들어 국체와 예의와 법도를 지켜야 할 것을 강조했
다. 따라서 김성일의 입장에서는 허성과는 달리 國分寺에서의 대마도주 宗
義智의 행동도 결코 용납할 수 없는 오랑캐의 행위로 추한 것들에게 능멸을
당했다고 인식했다.

두 번째 사건은 통신사일행이 7월에 堺濱의 引接寺에 이르렀을 때, 西海
道의 某州某倭 등이 보내온 예단에 '朝鮮國使臣來朝'라는 문구가 있었는데,
김성일이 이 사실을 뒤늦게 알고 '來朝'라는 문구를 용인할 수 없다 하여
이미 나누어준 음식을 다시 시장에서 사서 반환한 일이었다. 이때 倭使는
이를 寫手의 실수라 하여 사죄했다. 그러나 이후 11월에 돌아가는 길에도
引接寺에서 西海道 肥前州 源久成 등이 다시 음식을 바쳤는데, 똑같은 일이
발생했다. 이 사건에 대해 김성일은,

"나는 부득이하여 그 예단에 회례를 보낼 때에 부사를 쓰지 말고, 또 음
식물을 나의 從子에게는 나누어 주지 말기를 청했더니, 상사와 서장관이 통
신사라고만 쓰고 내 이름은 쓰지 않았다. 나는 나누어주는 酒食을 받지 않
았고, 왜인들로 하여금 먹게 했다. 아 아, 상사와 서장관은 실로 외국의 사
신이 될 만한 인재이며, 평소에 의리를 공부하여 밝혔으니 어찌 함부로 처
사할 분이겠는가, 이번에 받고 안 받고 하는 것은 장차 의리가 있을 것이므
로, 우선 나의 소견을 기록하여 지혜 있는 사람을 기다린다."9)

---

8) 위와 같음.
9) 『해사록』 4. 倭人禮單志,

라고 하여, 이에 倭使가 改書를 해 왔음에도 김성일은 끝내 받아들이지 않았다.

세 번째 사건은 통신사가 豊臣秀吉을 만날 때, 정원에서 庭下拜를 할 것 인가, 아니면 堂에 올라 楹外拜를 하는가의 문제였다. 이에 대해 김성일은,

> "대저 일본이란 어떤 나라인가 하면 우리조정의 與國이요, 관백이란 어떤 벼슬인가하면 소위 天皇의 대신입니다. 그런즉 일본을 맡은 것은 소위 천황 이요 관백이 아니며, 관백이란 것은 정승이요 국왕이 아닙니다. 오직 그가 일국의 권력을 마음대로 하기 때문에 우리 조정에서 실정을 모르고 국왕이 라고 하여 우리임금과 대등한 예로써 대우하였습니다. 이것은 우리임금의 존엄을 강등하여 아래로 이웃나라의 신하와 더불어 대등히 되게 한 것이니, 욕되게 한 것이 아닙니까. …… 당당한 대국 사신이 이웃나라의 신하에게 庭下拜를 한다면 이것은 우리 임금을 관백에게 대등시키는 것이니, 나라를 욕되게 하는 것이 아니고 무엇입니까. 마루에 올라가 楹下拜를 한다면 이것 은 우리 임금을 소위 천황에게 대등시켜 관백과의 대등을 허락하지 않는 것 이니, 임금을 높이는 것이 아니고 무엇입니까."[10]

라고 했다. 당당한 大國의 사신으로서 이웃나라의 신하에게 庭下拜를 행 한다면, 이것은 임금의 존엄을 관백에게 대등하게 하는 것이니 나라를 욕되 게 함이 심한 것이라고 주장하여 끝내는 楹外拜를 관철시켰다.

『海槎錄』에 기록된 이러한 행동들에 대해 기존의 연구들은 매우 비판적 이다. 즉 김성일은 철저한 화이론적 입장에서 일본을 夷狄視했으며, 이러한 연유로 일본인의 기질이나 성격에 대해서도 아주 부정적으로 묘사하면서 야만시 했다는 것이다. 따라서 지나치게 화이론적 명분론에 집착한 나머지 일본문화나 사회에 대한 현실성이 결여되었다는 평이다.[11]

---

10) 『해사록』 3, 與許書狀論禮書.
11) 하우봉, 『朝鮮後期 實學者의 日本觀研究』 제1장 17세기 지식인의 일본관, 일지사, 1989, 19~21쪽,

그러나 다른 한편에서 보면, 김성일이 경색되고 위협적인 분위기 속에서도 명분과 의리를 끝까지 지켜 국가의 위상을 훼손하지 않았음을 높이 평가하는 반면, 상반된 내용의 복명은 그가 민심의 동요를 우려한 데에 기인한 결과라고 했다.12) 이 점은 김성일 자신도 자신의 복명이 정확한 판단이 아닐 수도 있음을 토로한 바가 있다. 즉 柳成龍이 만일 병화가 일어나면 어찌할 것인가를 물었을 때, 김성일은 "나도 어찌 왜적이 나오지 않을 것이라고 단정하겠는가. 다만 온 나라가 놀라고 의혹될까 두려워 그것을 풀어 주려고 한 것이다."13)라고 했다.

그렇다면 과연 김성일은 일본의 침략 가능성에 대해 어떠한 입장이었을까? 그는 事大와 交隣의 뜻을 설명하여 일본의 잘못을 지적하고 있다.

> "大明은 조선조정에게는 부모의 나라이다. 우리 전하의 事大의 정성은 처음부터 변함이 없기에 북으로 神京을 바라보고 天子의 위엄이 아주 가까운 곳에 잇는 것 같다. 朝貢하는 사신이 길에 잇달았으니 이는 실로 천하에서 하나같이 들어서 아는 바이다. 귀국이 지금은 비록 大明과 화친이 끊어졌지만 수십 년 전에 일찍이 대명에 가나 사신이 있었으니, 조선과 대명이 한 집인 것을 어찌 모르겠는가. 아 군신의 의는 천지의 떳떳한 법이니 이른바 인륜이다. …… 조선 조정은 귀국과 화친을 맺은 이래 대대로 이웃나라에 대한 신의를 두텁게 하여 일찍이 화살 한 개도 귀국의 변방에 던져 본 적이 없다. 交隣이란 이와 같다면 事大도 충분히 알 수 있을 것이니. 이것으로 생각하면 이웃나라와 黨이 되어 대국을 범하지 못할 것 또한 분명하다."14)

고 했다. 조선의 事大交隣의 외교를 이해한다면 일본이 중국을 침범하는 일을 있을 수 없을 것이라 단정하면서, 일본이 오랑캐의 나라이기는 해도 君臣上下의 구분이 있기 때문에 인륜과 도리로써 설명하면 당연히 일본도

---

12) 이병휴, 「鶴峰 金誠一의 時代와 그의 現實認識」『조선통신사 사행록연구총서』 12, 76~77쪽.
13) 『宣祖修正實錄』 24년 3월 정유.
14) 『海槎錄』 4, 擬答宣慰使書.

그것을 이해할 것이라고 생각했던 것 같다.15)

결국 당시의 국제질서를 주자학의 禮的 關係로 파악했던 김성일은 그 가치관에 충실했기 때문에, 유교와 다른 神國思想을 배경으로 동아시아의 覇者가 되려고 했던 豊臣秀吉의 본심을 파악치 못했던 것은 아닐까.16)

3) 17세기, 경섬

임진왜란이 끝난 직후부터 대마도에 의해 시작된 강화교섭은 탐적사 귀국 후 제시된 세가지 조건이 실행되면서, 명분상 조선의 요구가 관철되었다는 명분과 교섭의 주도권을 조선이 갖는다는 외교적인 실리를 취해, 당초의 계획대로 강화를 성립시키기로 하고, 1607년 1월, 강화를 위한 조선사절단이 막부에 파견되었다.

인원 편성은 기록에 따라 차이가 있지만, 실제로 귀국 후 복명을 위해 기록한 부사 경섬의 『海槎錄』에 의하면 406명으로 되어있다. 이들은 1607년 1월 12일 한양을 출발해, 2월 29일에는 부산을 떠나 대마도를 거쳐 大阪까지는 해로를 이용해 갔고, 4월 12일 교오토 거쳐 5월 24일에 에도에 도착했다. 이어 6월 6일 선조의 회답국서를 전달한 후, 아들 德川秀忠 명의의 회답서를 받은 후, 동 14일에 에도를 떠나 귀로에 올라 7월 17일, 피로인 1,240여명과 함께 한양에 돌아와 선조에게 복명했다.

이로써 임진왜란에 의해 단절된 양국의 국교가 정식으로 회복되었다. 그

---

15) 『海槎錄』 3, 與許書狀書 「일본으로 말하면 비록 오랑캐이지만 君臣上下의 구별이 있고, 賓主간에 접대하는 예절이 있으며, 성질 또한 영리하여 남의 뜻을 잘 알아보니, 금수로 대접한 것이 아닙니다. 그러므로 우리조정에서 이웃나라로 대우했고, 때로는 서로 통빙을 하여 교린의 뜻을 돈독히 하기 위해 사신을 뽑아 교섭할 책임을 맡겼으며, 이것은 전조에서도 했고, 본조에서도 폐하지 아니한 것이니, 국가의 존중과 경미가 사신에게 달려 잇는 것입니다.」

16) 小幡倫裕, 「鶴峰 金誠一의 日本使行에 대한 思想的 考察」 『韓日關係史硏究』 10, 1999, 83쪽.

러나 이 사절단의 명칭은 '通信使'가 아니라, 일본에서 먼저 보내온 국서에 답하고, 피랍된 조선인을 귀환시킨다는 의미의 '回答兼刷還使'였다. 그리고 일본에서 먼저 보내온 德川家康의 국서는 僞造 내지는 改書한 것이었고, 조선에서는 이를 묵인하면서 이루어졌던 변칙적인 외교였다.

경섬의 『해사록』에는 이 사절단의 명칭이 회답겸쇄환사였던 것처럼 피로인이나 그들의 쇄환에 관해 관심을 가졌고, 사행록에는 그에 관련된 기사가 많다.

경섬의 『海槎錄』에는 기록이 에도에 가기까지는 피로인에 관한 기록이 없고, 돌아오는 길에 등장한다. 최초의 기록은 에도에서 통신사 행렬을 구경하는 여인의 눈물에서 고국에 대한 그리움으로 표현된다. 그리고 많은 피로인들이 고국으로 돌아가고 싶지만, 倭主들이 놓아 보내주려하지 않아 귀국할 수 없다는 것이다.

　4월 12일(갑진) 江戶
　…… 구경하는 남녀가 어깨가 맞닿고 발이 포개져 서로 짓밟는데, 몇천 몇만 몇억이 되는지 알 수 없었다. 이따금 눈물을 흘리는 사람이 있으니, 이는 우리나라의 여인인데, 고국 사람을 보고는 울먹이며 슬퍼하지 않는 사람이 없는 것이다. ……

　윤 6월 11일(임신) 兵庫
　午時에 작은 배를 타고 점포를 지나는데, 어떤 남자 하나가 포구의 갈대밭 속에서 달려 나와 부르짖기를, "나는 조선 사람이오. 돌아가는 배에 태워주시오." 하므로 배를 멈추어 태워 주었다. 그는 전라도 사람이다. 그 주인이 놓아 보내려 하지 않으므로 도망쳐 와 여기 숨어서 행차를 기다렸다 하니, 그 정상이 가련하다. 또 한 여인은 그 주인에게 울며 호소하였더니, 그 주인이 놓아 주므로 곧 몸을 빼져 달려왔다. 그의 남편인 왜인은 나쁜 사람이었다. 칼을 어루만지며 맞서서 놓아주지 않으려 하므로, 橘智正이 접대하는 왜인 우두머리와 함께 만단으로 타이르니, 그가 마지못해 물러갔다.

이들 가운데는 倭主의 감시를 피해 탈출을 하여 귀국행렬에 합류하고 있는 모습도 발견할 수 있다. 이 기록을 통해 피로인의 신분은 노예의 상태임을 알 수 있다. 또한 여인의 경우는 왜인 남편이 놓아주지 않는다는 표현을 한 것을 보면, 대부분 왜인의 처나 종이 되어 생활하고 있는 모양이다.

피로인을 쇄환하기 위한 최초의 공식 사절인 1607년의 회답겸쇄환사가 쇄환한 피로인은 총 1,418명이었고, 경섬의 『海槎錄』에서는 '지금 쇄환해 오는 수는 아홉 마리 소 가운데 털한개 뿜은 정도도 못 된다'고 했다. 일본 내지에 흩어 사는 피로인들이 몇만이나 되는지 알 수 없지만, 돌아가기를 원하는 피로인들을 돌아가게 하라는 관백의 명령이 있었으나, 그 주인들이 앞을 다투어 서로 숨겨서 마음대로 돌아 올 수가 없었으며, 피로인 자신들도 이미 머물러 사는 것을 편히 여겨 돌아오려는 자도 적었다고 기술했다.

한편 귀환한 피로인들에 대한 대우는 너무 박대하고 있다. 『海槎錄』에는 다만 10일분의 양식을 주었다고만 기술되어 있다. 귀환한 피로인들이 기본적으로 조선에 연고가 있을 것이라고 단정해서 일까, 이들에 대한 사후조치는 미흡하기 짝이 없다.

그의 일본인식에 관한 것으로 일본의 지세·관제·養兵·攻城·성씨·술·일반풍속 등에 관심이 많았다. 그 중에서도 단오날에 武鬪풍습을 상세히 기술했다.

> "처음에는 아동의 투석전을 "우리나라의 씨름놀이로 보는 여유가 있었다." 그러나 "오후에는 원근의 장정이 귀천을 가리지 않고 창과 칼을 메거나 들고, 뒤질세라 분주히 모여들어 수천 명이 떼를 지어 진을 치고 상대하는데, 그 나아가고 물러나고 앉고 일어서며, 모이고 헤어지고 유인하는 형세는 한결같이 戰法에 의거하였다. 각기 精銳를 내보내어 칼로 교전하되 나아가기도 하고 물러서기도 하며, 서릿발같은 칼날은 햇빛이 쏘는 것 같다. 서로 다투어 치고 죽여, 죽음을 봐도 굳세게 나아가는데 해가 저무는 것을 시한으로 삼는다. 죽은 자가 많게는 40여 명이나 되고, 그 나머지는 어깨가 잘리고 다리가 베어져 상처를 입고 돌아온 자가 이루 다 기록할 수 없다.

살인의 많고 적음을 가지고 승부를 결정한다.

　칼을 맞아 죽은 자가 몸이 땅에 떨어지지 않으면 뭇 칼이 번갈아 쳐서 백 조각으로 찢어 가르는데, 그것을 試劍이라 한다. 어떤 사람이 그의 아들이 죽었다는 말을 듣고 즉시 몸을 일으켜 싸워, 두어 사람을 죽여 복수하였다. 이날은 살인한 자도 죄가 없기 때문에 조금이라도 원험이 있으면 반드시 이날 보복한다. 일본 66주 사람들이 곳곳마다 다 싸움하되, 京都만은 彩棚과 山臺 놀이를 베풀고, 남녀가 술과 음식물을 성대히 마련, 잔치하며 놀다가 파한다고 한다. 마침 館所에서 바라다 보이는 곳에서 이 角戰 놀이를 벌였으므로, 그 칼을 휘둘러 마구 피가 흘러 언덕을 물들이는 형상을 목격했는데, 참으로 놀랄 만하였다.

　問候하는 왜관이 와서 말하기를, "우리나라가 이날에는 으레 이 놀이를 베풀지만, 사신이 묵고 계시는 관에서 지극히 가까우니, 만약 요란스럽다면 금지하겠습니다."

　하기에, 國俗을 금지할 것이 없다는 뜻으로 대답하였다. 대개 일본의 국속은 사람 잘 죽이는 것을 膽勇으로 삼는다. 그러므로 살인을 많이 하는 자는 비록 市井의 천한 사람일지라도 聲價가 곧 배로 오르고, 두려워서 회피하는 자는 비록 權貴의 자제일지라도 온 나라가 버려서 사람들에게 용납되지 못한다. 그 삶을 가벼이 여기고 죽기를 즐겨하는 풍속이 이와 같다."[17]

고 했다.

일본인의 용맹과 무를 숭상하고 생명을 가볍게 여기는 기질에 비판적이었다.

　"사람들이 협기(俠氣)를 숭상하여 삶을 가볍게 여기고 죽음을 잊어버린다. 그래서 조금만 불평이 있으면 문득 칼을 뽑아 서로 죽이기를 조금도 거리낌 없이 하며, 잠시 작은 원험이 있으면 스스로 제 배를 갈라 죽어도 후회하지 않는다. 남과 서로 접촉할 때에는 서로 시기하고 의심하여, 夫妻가 거실에 들어가서도 잠자리를 같이 하지 않고, 부자가 서로 대하는 데도 칼을 풀지 않는다. 혹 공을 탐내고 이익을 다툴 적에는 부자가 서로 모해하고 형

17) 경섬, 『海槎錄』하(국역해행총재 II, 만족문화추진위원회, 1974, 이하 같음), 6월 병신.

제가 서로 해치므로, 자식이 생겨 열 살만 되면 다른 사람의 양자로 주고 함께 살지 않는다. 술이 취하면 술주정을 틈타서 서로 칼을 뽑기 때문에, 감히 마음대로 실컷 마시지 못하게 한다."18)

또한 일본인들의 말을 인용하여,

"왜인들의 말에 의하면, 姜沆이 포로되어 온 지 5년 동안 형체를 고치지 않고 의관을 변하지 않으면서 방에 조용히 앉아 책이나 보고 글을 짓기만 일삼고 왜인들과 상대해서 입을 연 적이 없었고, 宋象賢의 첩은 굽히지 않고 守節하여 죽기를 스스로 맹세하니, 왜인들이 귀히 여기고 존경하여 집 한 채를 지어 우리나라의 여자 포로로 하여금 호위하고 시중들게 하였으며, 惟政의 일행이 오게 되자 절조를 완전히 하고 돌아갔으므로 원근에 떠들썩하게 전파되어 아름다운 일로 일컫는다 했다. 대개 일본 나라는 용맹과 武만 오로지 숭상하여 인륜을 모르지만, 節義의 일을 보게 되면 감탄하여 일컫지 않는 자가 없었으니, 또한 天理인 본연의 성품을 알 수 있는 것이다."19)

라고 하여 인륜과 절의를 하찮게 여기는 일본인의 습성을 비판적으로 서술했다.

4) 18세기, 원중거

1760년 4월, 德川家治가 장군직을 습직하자, 막부에서는 대마도를 통해 조선에 통신사파견을 요청했다. 통신사파견을 요청받은 조선은 곧바로 관례에 따라 파견준비를 위해 양질의 예단인삼을 준비하였다. 조선에서는 정사 조엄, 부사 이인배, 종사관 김상익을 비롯하여 477명으로 사절단을 편성하여, 1763년 8월 3일에 한양을 출발하여, 10월 6일 부산을 출항했다. 대마도-이키-세토내해를 거쳐 오사카에 상륙한 후, 이듬해 2월 16일 에도에 도

18) 위와 같음.
19) 위와 같음.

착하여 같은 달 27일에 조선국왕의 국서를 전달한 후, 3월 11일에 江戸를 떠나 7월 8일 한양에 돌아와 영조에게 복명했다. 11개월 남짓한 일본 사행이었지만, 이 사행만큼 다사다난했던 사행도 드물었다.

부산을 출항하여 이즈하라에 입항하자마자 卜船將이 사망했고, 대마도에 체류하는 동안 다시 6명의 환자가 발생하여, 부산으로 돌려보냈으며, 12월 3일, 아이노시마에 입항할 때, 부사선이 좌초했다. 또 이듬해 1월 20일 오사카에 입항했을 때, 小童 金漢重이 병으로 죽었다. 뿐만 아니라 귀환 도중 4월 7일에는 통신사 역사상 유래가 없던 수행원 살해사건이 일어났다. 대마번의 通詞가 都訓導 崔天宗을 살해한 사건이다. 또 4월 30일에는 정사선 下官 李光夏가 자살했다. 모두 10여명의 사상자가 발생했다. 사행의 출발전 정사가 2차례나 바뀌어 사행준비가 혼란스러웠던 만큼 사행도 순탄치가 않았다.

그러나 양국의 이러한 상황에도 불구하고, 1764년의 통신사는 조선후기 통신사가운데 가장 풍부한 사행록을 남기고 있다. 17세기 후반부터의 경향이지만, 동아시아 국제정세가 안정되고, 조일간에 외교현안이 줄어들면서 통신사행은 외교적인 행사에만 그치지 않고, 시문창화를 비롯해 마상재 풍악같은 놀이 등을 일본의 일반 백성들에게 보여주는 문화행사의 성격을 지니게 된다. 특히 시문창화는 조선의 문화를 과시할 수 있는 중요한 역할을 했기 때문에 통신사를 수행하는 제술관과 서기들은 문필의 대가로 선발하는 것이 관례였고, 매우 신중을 기했다. 1764년 통신사의 경우 제술관으로 南玉, 서기로 成大中, 元重擧, 金仁謙이 발탁되었는데, 이들을 四文士라 했으며, 이들은 앞의 표에서 볼 수 있듯이 정사 조엄의 『海槎日記』를 비롯하여 무려 10편의 각종 사행기록을 남겼다. 이 가운데 서얼출신으로 四文士중 한 사람인 원중거의 사행기록인 『乘槎錄』과 『和國志』를 통해 일본인식을 살펴보자.[20]

---

20) 원중거의 사행록에 대한 연구는 박재금, 「원중거의 『和國志』에 나타난 일본인식」『

『乘槎錄』은 일기형식의 사행록으로 3권으로 구성되어 있다. 『乘槎錄』은 원중거가 영조를 배알한 1763년 7월 24일을 맨 앞에 기술했고, 이어 사행을 실질적으로 시작한 1763년부터 사행을 마치고 영조에게 복명한 1764년 7월 8일에 끝을 맺는다. 장장 332일의 사행일정이 매일 매일 일기로 기록되어 있다.

원중거는 『乘槎錄』의 편찬목적에 대해서는 첫째, 이전의 기록들이 소략하여 이를 보충하기 위한 것이라 했고, 둘째, 이후에 사행 오는 자가 참고하여 실수하지 않고 대마도인과 商譯輩의 농간을 막고, 셋째, 나아가 조정에 죄를 입고 나라에 욕되지 않게 하고자 함이라 했다. 또한 『和國志』의 서술 동기에 대해서는 첫째, 유사시에 정책당국자나 지식인들의 참고자료를 대비하기 위한 것이며, 둘째, 국내에서 볼 수 없는 일본자료를 구하여 올바른 역사서의 편찬을 돕기 위함이며, 셋째, 전란의 원흉인 豊臣秀吉에 대해 2백년이 되도록 아직도 원한을 갚지 못함을 비탄하면서, 臥薪嘗膽을 위한 것임을 밝히고 있다.

『和國志』는 '日本國志'의 성격을 가진 저술로, 천·지·인 3권으로 구성되어 있다. 『和國志』의 항목을 보면 체제상 중복되었거나 배열이 혼란스러운 부분이 있지만, 대체적인 내용을 보면, 天卷에서는 일본의 지리·역사·정치·외교 등을 중심으로 26항목, 地 卷 에서는 일본의 사회·경제·풍속을 중심으로 31항목, 人卷에서는 경제·풍속·한일관계사를 중심으로 19항목을 서술했다. 또한 서술상의 특징을 보면, 『海東諸國記』를 비롯하여 25종의 국내서적 및 승문원 소장 각종 書契와 『日本三才圖會』 등 4종의 일본서적도 인용하고 있어, 『和國志』는 여타 사행록의 부록으로 붙어있는 見聞錄과는 전혀 다른 종합적인 '日本國志'의 성격을 지닌다.

조선통신사 사행록연구총서』 10; 김경숙, 「현천 원중거의 대마도인 인식과 그 의미」『조선통신사 사행록연구총서』 4; 동, 『乘槎錄』의 서술방식과 사행록으로서의 의의』『조선통신사 사행록연구총서』 1 등이 있다.

『乘槎錄』과 『和國志』의 분량과 내용이 워낙 방대하여 원중거 사행록의 평가는 그리 간단치 않다. 우선 원중거도 기본적으로는 화이론적 관점에 기초하고 있다. 즉 일본이 중화문화권에 속해 있지 않는 야만국이라는 점 이다.

> "대개 倭國은 中華에서 수만리 떨어진 바다 가운데 처해 있어 그 땅은 중화의 영토를 넓히지 못하고, 그 백성은 중화의 호적을 더하지 못한다. 또한 그 풍속이 신귀를 중시하고 禮義를 경시한다. 개구리 가운데서 나서 굴과 소라의 무리에서 자라, 천지의 큼과 일월의 밝음과 부자의 도와 군신의 도리가 있는 것을 알지 못한다. 마치 물의 요괴나 물고기 정령의 무리가 모였다. 흩어졌다 하는 것과 같다."21)

이는 중화로부터 멀리 떨어져 있어 그 영향을 받지 못해 미개한 종족이라는 것이다. 이러한 화이관은 중화를 중심으로 하는 전통적인 화이론적 세계관으로 통신사 사행원이 공통적으로 가지고 있던 관념이었다. 그러나 사행을 하면서 그의 일본인관은 크게 변화하고 있다.

> "어떤 사람은 혹 말하기를, 그들과 더불어 어찌 인의를 족히 말할 수 있겠는가 라고 한다. 그러나 이는 크게 틀리는 말이다. 둥근머리와 모난발을 하고 있어도, 우리와 똑같이 눈으로 보고 귀로 듣는다. 어찌 우리만이 독특한 五氣와 五性을 가져서 그들과 다르겠는가? 하물며 그들의 총명하고 전정함과 의를 사모하고 선을 좋아하는 것, 자신의 일과 직업에 근면하고 몰두하는 점 등에 있어서는 나는 오히려 우리나라 사람이 그들에게 험잡지 않을 까 두렵다."22)

라고 하여, 조선인과 동질성을 밝히고 조선인과 비교하여 일본인의 장점을 기술했다. 그러나 원중거는 대마도인을 일본 내지인과는 구별하여, "대

---

21) 원중거, 『和國志』 권1, 「中國通使征伐」
22) 원중거, 『乘槎錄』 권4, 갑신년 6월 14일.

마도는 오랑캐로서 문화가 없으며 교룡·이무기와 같이 산다." "내국인들이 항상 대마도를 蠻夷라고 부르며, 사람축에 같이 끼워주지 않는다."고 본주인과는 뚜렷하게 구분했다. 그는 대마도인이 양국사이에서 부산왜관의 通詞輩와 짜고 이익을 취하는 행위를 누누이 비판했고, 사행도중에서도 대마도인의 행위에 대해 깊은 불신감을 지니고 있었다. 심지어는 대마도인을 "조선과 일본 양국의 적"이라고 했다.

원중거는 문화의 척도로서 주자학을 들고 있는데,

"귀국의 사람들을 보건대 총명함이 빼어나니 이는 진실로 문화가 일어날 수 있는 날이 되었다. 그러나 아쉽게도 좋은 단서가 겨우 싹텄는데 이단이 그것을 잡아매니 산하 수천리의 나라로 하여금 주자성인이 있음을 알지 못하게 하고 있다."[23]

라고 하여, 문화발전의 기대는 갖고 있으나, 주자의 학문을 알지 못함을 개탄하고 있다. 나아가 주자학을 통해 일본을 교화시키려는 의도를 드러내고 있다.

"지금 보건데, 통신사 일행이 여러 번 들어 왔으며 長崎의 서적이 이미 통하였다. 그 유학을 닦는 선비들이 사람의 떳떳한 도리와 사물의 법칙이 있음을 알게 되어 부녀자와 젖먹이 천한 사람에게 날마다 선을 권장하니 만약 높은 지위에 잇는 자가 앞장서서 이끈다면 역말이 빨려 들어가는 것 같아서 일본은 아주 바뀔 것이다. 저들이 만약 仁義를 알고 염치를 알아 옛것을 기뻐하고 지금을 돌이킨다면 이는 단지 그 나라의 다행만이 아니라 우리나라와 중국이 침략당할 우환이 더욱 없어 질 것이다."[24]

라고 하여, 통신사와 長崎의 서적에 의해 일본문화가 긍정적으로 바뀌어

---

23) 원중거, 『和國志』 권2, 「詩文之人」.
24) 원중거, 『和國志』 권1, 「中國通使征伐」.

침략의 우환이 없어질 것으로 낙관했다.

두 번째, 원중거의 정치관은 주로 정치권력의 핵심인 天皇과 幕府將軍과의 관계였다. 원중거는 천황이 실권은 없지만, 일본의 최고 통치자이며 일본신도의 최고사제로서 막부가 함부로 할 수없는 권위를 가지고 있다고 했다. 그는 막부장군이 왕이 아니라 형식상 천황의 신하임을 강조했다.

> "왜인이 존숭하는 바는 첫째 신도이고, 둘째 불교이며, 셋째가 문장인데 모두 倭京에서 전단하고 있다. 그래서 천황의 권력이 비록 옮겨졌지만 모두 긍지를 가지고 있어 江戶나 諸州다와 같이 하려하지 않는다. …… 만일 밝은 군주와 현명한 신하가 나와 지금의 구조를 바꾸어 권세와 기강을 잡아 諸侯를 제어하면 한 귀퉁이에 있는 武州는 스스로를 돌보기에도 바쁠 것이다."[25]

고 하였다. 원중거는 현실적으로 장군이 집권하고 있는 幕藩體制에 대해서는 인정하고 있지만, 막부정치의 여하에 의해 '尊王運動'이 일어날 가능성도 충분히 시사했다.

원중거의 일본풍속관은 『和國志』地卷에 잘 정리되어 있는데, 관혼상제에서 삭발·帶劍·染齒·일부다처제·火葬·祭祀 등 조선과 다른 이국적인 풍속에 대해 비교적 담담하고 객관적인 자세를 보여준다. 대체로 문화상대주의적인 입장에서 일본풍속을 이해했고, 여기서는 일본이적관이나 우월의식이 강하게 나타나지는 않는다.[26]

다음, 원중거가 『和國志』에서 큰 비중을 두고 있는 기술이 조선과 일본과의 외교 및 전쟁부분이다. 조선과 일본관계에 대해서는 고대부터 영조 때까지 기술했는데, 삼국시대부터 고려시대까지의 대일관계와 일중관계를 기술했고, 조선시대에는 대마도정벌과 조선전기 일본에서 조선에 온 일본사절과 조선초기부터 1764년 계미사행까지의 조선사절에 대해 기술했다. 또

---

25) 원중거, 『和國志』天卷, 風俗.
26) 하우봉, 「원중거의 일본인식」 조선통신사 사행록연구총서』 7, 365쪽.

왜관의 유래와 약조, 당시의 年例送使船의 숫자와 교역현황을 상술했다. 「李忠武公遺事」「許萬春傳」「安龍福傳」 등 대일관계에서 공로를 세운 세 사람의 전기를 싣기도 했다. 원중거는 특히 임진왜란에 대해 자세히 기술했다. "흉도들의 始終을 끝까지 기록함으로써 壬辰事首末을 갖추고자 한 것" 이지만 그러한 동기는 기본적으로 臥薪嘗膽의 뜻에서 나온 것임을 분명히 했다. 그는 『和國志』地卷 「各州城府」에서 전국 大名을 기술하면서 임란 당시 침입한 大名들에 대해서 별도로 부기를 하면서, 그 후손들의 존재여부까지 표기했다. 그 이유에 대해서는 비록 '討復之事'는 거론치 않지만 잊어서는 되기 않기 때문이라고 했다.

결론적으로 원중거의 일본인식도 전통적인 화이관을 벗어낫다고 보기는 어렵다. 그 역시 주자학에 입각하여 일본을 교화한다는 명분론적 내지 문화우월주의적인 인식에서 탈피하지 못했다. 나아가 일본문화의 발전에 따라 의리명분론이 강화되고, 尊王運動이 전개될 것이라는 견해는 매우 탁월하나 그에 따라 일본의 침략가능성을 배제했다는 점에 있어서는 전통적인 교화론자의 한계를 벗어나지 못했다.

5) 19세기, 김홍집

1876년 병자수호조약에 의해 개항이 되면서, 조선에서는 1876년부터 1882년까지 4차례에 걸쳐 修信使가 일본에 파견되었다. 이 시기는 개화파가 정치세력으로 부상하면서 동시에 정부의 정책노선을 둘러싸고 開化派와 斥邪派가 대립하는 시기였다. 1880년의 통리기무아문을 비롯해서 구미 각국과 수호통상조약이 체결되는 등 개화자강운동이 정부의 주요정책으로 채택되는데에는 수신사의 보고가 중요한 계기가 되었다.

제1차 수신사 김기수는 '修信이란 옛 우호를 닦고 신의를 두텁게 하는 것'[27]이라고 했다. 여기서 말하는 옛 우호란 전통적인 교린체제를 의미한

다. 즉 조선측은 1876년 병자수호조약 체결을 전통적인 교린체제의 회복 혹
은 교린관계의 연장으로 인식하였거나 아니면 그렇게 보고자 했다. 그러면
서도 통신사행과 구분하여 수신사로 명칭을 바꾼 것은 그것이 조선시대의
교린체제와는 다르다는 점을 인식하였기 때문이다.[28]

　　제2차 수신사 김홍집일행은 1880년 5월 28일, 국왕의 명을 받고 한양을
출발한 후, 6월 29일 부산에서 일본 기선 千歲丸을 타고 출발하였다. 7월
6일 동경에 도착한 후 1개월간 체류했다. 8월 4일 귀로에 올라 8월 11일 부
산항에 도착했고, 8월 28일에 복명했다.

　　수신사행의 사명은 花房義質 일본공사 등 여러 차례에 걸친 일본 사절의
조선파견에 대한 답례와 修信, 그리고 일본물정 탐색이라는 점에서 1차 수
신사행과 마찬가지였지만 이때에는 양국간의 주요한 현안을 해결하기 위해
파견되었다는 점에서 달랐다.

　　김홍집 수신사행이 개항기 정국에 끼친 정치외교사적인 의미는 매우 크
다. 우선 김홍집 자신이 이 사행을 통해 문호개방과 부국강병적 개화정책의
필요성을 절감하고 확신을 갖게 되었다. 그래서 그는 귀국 후 그 신념을 바
탕으로 국왕과 고종 대신들을 설득했고, 이후 개화정책의 중심에 서서 추진
하게 되었다. 김홍집은 귀국보고와 함께 『朝鮮策略』을 소개했다. ‘親中國·
結日本·聯美國’을 역설한 『朝鮮策略』은 황준헌의 생각만이 아니라 이홍장
을 비롯한 淸末 洋務派의 대외정책으로 영의정을 비롯한 중신들도 찬성했
고, 고종도 이 내용을 수용하여 정책으로 수용했다. 그리하여 1881년 12월,
행정개혁의 총괄기관으로서 統理機務衙門이 설치되고, 김홍집은 예조참판
으로 승진하여 개화정책 추진에 중추적인 역할을 했다.

　　통리기무아문에서는 청에 군기제조와 군사조련에 관한 지식습득을 위해

유학생을 파견하고, 일본에는 제도습득과 군사시설 등을 견학하기 위한 시찰단을 파견하기로 결정했다. 그리하여 일본에 朝士視察團과 청에 領選使가 파견되었다. 그리고 신식군대인 別技軍이 창설되었다. 그리고 이어서 미국, 영국, 독일과 수호통상조약을 체결하였다. 이는 병자수호조약에 이어 제2의 문호개방이라고 할 수 있다.

수신사들의 일본인식은 본인들이 일본 체험을 기록한 사행록을 통해 엿볼 수 있다. 수신사들이 남긴 사행록으로는 제1차 수신사 김기수의 『日東記游』와 『修信使日記』, 제2차 수신사 김홍집의 『修信使日記』, 제3차 수신사 박영효의 『使和記略』이 있다. 제3차 수신사 조병호의 사행록은 남아있지 않다.

김홍집의 『修信使日記』는 「修信使金弘集復命書」, 「修信使金弘集入侍筵說」, 「朝鮮策略」, 「大淸欽使筆談」, 「諸大臣獻議」, 「鵝羅斯採探使白春培書啓」 등으로 구성되어 있다. 「修信使金弘集復命書」는 일종의 문견별단으로 승전원에 올린 보고서인데, 사행노정과 일정, 현안문제에 대한 협상보고, 러시아 군대의 남진의도, 일본의 해외정보수집노력, 興亞會, 일본지리, 일본인물, 명치유신이후의 성과, 군사제도, 교육제도, 일본의 풍습, 경제제도 등 11개 항목에 걸쳐 서술되어 있다. 김기수의 「행중문견별단」과 같은 형식인데, 김홍집의 문장에는 일본사회에 대한 깊은 통찰과 문호개방 및 개화정책에 대한 확신이 담겨있다. 이 보고서는 「조선책략」과 함께 고종과 조정대신으로 하여금 개화와 문호개방에 대한 강한 의지가 표현되어 있다.

김홍집은 복명서에서 명치유신의 성과에 대해 왕정복고 과정과 문호개방 정책으로서의 전환과정을 소개하고, 그것을 시세에 따라 이루어진 自然之勢라고 긍정적으로 평가하였다. 명치유신 이후 稅收制度의 개혁과 통상 및 공업의 장려에 의해 여러 가지 산업과 후생정책이 이루어져 놀고 먹는 백성이 한사람도 없으므로 날이 갈수록 번성하여 간다고 했다. 풍속에 있어서도 과거에는 예의범절과 文飾에 열중하였으나 근자에는 실질적인 것을 좇고

대신이하 백관이 부지런히 일한다고 했다. 요컨대 김홍집은 명치유신이후 일본이 취한 일련의 북구강병책에 대해 구체적인 효과를 지적하면서 매우 긍정적으로 평가했다.

그렇다면 수신사들은 당시 일본의 대외정책과 아시아연대론을 어떻게 인식하였을까.

사실 1876년 병자수호조약 체결 당시부터 조선의 최대 관심사는 일본의 의도가 무엇인가 하는 점이었다. 실제로 1·2차 수신사의 파견목적도 일본측의 진의를 탐색하는 것이었다. 당시 일본측은 아시아연대론을 강조했는데, 그들은 朝野를 막론하고 수신사를 비롯해 조선측 인사들에게 그 취지를 설득하려고 애썼다. 그리고 이 즈음에 동경에서는 아시아연대를 표방한 단체 興亞會가 설립되었는데, 수신사행이 일본에 가서 이 단체에 가입하기도 했다.

제1차 수신사 김기수도 일본이 주창하는 아시아연대론에 원론적으로 동조했다. 김기수는 "忠信으로써 저들을 제어하고 道德으로써 저들을 순응케 하며 겉으로는 온화하게 대하되 중심을 굳건히 하고, 오는 사람은 너그럽게 대하고 가는 사람을 경계한다면 또한 걱정이 없을 것이다"고 했다.

제2차 수신사 김홍집도 일본의 의도에 대해 "왜국의 정세를 살펴본즉 악의는 없는 것 같습니다. 격의없이 친목하자는 것이었습니다."라고 호의적으로 평가했다. 또 "일본은 근일에 흥아회라는 단체를 개설했는데, 청국공사를 비롯하여 많은 중국인사들이 참여했으며, 그 요지는 청·일본·조선 세 나라가 동심동력하여 서구제국의 침해를 받지 않아야 한다는 것입니다"라고 흥아회에 대해 기술했다.[29]

당시 일본에 파견된 수신사나 조사시찰단들은 대부분 아시아연대론에 찬동했고, 흥아회의 인적구성이나 성격에 대해서는 전혀 파악하지 못했다. 그러나 중국측은 흥아회의 의도를 간파하고 관계를 끊었다. 중국의 언론인은 1880년 10월경 홍콩에서 발행되는 『循環日報』에서 「제흥아회선사기폐론」

29) 김홍집, 『修信使日記』 1권 「修信使金弘集復命書」.

이란 논설에서 홍아회에 대해 비판했다. 그 내용은 홍아회의 설립목적은 음모나 위계에 지나지 않으며, 일본이 무도하게 대만을 침략하고 유구를 병합한 것을 보면 도무지 믿을 수 없는 집단이라고 했다.[30]

수신사들은 일본의 아시아연대론 가운데, 겉으로 표방하는 '交隣'과 '連帶'만 보고 '侵略'은 보지 못했다. 명치유신을 전후한 시기, 일본의 대한정책의 근간을 이루었던 조선침략론인 '征韓論'에 대한 인식이 아주 박약하였다. 김홍집의 경우, 정한논쟁이 있었다는 것은 사실은 알고 있었지만, 이미 종결된 것으로 인식했다.

> "무에 능한 西卿隆盛가 우리나라를 칠 것을 제의했는데, 지금의 우대신 岩倉具視가 반대했다. 이에 불반을 품은 西卿隆盛가 그의 무리를 선동하여 난을 일으켰다. 서로 싸움을 하여 오래 끌다가 곧 토벌되어 평정되었다."[31]

고 했다. 그러나 일본정부의 요인들과 홍아회가 내세운 아시아연대론에 대해서는 그 취지에 액면 그대로 동조하면서 그들의 속셈을 간파하지 못했다.

김홍집을 비롯한 수신사들은 일본 문화와 풍속, 일본인 등에 대해서는 어떠한 인식을 가졌을까.

김홍집의 경우, 일본이적관을 표현한 기술은 전혀 없다. 이 점에서 그는 이미 조선시대의 전통적인 華夷觀에서는 탈피했다고 판단된다. 즉 기본적으로 개화의 입장에 있던 개화파들에게 개화란 즉 근대화이고, 그것이 실제적으로는 서구화를 의미했다면 면에서 그들은 기본적으로 새로운 문명관에 입각해 있었다고 보아야 할 것이다. 일본을 근대화의 모델로 한 개화파와 중국의 양무운동을 모델로 한 개화파 사이에 편차는 있지만, 이들은 모두

---

30) 하우봉, 위의 책, 312~3쪽.
31) 김홍집, 『修信使日記』 1권 「修信使金弘集復命書」.

화이관에 바탕을 둔 日本夷狄觀은 모두 청산했다.

그런데 김기수는 일본인의 인상에 대해 "사람들이 모두 유순하고 다정하고 성의있으며, 억세고 사나운 자가 없었다."고 했다. 그는 일본 인물에 대해 한번 보고도 사랑스러웠다고 말했고, 또 자신이 만난 일본의 정부요직의 인사에 대해 긍정적으로 평가했다. 또 일본 풍속에 대해서는 染齒의 풍속에 대해, 본래의 의미가 남편에 대한 절개를 나타내는 것이라 했다. 또 일본인의 인색함에 대해서는 부국강병책에서 나온 것으로 절약과 節儉精神으로 이해했다. 그리고 "모든 일을 반드시 정결하게 하고 整齊하며 정교하고 치밀함이 비할데 없는 것은 그들 습속에 따라 숭상하는 바였다."라고 했다.[32] 비교적 긍정적이며 우호적인 인식을 하고 있음을 볼 수 있다.

또한 김홍집도 일본인에 대해, "다정하고 성의있다"고 했고, 풍속에 대해서는 "깨끗하고 정교한 것을 좋아한다"고 했고, 그들의 의복과 가옥에 대해 간략히 소개한 것 이외에 특별한 것은 없었다. 결국 수신사의 경우 일본에 대한 전반적인 이해와 인식은 매우 긍정적이며, 우호적이었음을 알 수 있다.

4. 맺음말

조선시대 한국인의 국가관은 『세종실록』「지리지」와 『동국여지승람』에 단적으로 표현된다. 조선이라는 나라의 역사는 단군 - 기자 - 삼한 - 삼국 - 신라 - 고려"로 이어지며, 모두 단군의 후손이고, 그 강역은 조선후기에 그 강역이 만주와 요동으로 넓혀지고 있지만, 기본적으로는 압록강과 두만강 이남의 소위 조선팔도라는 국가관을 가졌다고 볼 수 있다.

이러한 조선시대 사람들의 국가관은 신숙주 『해동제국기』의 편찬동기에서도 확연히 드러난다. 신숙주는 『해동제국기』의 서문에서 "대체로 이웃나

---

32) 김기수, 『日東記遊』 제3권.

라와 사귀어서 사신이 왕래하고, 풍속이 다른 사람들을 어루만져서 접대하려면 반드시 그들의 형편을 알아야 한다"고 했듯이 조선과 일본을 완전히 다른 나라, 다른 민족, 다른 풍속을 가진 국가관을 가지고 있었다. 일본을 琉球國과 함께 海東諸國으로 표기했고, 별도의 역사, 지리, 풍속, 문화를 가진 나라로 보았다. 그리고 他國인 일본과의 우호관계를 유지하기 위해서는 그들의 형편을 정확히 알고, 성심을 다하여 예절을 극진히 한 연후에야 가능하다고 했다. 그러한 이유로 『해동제국기』를 편찬하여 조빙응접의 구체적인 제규정을 완성했다. 『해동제국기』는 이후 조선시대 대일관계의 기본 전범이 되었고, 거의 대부분의 사행록에서 인용디었다.

15세기 초부터 19세기 말까지 대표적인 사행록을 검토한 결과, 15세기의 사행록에서는 기본적으로 화이론적 입장에서 日本夷狄觀을 가지고 있었으며, 일본인을 '遠人' '元戎' '島夷'라고 했고, 일본문화에 대해서는 '아득한 창해가 중화를 가로막아 의복도 말도 다르고 법도도 틀리다'고 하면서, '조선은 中華이고, 일본은 夷狄이다'라는 기본인식을 가졌다. 그리고 '그들의 습성은 강하고 사나우며, 무술에 정련하고 배를 다루는 것이 익숙하다. 우리나라와는 바다를 사이에 두고 있는데, 그들을 도리로 대하면 예절을 차려 조빙하고, 그렇지 않으면 왜구로 나타나 함부로 노략질을 한다'고 했다. 그리고 그들을 대하는 방법은 정벌이나 제압에 있지 않고, 구체적인 접대규정을 만들어 성심으로 예를 다해 접대하는 것이라 했다.

그러나 16세기의 사행록에서는 주자학의 심화와 임진왜란의 영향에 의해, 일본이적관은 강화되고, 화이론적 명분론에 집착한 나머지 일본문화나 일본사회에 대한 현실적인 인식이 결여된다. 이러한 일본인식은 유교와는 다른 神國思想을 배경으로 동아시아의 霸者가 되려고 했던 豊臣秀吉의 본심을 파악하지 못했다.

임진왜란 이후의 17세기 경섬의 『해사록』에서는 일본인의 호전적인 풍습을 소개하고, 일본인이 용맹과 무를 숭상하지만, 생명을 가볍게 여기고 인륜과 절의를 하찮게 여기는 습성을 비판적으로 서술했다.

조선후기 가장 풍부한 사행록을 남긴 18세기에는 원중거의 『승사록』과 『화국지』에서 일본인식의 단면을 볼 수 있다. 그러나 원중거의 일본인식도 전통적인 화이론을 벗어났다고 보기는 어렵다. 그 역시 주자학에 입각하여 일본을 교화한다는 명분론적 내지는 문화우월주의적인 인식에서 탈피하지 못했다. 한편 일본에서 존왕운동이 전개될 것이라는 예측을 했고, 이충무공과 안용복을 소개하고 일본에 대한 적대감과 경계의식을 나타내는 반면 한일관계에서의 통신사의 의미를 서술했다.

19세기 수신사 김홍집의 『수신사일기』에서는 명치유신이후 일본이 취한 일련의 부국강병책에 구체적인 효과를 지적하면서 매우 호의적이며 우호적으로 평가했다. 그러나 일본의 대외정책과 아시아연대론에 대한 정확한 이해가 부족했고, 그러한 인식은 초기 위정척사파도 마찬가지였다. 위정척사파도 개항초기에는 척사의 대상으로 서양만을 지목했고, 이것이 왜양일체로 바뀐 것은 1895년 을미사변 전후부터였다.

그런 의미에서 수신사들의 일본관은 기존의 日本夷狄觀에서 벗어나 있었다. 수신사들은 개항기 일본의 방향성과 수용여부에 대해서는 일정한 차이가 있었지만, 명치유신 이후의 일본의 변화에 대해 우호적이었던 만큼은 사실이다. 국력과 문명관의 대역전이 일본인식의 큰 전환점이 되었다. 그러나 20세기 들어와 일본은 조선을 멸망시키고, 식민지화했고, 양국관계는 불행한 관계를 만들어 갔다.

이러한 점에서 조선에서 일본에 파견했던 사절단의 명칭은 상호인식 및 양국관계에 큰 역사적인 메시지를 전한다. 통신사, 수신사 모두 믿음(信)을 강조했다는 점에서 한국인이 일본인에게 생각하는 가장 큰 덕목이 신뢰와 믿음을 상징하는 信이었던 것이다. 이것을 조일우호를 강조했던 雨森芳洲의 '誠信之交隣'에서도 확인된다.

이제 지난 5백년간의 한일관계를 돌이켜보면, 일본과의 공존 방식에는 구체성이 없으면 안된다고 생각한다. 그것은 역사인식에 대한 공유성과 상호신뢰성이 담보되지 않으면 안된다는 것을 의미한다. 공존과 공생을 위한 구체적인 공동의 비전(목표)이 있어야 한다. 믿음을 가지고 상대를 객관화시키고, 인정해 가면서 관계를 재설정해야 한다. 여론조사에서 나온 것처럼 상호이해를 높이기 위한 방법으로 '역사공동연구'를 바라고 있다. 한일양국인이 지금부터라도 역사적인 경험을 함께 공유해갈 때, 여론조사의 결과를 극복해 갈 수 있을 것이다. 공존·공생의 길은 역사적 경험을 공유하는 것으로부터 시작해야 한다.

제2편
조선통신사의 역사적 상징성

제1장
조선시대 통신사 개념의 재검토

1. 문제제기

 일반적으로 통신사는 조선후기 조선국왕이 일본 막부장군에게 보낸 외교사절로 총 12회 파견되었다고 알려져 있다.[1] 그러나 통신사는 조선후기만이 아니라 조선전기에도 파견되었으며, 「通信使」라는 명칭이 처음 사용되는 것은 고려시대인 1375년의 일로 조선시대가 처음이 아니다.

 더구나 조선시대에 들어와서도 막부장군에게 파견했던 모든 사절이 다 통신사는 아니었다. 처음에는 報聘使, 回禮使 등으로 호칭되다가, 通信使의 명칭이 붙여지기 시작한 것은 1413년부터이지만 실제로 실행된 것은 1428년부터이다. 역사적인 사실이 이와 같음에도 불구하고 현재 학계에서는 조선사절의 명칭이나 개념, 그리고 사절의 명칭에는 어떤 차이가 있으며, 왜 다르게 붙여지는지, 나아가 그러한 명칭이 조선의 외교정책과는 어떤 관계가 있으며, 한일관계사에 어떤 의미가 있는지에 대해 그다지 설명된 바가 없다.

 뿐만 아니라 통신사에 대한 역사적 인식이나 평가도 재대로 이루어지고 있지 않다. 예를 들면 한국에서는 「일본에서 통신사일행을 국빈으로 예우

---

[1] 일본은 조선의 선진문화를 받아들이고, 도쿠가와 막부의 쇼군(將軍)이 바뀔 때마다 그 권위를 국제적으로 인정받기 위하여 조선에 사절의 파견을 요청해 왔다. 이에 조선에서는 1607년부터 1811년까지 12회에 걸쳐 통신사라는 이름으로 사절을 파견하였다(『고등학교 국사』, 국사편찬위원회 1종도서편찬위원회, 2002년 3월 1일 발행, 131쪽).

하였고, 일본은 이들을 통하여 조선의 선진문화와 기술을 배우고자 했다.」[2]
고 했고, 일본에서는 「…양국은 대등한 관계를 유지하였으며, 조선에서는
장군이 바뀔 때마다 통신사로 불리는 사절이 에도를 방문하여 각지에서 환
영을 받았다.」[3]라던가, 「豊臣秀吉의 出兵이래 단절되어 있던 조선과의 교류
에 관해서는 대마번의 宗氏에게 교섭시킨 결과, 慶長 12년(1607) 조선사절
이 래빙하여, 이후 신장군 취임의 경하를 명목으로 사절(朝鮮通信使)이 파
견되어 왔다.」[4]고 되어 있다. 이처럼 한일 양국에서는 조선전기의 통신사에
대하여는 전혀 언급도 없으며, 후기의 경우 그 표현과 내용도 많은 큰 차이
를 보이고 있다.

 이 글은 이러한 문제의식을 바탕으로, 통신사의 명칭과 개념·의미 등을
재조명하여, 통신사의 역사적 실상을 규명하고, 나아가 조선시대 한일관계
사에 있어서 통신사의 역사적 위상을 재정립하는 데에 목적이 있다.

2. 보빙사·회례사

 『高麗史』 또는 『高麗史節要』에 1350년 소위 庚寅倭寇이래, 한반도로부터
왜구금지를 요청하기 위해 일본에 파견되기 시작한 사절의 명칭은 일정치
않다. 일본에 왜구금압을 위해 최초로 사절을 파견한 것은 1366년(공민왕
15) 9월 金龍이었다. 이어 11월에도 金逸이 국서와 예물을 가지고 교토에
가서 아시카가 요시아키라[足利義詮]장군과 교섭하였고, 이들은 장군으로부
터 왜구금압의 약속받았다. 그 후에도 1375년(우왕 원년) 2월에는 판전객사
나흥유, 77년 6월에는 판전객사 안길상, 동 9월에는 전대사성 정몽주, 78년

---

 2) 위의 책, 131쪽.

 3) 扶桑社, 『新しい 歷史敎科書』, 2002, 131쪽.

 4) 明星社, 『高等學校 最新日本史』 2003, 133쪽.

10월에는 판도판서 이자용과 전사재령 한국주, 79년 윤 5월에는 검교찰의
판서 윤사충 등이 5차례나 일본에 파견되었다.

1375년 이후 5차례의 사절중 교토까지 가서 장군을 만난 사절은 1375년
2월의 판전객사 나흥유 뿐이었고, 나흥유와 정몽주를 제외하고는 명칭도 명
확하지 않다. 나흥유는 通信使, 정몽주는 報聘使라는 명칭을 기록하고 있을
뿐, 다른 사절은 명칭이 기록되어 있지 않다. 따라서 현재까지 확인된 사료
로는 1375년 2월 판전객사 나흥유가 최초의 통신사가 된다.[5]

그렇다면 당시 나흥유에게 붙여진 통신이란 어떤 의미를 갖는 것일까.
물론 당시의 기록은 그 이상의 내용이 없기 때문에 어떤 의미로 통신사라
했는지 명확하게 정의하기는 힘들다. 그러나 『高麗史』에 의하면 그 이전에
이미 通信이란 용어가 나오는데, 그 기록을 살펴보면, 「정축일에 … 기거시
인 潘阜로 하여금 몽고의 공문과 우리나라의 국서를 가지고 일본에 가게 하
였다. 몽고의 공문에 이르기를, '대몽고황제는 일본국왕에게 글을 보낸다.
내가 생각건대 예로부터 작은 나라의 임금들은 그 국경이 서로 연접하였을
때는 상호 通信할 도리를 강구하고, 친선을 유지할 도리를 힘쓰는 법인데,
항차 우리의 祖宗 황제들은 하늘이 명시한 뜻을 받고, 중화의 땅을 통치하
게 되었는 바, 멀고 먼 곳에서도 우리의 위력을 두려워하고, 우리의 인덕을
우러러 귀속하는 나라가 이루 헤아릴 수 없다…」[6]고 하였다.

이 기록을 통하여 볼 때, 여기서 通信이란 소식을 전한다는 사전적인 의
미[7] 그대로 라고 생각한다. 따라서 나흥유 때의 통신사의 의미는 고려와

---

5) 辛禑 초기에 판전객시사로 되어 왕에게 상서해 일본에 가서 강화를 맺을 것을 자청
   하므로 마침내 그를 通信使로 보냈다.(『고려사』 열전, 나흥유), 봄 2월…판전객시사
   나흥유가 글을 올려 일본과 화친하기를 청하므로 흥유를 通信使로 삼아서 보냈다.
   (『고려사절요』 신우(1375년) 봄 2월)
6) 『고려사』 권26, 「世家」 원종 8년 8월 정축.
7) 『大辭典』(臺灣, 三民書局, 1985)의 通信은 互通音信, 傳達消息. 『大漢和辭典』(東京, 大
   修館書店, 일명 모로바시사전, 1985)에는 우편, 전신, 전화등의 모든 수단으로 상호
   의지를 통하는 일, 通知나 通報. 『漢韓大字典』(민중서관, 1965)에는 소식을 전함, 통

일본이라는 연접국가간에 상호 친선을 전하기 위한 연락사절 이상의 의미
는 없다고 본다.

이러한 노력에도 불구하고 고려는 끝내 왜구문제를 해결하지 못한 채,
그대로 조선시대로 넘어가게 되었다. 따라서 조선이 건국된 후에도 남쪽 일
본과의 관계에 있어 당면했던 가장 큰 문제는 왜구금압의 문제였다.

조선초의 왜구대책도 고려말의 양면정책을 그대로 계승했지만, 건국초부
터 군사적인 방법보다는 그들을 회유하여 평화적인 통교자로 전환시키기
위한 외교적인 노력을 경주하였다. 즉 조선은 태조즉위 직후인 1392년 11
월 승려인 覺鎚를 아시카가장군에게 파견하여 왜구금압를 요청하였는데,
장군으로부터 왜구금압과 함께 피로인의 송환을 약속받았다. 조선국왕 사
절이 장군과 직접 접촉한 것은 이때가 처음이며, 이때부터 규슈지방을 비롯
하여 이키, 쓰시마등 조선과 근접한 지역의 종소영주들과도 사절왕래가 이
루어지기 시작했다.

태조 년간(1392~98년) 조선에서는 일본에 5차례 사절을 파견했으나, 1392
년 11월 승려 각추를 제외하고는 모두 구주절도사와 대마도주에게 파견한
사절이었고, 그 명칭도 日本回禮使였다.[8] 이들 사절은 기본적으로 왜구에게
붙잡혀간 피로조선인들을 돌려 보내준 데에 대한 예에 답한다는 의미의 回
禮使였다. 그 후 1397년 12월에는 六州牧 大內義弘의 사자가 돌아갈 때, 전
비서감 박돈지를 회례사로 파견하였는데, 그 이듬해 5월 박돈지 일행은 장군
을 만나고 피로남녀 1백인을 데리고 돌아왔다.[9] 조선사신과 일본장군의 두

신기관을 이용하여 의사를 서로 통하는 일로 설명하고 있다.

8) 1394년 5월 병인(회례사 金巨原과 승려 梵明이 본국인 569명을 거느리고 돌아왔
다.)1394년 10월 정축(전공조전서 崔龍蘇를 구주절도사 源了俊에게 보내 도당의 서신
을 전했다.)
1395년 7월 신축(회례사 崔龍蘇와 구주절도사 源了俊이 보낸 승려 宗俱來가 피로인
570명을 데리고 돌아왔다.)
1395년 12월 계묘(회례사 金積善이 일본으로부터 돌아왔다.)
1397년 5월 정사(전사재소감 朴仁貴를 일본에 보내 통서했다.)

번째 접촉이었다.

그리고 1398년 12월에는 장군(相國大夫)의 명을 받은 사자(六州牧 多多良義弘의 사자 僧 靈智)가 처음으로 조선에 파견되어 예물을 바치고 大藏經을 청구하였다. 이 사절에 대한 답례로 이듬해 8월에 報聘使 崔云嗣를 장군에게 보내었으나, 바다에서 풍랑을 만나 중단되고 말았다[10]. 그 후 1402년 7월 다시 朝官을 장군에게 파견하여 그간의 사정을 알렸다. 이 사실이 일본사료『吉田家日次記』에는 장군이 北山第에서 인견하였다고 기록되어 있다.[11]

이 내용을 도표로 정리하면 다음과 같다.

「1392~1402년간 조선사절 일람표」

순번	파견일	명칭과 파견자	목적	출처(實錄)
1	1392.11	승려 각추	왜구금압요청	『善隣國宝記』
2	1398.12	通信官 朴惇之	六州牧 大內義弘의 사자편에 回禮	정종 1년 5월 을유
3	1399.08	報聘使 崔云嗣	일본에 보내 報聘, 풍랑 중단	정종 1년 8월 계해
4	1402.07	朝官	화호요청, 왜구금압	태종 2년 7월 임진

한편, 이 시기 조일관계의 결정적인 변화가 이루어지게 되는 데, 그것은 조선과 일본 모두가 동아시아의 외교체제인 중국의 책봉체제에 편입한다는 사실이다. 즉 조선이 1403년 4월, 명의 성조로부터 책봉을 받고,[12] 일본도 1403년 11월 책봉을 받자, 양국의 외교체제에 커다란 변화가 나타난다. 그 단적인 예가 양국이 모두 정식의 책봉을 받은 직후, 양국에서는 막부장군의 호칭을 「日本國王」이라고 했으며, 그 사신을 「日本國王使」라고 칭했다.[13] 『朝

---

9) 『太祖實錄』권1, 6년 12월 계묘. 『定宗實錄』권1, 1년 5월 을유.

10) 崔云嗣일행이 해상에서 풍랑을 만나 중단된 사실은 1402년 7월, 朝官을 朝官을 파견했던 사실에서 확인할 수 있다.(『太宗實錄』권1, 2년 7월 임진.)

11) 仲尾 宏, 『朝鮮通信使と壬辰倭亂』, 明石書店, 2000. 76쪽.

12) 『太宗實錄』권5, 3년 4월 갑인.

13) 이후 조선에서는 막부장군의 사절을 日本國王使 또는 日本國使라고 칭하고 있으나, 일본에서는 日本國源某로 自稱하고 있다.(高橋公明,「外交称号, 日本國源某」『名古屋

鮮王朝實錄』에 일본국왕의 호칭이 처음보이는 것은 1404년 7월이며[14], 일본
국왕사의 명칭이 처음보이는 것은 그해 10월에 위의 사신이 한양에서 태종
을 알현하고 일본으로 돌아가는 것을 고할 때의 기록에서이다[15]. 이후 1589
년까지 막부장군은 모두 67회에 걸쳐 조선국왕 앞으로 사절을 파견하는데,
거의가 일본국왕사 또는 일본국사의 명칭으로 기록되어 있다.[16]

「日本國王」의 호칭은 막부장군에 대한 조선측의 변화를 뜻하는 것으로,
조선에서는 이때부터 막부장군을 천황의 將臣으로서가 아니라 정치와 외교
의 주체자로 인정한 것이며, 일본국왕(장군)을 조선국왕과 함께 동아시아
외교질서안에 편입시켜 인식하기 시작했다는 것을 의미한다. 다시 말해 이
때부터 조선은 일본을 동아시아 국제사회의 기존질서 속에서 우호상대의
隣國으로써 명확히 인식했던 것이고, 그에 따라 일본에 대한 외교자세 및
정책도 변화되어 갔다고 볼 수 있다. 따라서 외교체제상 두 나라는 비로소
국가 대 국가간의 '對等한 交隣關係'를 성립했다고 볼 수 있으며, 이러한 교
린관계의 수립은 조일양국관계의 안정화는 물론이고, 동아시아 외교질서의
안정 및 정착이라는 차원에서도 역사적인 의미를 갖는다.

그러나 양국이 모두 책봉체제에 편입이 되었다고 해서, 이것이 곧바로
교린체제의 완성으로 이어진 것은 아니었다. 왜냐하면 당시 일본의 사정은
막부장군에 의해 일본 국내의 통치가 완전히 이루어지지 않았으며, 조선에
대한 직접적인 외교능력도 부족했기 때문이다. 즉 조선의 입장에서 보면 막
부장군은 많은 통교자중 하나일 뿐 총괄자는 아니었다. 또 조선에게는 왜구
문제 및 급증해 가는 통교자 등 해결해야 할 문제가 여전히 남아있었다. 따
라서 조·일간의 교린체제 완성은 이러한 다원적인 구조를 어떻게 정비하느

大學文學部硏究論集 113·史學38, 1992. 참조).

14) 「日本遣使來聘 且獻土物 日本國王源道義也」(『태종실록』 권8, 태종 4년 7월 기사)

15) 『太宗實錄』 권9, 태종 4년 10월 임진, 「日本國王使周棠等 詣闕告還 上御無逸殿見之 命
言等饋之」

16) 이지선, 『조선전기 일본국왕사 연구』, 강원대학교 석사학위논문, 2002년.

냐에 달려있었다.[17]

조선에서 일본측의 다원적인 구조를 정비하여 교린체제를 완성해 가는 방법은 다양한 통제규정에 의해 이들을 또 하나의 구조적인 틀, 즉 기미질서에 편입시켜가는 것이었다. 조선이 실시한 통제규정의 각종제도는 浦所의 개방 및 제한, 受職倭人制度, 書契·圖書·通信符·文引·孤草島釣魚禁約·歲遣船制度 등 매우 다양하다. 이러한 제도의 실시와 정착은 1396년 수직왜인의 관직을 제수하는 것부터 1443년 계해약조에 의해 일단락 지을 때까지 오랜 기간이 걸렸다.

조선에서 실시했던 도항왜인에 대한 각종의 통제규정을 정리해 보면 다음 표와 같다.[18]

「도항왜인 통제규정 일람표」

통제규정 \ 연대	1400	1410	1420	1430	1440	1450
포소제한		2곳		3곳		
수 직	향화왜인				통교왜인	
서 계	(?)					
도 서	(?)					
통신부						
문인(노인)						
고초도조어금약						
세견선(계해약조)			규슈탐제		대마도주	

---

17) 조·일관계의 다원적이며 계층적인 구조와 그것을 교린체제(통교체제)로 정비해 가는 과정에 관해서는 孫承喆, 『朝鮮時代 韓日關係史硏究』 제2장 조선전기 중화적 교린체제 참조. 지성의 샘, 1994 참조.

18) 손승철, 「대마도의 조·일 양속관계」(『독도와 대마도』, 한일관계사연구회지음, 지성의 샘, 1996). 101쪽.

그 결과 조선국왕과 일본장군은 중국의 책봉을 전제로 해 국왕간의 적례 관계를 지향하는 「對等關係」의 교린과 그 외의 모든 통교자는 대마도주를 매개로 하여 통교권을 획득하는데, 그 통교방식은 조선중심의 기미질서에 편입시켜 조빙응접방식을 취하도록 하는 「羈縻關係」의 교린이라고 하는 이 중구조의 독특한 교린체제를 완성했던 것이다.19)

이와 같이 조선에서는 조·일간에 각종 통제규정을 정비화해가면서, 한편 으로는 계속하여 막부장군에게 조선국왕의 사절의 파견했다. 그렇지만 일 본장군의 사절의 명칭은 「日本國王使」로 일원화되었지만, 조선의 경우는 달랐다. 즉 1404년 10월(여의손), 1406년 12월(윤명)은 보빙사, 1410년 2월 (양유)는 회례사, 1413년 2월(박분)은 통신관, 1420년(송희경), 1423년 12월 (박희중), 1424년 12월(박안신)은 회례사였고, 통신사의 명칭이 처음 사용된 것은 1428년 12월 박서생일행이었다.

이상의 보빙사·회례사의 파견사유를 정리해 보면 다음과 같다.

「1404~1424년간 조선사절 일람표」

순번	파견일	명칭과 파견자	목적	출처(實錄)
1	1404.10	報聘使 呂義孫	일본국왕사 주당일행에 대한 報聘	태종 4년 10월 계사
2	1406.12	報聘使 尹銘	일본국왕사 주당일행의 피로인쇄환에 대한 報聘	태종 6년 2월 신사
3	1410.02	回禮使 梁需	일본국왕사의 報聘과 弔喪	태종 10년 2월 신축
4	1413.02	通信使 朴貫	일본과의 交通, 발병·해로위험 중단	태종 13년 12월 병오
5	1420.?	回禮使 宋希璟	일본국 原義持의 사신(亮倪)의 回禮	老松堂日本行錄
6	1422.12	回禮使 朴熙中	일본국왕과 母后의 사신(主籌)의 回禮	세종 4년 12월 계묘
7	1424.02	回禮使 朴安信	일본국왕사의 피로인쇄환 回禮	세종 6년 2월 계축

이상의 내용을 통해서 볼 때, 조선왕조의 건국직후부터 1424년까지 총 10회에 걸쳐 조선국왕으로부터 막부장군에게 사절이 파견되었는데, 그중 2 회(1399년 8월, 보빙사 최운사, 1413년 2월 통신사 박분)을 제외하고 8회에

---

19) 손승철, 『조선시대 한일관계사연구』, 지성의 샘, 1994, 90쪽.

걸쳐 장군을 만났다. 그런데 이 시기의 사절의 목적은 대부분이 화호요청과 왜구금압이었으며, 일본에서 파견한 장군사절과 피로인송환에 대한 보빙과 회례의 성격을 지니고 있었다. 뿐만 아니라 조선사절은 장군에게만이 아니라 당시 왜구금압에 영향을 미칠 수 있는 중소영주들에게도 파견되었는데, 이들에게도 같은 성격의 보빙과 회례사를 파견했다. 따라서 이 시기까지만 하더라도 일본장군이나 중소영주에 관계없이 조선사절이 파견되었고, 그 명칭도 따로 구분되지 않고 보빙과 회례의 명칭이 사용되었으며, 1398년 12월 통신관 박돈지나 1413년 2월의 통신사 박분의 通信의 의미도 和好를 위한 交通의 의미 이상이라고 보기는 어렵다고 판단된다.

3. 通信使의 시작과 정착

그러나 1428년부터의 통신사는 상당히 의미가 달라지고 있다. 즉 通信의 본래의 의미인 交隣을 위한 信義가 강조되고 있는 것이다. 예를 들면 『朝鮮王朝實錄』에는 朴瑞生 일행의 통신사 파견에 대하여,

「일본통신사 대사성 朴瑞生·부사 대호군 李藝·서장관 전 부교리 金克柔가 길을 떠나는데, 新主의 사위를 하례하고 前主에게 致祭하기 위함이었다. 그 서계에 이르기를, "이제 구주에서 온 사객으로 인하여 비로소 새로 큰 명을 받아 位號를 바로함을 알았는데, 기쁘고 경사로운 마음 이길 수 없어, 이에 사신 성균 대사성 박서생과 대호군 이예를 보내어 귀국에 가서 하례를 드리게 하는 바이며, 변변하지 못한 토산물은 조그마한 성의를 표한 것뿐이니 영납하기를 간절히 바랍니다. 생각하건대 귀국과 우리나라는 대대로 옛 호의를 닦아 일찍이 조금도 변한 적이 없었는데, 이제 선대의 뜻을 잘 이어받아 더욱 信義를 돈독히 하여, 끝내 그 명예를 영구히 한다면 이 어찌 양국의 다행한 일이 아니리오.…」[20]

라고 하여 통신사 파견의 목적이 새 장군의 즉위를 축하하고, 먼저 장군에게 致祭를 하여 信義를 돈독히 함에 있다고 했다. 통신사 박서생의 사목에서는 「御所와 수호하는 것이 비록 交隣하는 도리는 되오나, 해적을 금방하는 계책에서는 오히려 미흡하며, ……」라고 하여 보다 적극적인 교린을 위해 사절을 보낼 것을 상소하고 있다.

그러면 조선왕조의 교린정책은 어떠한 내용과 성격을 가지고 있는 것일까. 주지하는 바와 같이 조선왕조 외교정책의 큰 틀은 사대교린이었다. 조선에서 대국으로 인식한 중국에 대해서는 사대를 그리고 그 외의 주변국에 대해서는 교린정책을 취했다.

「『조선왕조실록』 交隣 용례표」

순번	일자	대상	내용	출처
1	1397.12	都堂 -」大內義弘	진실로 交隣하여 和好를 계속하려는 아름다운 뜻(誠交隣繼好之美意也)	태조 6년 12월 계묘
2	1402.07	議政府-」足利義滿	더욱 교린의 신의를 도탑게 해달라((益惇交隣之信)'	태종 2년 7월 임진
3	1411.12	禮曹啓請	사역원의 직책은 사대교린에 있으니…	태종 11년 12월 무오
4	1413.08	司憲府 上訴	전하가 事大하기를 精誠으로 하시고, 交隣하기를 信義로 하시며…	태종 13년 8월 임자
5	1414.07	太宗-」日本國王使	너희나라 왕이 交隣에 돈독하여…	태종 14년 7월 임오
6	1418.01	禮曹上啓	交隣의 道에 후하고 박한 것이 고르지 않다	태종 18년 1월 계유
7	1418.11	上王의 册文	하늘을 공경하고 백성을 사랑하는 정성을 두터히 하고, 事大交隣의 道를 다했다.	태종 18년 11월 갑인
8	1418.11	太宗의 謚册	交隣에 道가 있고, 事大를 精誠으로 하니…	태종 18년 11월 갑인
9	1421.11	源道鎮-」議政府	大國에서 여러번 交隣의 好誼를 두터이하여…	세종 3년 11월 을축
10	1422.12	世宗-」日本國王使	사신을 보내어 交聘의 禮를 닦으니, 交隣의 정의가 지극하다.	세종 4년 12월 기해
11	1428.12	回禮使의 國書	앞으로 더욱 信義를 지키고…	세종 4년 12월 계묘

20) 『세종실록』 권42, 10년 12월 갑신.

그렇다면 조선왕조의 交隣이란 어떤 의미일까.

위의 『朝鮮王朝實錄』의 交隣用例를 참고할 때, 조선왕조의 교린은 信·道·義·禮라는 유교적 실천규범을 항시 수반하고 있다. 그리고 이러한 실천규범을 통하여 '交隣之信' '交隣之道' '交隣之義' '交隣之禮' 등의 成語가 등장하고 있다. 즉 조선의 교린외교는 信義·道理·義理·禮義라는 유교적 가치기준을 가지고 禮에 합당한 사절왕래를 희망했으며, 기본적으로 재화나 무역이윤을 추구하는 외교는 배척했다고 할 수 있다.[21] 따라서 通信使는 기본적으로 이러한 교린의 이념을 실천하기 위한 외교사절로서, 양국의 정치외교의 최고실권자인 조선국왕으로부터 막부장군에게 파견한 사절을 의미한다고 볼 수 있다.

1428년 통신사 박서생 이후에 막부장군에게 파견된 사절은 다음과 같다.

「조선전기 통신사 일람표」

순번	파견일	명칭과 파견자	목적	출처(實錄)
1	1428.12	通信使 朴瑞生	新主賀禮, 前主致祭, 修好	세종 10년 12월 갑신
2	1432.07	回聘使 李藝	일본국왕사 回聘, 대장경하사	세종 14년 7월 임인
3	1439.07	通信使 高得宗	수호교빙	세종 21년 7월 정사
4	1443.02	通信使 卞孝文	일본국왕 사위, 치제	세종 25년 2월 정미
5	1460.08	通信使 宋處儉	세조즉위 수호, 조난으로 중지	세조 5년 8월 임신
6	1475.08	通信使 裵孟厚	수빙, 일본국내 병화 및 해적으로 중지	성종 6년 8월 정유
7	1479.04	通信使 李亨元	일본내란, 정사 발병, 대마도에서 귀국	성종 10년 4월 정해
8	1590.03	通信使 黃允吉	왜정탐색	선조 23년 3월 정미
9	1596.08	通信使 黃愼	강화교섭	황신 『日本往還日記』

이상의 내용을 통해서 볼 때, 조선왕조에서 막부장군에게 사절을 파견할 경우는 1428년 이전의 報聘使이나 回禮使와는 달리 순수하게 修好나 交聘, 장군의 嗣位나 致祭등 교린정책의 기본적인 목적을 수행하는 경우에만 通

---

21) 민덕기, 「조선시대 交隣의 理念과 국제사회의 交隣」(『민족문화』 21집, 민족문화추진회, 1998), 39쪽.

信使란 명칭을 사용했던 것을 알 수 있다. 따라서 이러한 의미로 본다면 1428년 통신사는 信義를 通한다는 交隣의 이념을 실행하는 최초의 사절이라고 볼 수 있으며, 그것의 정착은 위의 표에서 보는 바와 같이 1439년 7월의 통신사 고득종 때부터라고 볼 수 있으며, 그 시기는 실제로 조·일간에 교린체제가 완성되어가는 시기와 거의 일치하고 있다. 즉 일반적으로 1443년 대마도주와의 계해약조 체결로 교린체제가 완성되는 것으로 보는데, 통신사의 호칭이 이 시기에 정착되는 현상은 결코 우연이라고는 보기 어렵다. 이러한 의미에서 「通信使란 조선왕조의 대일기본 정책인 交隣을 실현하기 위한 외교적인 목적을 가진 信義의 使節」로 그 개념을 정의해야 할 것이다.

4. 탐적사 및 회답겸쇄환사

조선전기의 교린체제가 임진왜란에 의해 단절된 후, 7년간의 무모한 전쟁은 동양삼국에 커다란 정치적인 영향은 물론 침략을 당한 조선에게는 아물 수 없는 전쟁의 깊은 상흔을 남겨 놓았다. 그 결과 조선은 일본을 不俱戴天의 원수나라로 여기게 되었고, 임란전과 같은 교린관계를 회복한다는 일이 결코 쉽지 않았다.

그러나 조선과 일본간의 강화교섭은 의외로 빨리 진척되어 종전 후 불과 수년만인 1604년(선조 37) 6월에 四溟大師와 孫文彧을 探賊使로 파견하였다. 탐적사일행은 쓰시마를 거쳐 교토에 가서 德川家康과 德川秀忠을 만났고, 일본의 국정을 살피고 이듬해 4월에 귀국했다. 그 후 조선에서 제시한 두 가지의 강화조건(德川將軍의 國書와 犯陵賊 送還)이 이행된 후, 1607년 1월, 呂祐吉일행이 回答兼刷還使로 장군에게 파견되어, 국서를 교환함으로써 양국의 국교가 정식으로 재개되었다. 그리고 2년 후인 1609년(광해군 1) 기유약조가 맺어지고, 1611년부터는 세견선이 정식으로 도항해 옴으로써

외교 및 교역관계가 모두 재개되어 명실공히 교린체제가 회복되었다고 볼
수 있다. 그러나 이후에도 조선에서 막부장군에게 파견된 사절(1617, 1624)
의 명칭은 모두 회답겸쇄환사였고, 통신사의 명칭이 다시 붙여진 것은 1636
년부터였다. 그러면 조선후기 통신사의 명칭은 어떠한 개념과 의미를 갖는
것일까.

먼저 1604년 사명대사 일행의 探賊使의 명칭을 보자. 探賊使란 글자 그대
로 賊을 정탐한다는 의미이다. 이미 선행연구에서 밝혀진 바와 같이 임란직
후 강화에 대한 조선측의 입장은 일본에 대한 적대감과 피해의식으로 인하
여 처음부터 거부적인 분위기였다. 그래서 한때는 강화보다는 오히려 복수
심을 갖고 쓰시마정벌을 논의하기도 했다.

그러나 일본과의 전쟁상태를 종결해서 민심을 안정시키고, 일본에 끌려
간 피로인을 쇄환시켜야 한다는 국내정치의 현안문제라든가, 대외적으로는
일본의 재침설이나 북방의 후금세력의 팽창에 대한 새로운 경계의식과 위
기의식이 고조되어 가고 있었기 때문에 가능한 한 남쪽 일본과의 관계를
서둘러 안정시킬 필요성이 대두되었다. 그리하여 임란 때 피랍되었던 사람
들이 돌아오면 이들에게 일본에 대한 정보를 상세히 들으면서 일본이 재침
의 의지를 가지고 있는지, 또는 德川家康와 豊臣秀吉의 관계가 어떠한지 등
에 대한 촉각을 곤두세우기도 했다. 그러던 중 1603년 10월 薩摩에 억류되
어 있던 金光이 귀국했다.

김광의 송환은 쓰시마의 요청에 의해 德川家康이 직접 허락한 것으로, 그
의 집권과 강화의욕에 대한 내용을 직접 조선에 전달하기 위한 의도에서
이루어진 것이라고 한다. 귀국후 김광은 즉시 상소를 올려 일본의 동향을
전하고 있는데, 그는 조선이 화호를 불허하면 일본이 재침할 가능성이 있다
고 보고했다. 김광의 상소에 의한 국내의 동요는 적지 않았다. 당시 비변사
에서는 김광의 상소를 심각하게 받아들여, 임란 후 지금까지 4년간 쓰시마
의 화호요청에 대해 명을 핑계대어 이를 회피하여 왔는데, 그 계책이 일본

에 간파되었다면 양국간에 전쟁이 일어날 위험도 있다고 우려했다. 그리하
여 일본의 재침설과 화호요구에 대한 진위를 확인하기 위한 탐적사의 파견
이 구체적으로 논의되었다.22)

드디어 1604년 3월, 조정에서는 전부터 계획하고 있었던 사명대사의 쓰
시마파견을 결정하고, 6월에 일본정탐을 목적으로 探賊使 四溟大師 일행을
파견했다. 그런데 探賊使의 賊은 敵國을 의미하는 敵이 아니라 도적놈을 의
미하는 賊, 즉 倭賊의 賊이었다. 당시 조선의 대일감정을 단적으로 드러내
는 호칭이었던 것이다. 물론 일본측에 공식적으로 이 호칭이 제시된 것은
아니다.

탐적사일행은 조선과의 강화가 막부장군의 의지였다는 것을 확인하고 귀
국한 후, 조선에서는 덕천막부와 강화의 의지를 굳혔다. 그리고는 덕천막부
에 대하여 日本國王號를 쓴 將軍國書와 犯陵賊縛送23)의 두 가지 조건을 제
시하여, 막부로 하여금 이에 순응하게 함으로써 교린체제를 재편성하려고
했다.

즉 조선전기 책봉체제의 편입에서 언급한 바와 같이, 德川將軍으로 하여
금 일본국왕호를 사용하게 하는 것은 양국관계뿐만 아니라 동북아 국제관
계에 매우 중요한 의미를 갖는다고 볼 수 있다. 즉 덕천장군 스스로가 일본
국왕을 칭해야만 동아시아국제사회에서 일본의 최고 통치자임을 인정받게
된다는 것을 상기시키되, 일본국왕호에는 명의 책봉이 전제가 되고 있다는
사실을 인식시키고 있다는 점이다. 그리고 장군의 국서에 일본국왕호가 사
용된 후에라야 조선의 회답서에서도 일본국왕를 칭함으로써 敵禮의 교린관
계가 성립된다는 의사를 분명히 했던 것이다. 또한 조선측에서 범릉적의 문
제를 제기한 것은 범릉의 행위를 개인적인 범죄가 아니라 조선이란 국가를

---

22) 『선조실록』 권 172, 37년 2월 경술.
23) 犯陵賊이란 임진왜란 당시 선릉(성종 정현왕비의 묘)과 정릉(중종의 묘)을 도굴한
    범인을 말한다.

범한 것에 대한 응징을 의미한다는 점에 있어, 일본군의 침략에 의해 일그러진 국가의 체면을 바로 세우겠다는 의지가 내포되었던 것이다. 나아가 조·일간의 전쟁상태를 종결하고 외교의 차원에서 양국의 현안을 해결하려는 시도였던 것이다. 이러한 점에서 임란 후 강화교섭과 동아시아 국제질서 회복과정에서의 탐적사 사명대사 일행의 역할과 기능이 외교사적인 의미에서 재평가되어야 할 것이다.

그러나 당시 일본은 명으로부터 책봉을 받을 수 없었고, 이러한 조선측의 요구는 쓰시마에 의해 국서의 개작 내지는 위작이라는 변칙적인 방법에 의해 이루어지게 된다. 물론 조선측에서는 쓰시마로부터 보내진 장군의 국서와 범릉적이 僞書와 僞者임을 알았지만, 조선의 요구가 일단은 해결된 이상, 더 이상의 추궁은 의미가 없다고 판단하고, 강화사를 파견해서 임란 후 적대관계를 교린관계로 재편해 나가게 되었다. 하지만 이 강화사의 명칭은 「回答兼刷還使」였던 것이다. 따라서 이 회답겸쇄환사에 의해서 양국간의 강화는 성립되었지만, 적어도 이 단계에서 조선이 일본을 교린상대국으로 보았던 것은 아니다. 이 내용은 다음의 내용을 통해 확인할 수 있다.

즉 일본에 갈 사신의 명칭을 논의하는 자리에서 비변사에서는,

> 「"이번에 사신을 보내는 것은 부득이한 데에서 나온 조처이기는 하지만 적의 정세를 상세히 알지 못하는데 문득 通信使라 호칭하는 것은 실로 타당한 것이 아닙니다. '諭'자를 이웃 나라에 쓰기 어려울 듯하다는 것은 聖慮가 지극히 마땅합니다마는, 사신의 명칭은 문서 가운데에는 나오지 않으므로 혐의할 것이 없을 듯합니다. 그가 먼저 글을 보내어 오고 우리는 回答하는 것이므로 回諭使라 칭하는 것이 체모에 맞을 듯하나 該官이 다시 더 상의하여 결정해서 미진한 뜻이 없게 하시라고 한 데 대해 윤허한다고 전교하셨습니다.…" 하니, 전교하기를, "回諭使라 칭하기는 어려울 듯하니, 차라리 回答使라 칭하는 것이 어떠한가?"」24)

---

24) 『선조실록』 권203. 39년 9월 계유.

라고 하여, 통신사라 호칭하는 것은 부적절함을 지적하고, 회답사로 칭하기로 하였다. 그러나 다시 피로인의 쇄환이 중요함을 강조하면서 비변사에서는,

    삼가 전후의 비망기를 보건대, 이번 사신의 사행에 우리나라의 포로로 잡혀간 사람들을 모두 쇄환시키고자 하셨습니다. 이는 참으로 하늘같고 부모 같으신 마음이니 듣고 보는 사람으로 그 누가 감격하지 않겠습니까. 당초에 구구히 이 일을 거행한 것도 생령들을 위해 왜적에게 굽힌 것이었습니다. 지금 와서 쇄환을 중하게 여겨 사신의 호칭을 刷還使로 하는 것은 참으로 마땅한 일입니다. 다만 우리가 무단히 먼저 사신을 보내는 것은 옳지 않고 저들이 書契를 보내온 것을 인해서 回答하는 것이 사체에 당연합니다. 그러므로 중국 조정에 아뢴 가운데에도 '가강(家康)이 하는 짓이 이미 참인지 거짓인지 헤아리지 못하겠고 결박지워 보내온 왜적도 진짜인지 가짜인지 판단하기 어려우나 저들이 이미 이런 내용으로 말을 해왔으니 신으로선 회답하지 않을 수 없다.' 하였으니, 회답이란 두 글자를 완전히 빼버리기는 곤란합니다. 그러니 回答兼刷還使라고 하는 것이 무방할 듯합니다.
    상께서 직접 서장을 보냈다가 저들이 따라주지 않는다면 손상되는 바가 없지 않으니, 예조에게 전후 하교하신 뜻을 가지고 전교를 받들어 서장을 보낸다는 내용으로 일본의 執政에게 서장을 보내게 하는 것이 편할 듯합니다. 또 왜적들이 설혹 사신의 名號가 전과 다름을 힐문한다 하더라도 이에 대답할 말은 충분히 있습니다. '일본이 먼저 서계를 보내왔으니, 우리는 그것을 回答하는 것이고 사신이 이미 들어갔으면 우리 백성을 刷還해야 하기 때문에 回答兼刷還使라 한 것이다. 두 나라가 이미 서로 통호하였으니 중한 바가 여기에 있는 것인데 어찌 명호를 가지고 의심한단 말인가.'라고 말을 하면 될 것이니, 이런 뜻을 사신에게 말해주어 보내는 것이 마땅할 것입니다.25)

라고 하여 최종적으로는 「回答兼刷還使」로 결정하였다. 즉 회답사는 전례가 없지만, 명을 의식하여 붙여졌고, 쇄환사는 우리 백성을 쇄환시키는 것이라는 의미이다.26) 그리고 이러한 명칭은 1617년에도 그대로 적용되어

---

25) 『선조실록』 권207, 40년 1월 기사.

회답겸쇄환사라고 했다.

> 비변사가 아뢰기를, "回答使는 병오년의 전례에 의거해서 兼刷還使로 칭
> 호를 바꾸는 것으로 付票를 고쳐서 속히 공문을 보내는 것이 어떠하겠습니
> 까?"하니, 윤허한다고 전교하였다.[27]

그러나 1624년의 경우는 단지 회답사라고만 칭하고 있다. 전쟁이 끝난지
25년이나 지나 아마 쇄환의 의미가 그만큼 약해졌을 것이다.

> … 鄭岦을 日本回答使로, 姜弘重을 부사로, 金南重을 종사관으로 삼았다.[28]

그러나 이 회답사도 100명의 피로인을 쇄환시켰다.
1604년부터 1624년까지 막부장군에게 파견된 조선사절의 현황은 다음과
같다.

---

26) 『선조실록』 권207, 40년 1월 무진. "전부터 일본을 왕래하는 사신은 통신사라 칭하
여 왔고 회답사란 호칭은 없었다. 이번에도 그 명칭을 생각해보다 적당한 명칭이
없어서 부득이 회답사라 칭하였다. 만일 쇄환사로 부르기로 한다면 회답(回答) 두
글자는 지워버려라. 서계 가운데에는 먼저 그들의 정성스런 뜻에 대해 답하고 인해
서 사리를 들어 말하여 붙잡아간 우리 백성의 쇄환을 청해야 할 것이다. '우리 백
성은 바로 천자의 적자(赤子)이니 고국으로 쇄환시켜 각기 그들의 생업에 편안히
종사케 하는 것이 진실로 교린의 도리이다.'라는 내용으로 만든다면 사리에도 편할
것이다"라고 하여, 쇄환은 교린의 도를 실현하기 위한 것이라고 했다.
27) 『광해군일기』 권122, 9년 6월 기미.
28) 『인조실록』 권5, 2년 3월 기묘.

「1604~24년간 조선사절 일람표」

순번	파견일	명칭과 파견자	목적	출처
1	1604.8	探賊使 四溟大師	일본 국정탐색	선조 37년 12월 무오
2	1607.2	回答兼刷還使 呂祐吉	화호, 국정탐색, 피로인쇄환	慶暹, 『海槎錄』
3	1617.7	回答兼刷還使 吳允謙	대판평정축하, 피로인쇄환	李景稷, 『扶桑錄』
4	1624.10	回答使 鄭岦	장군습직축하, 피로인쇄환	姜弘重, 『東槎錄』

(파견일은 출항일을 기준으로 작성하였음)

5. 통신사의 부활

후금의 건국직후부터 일기 시작한 만주에서의 세력변동은 동아시아 국제
관계에 커다란 변화를 가져왔으며, 연이은 明과 朝鮮에의 침입은 명의 책봉
을 공통분모로 한 중화적 국제질서를 무너뜨리는 하나의 예고였다. 그러나
기존의 사대교린정책에 의해 주변국과의 상호공존관계를 유지하려 했던 조
선은 1627년 후금의 침입을 받으면서도 종래의 대명관계를 고수했다. 그러
나 계속되는 후금의 세력팽창은 조선에게는 더욱 군사적인 불균형을 초래
했고, 1632년부터는 후금과의 형제관계를 군신관계로 바꿀 것을 강요했다.
그런데 조선에서는 이를 기존의 동아시아 외교질서를 후금중심으로 개편하
려는 행위로 받아들여 강하게 거부했다. 그 결과 1636년에는 병자호란을 피
할 수 없게 되었고, 힘의 강요에 의한 사대관계를 맺게 되었다. 그리하여 청
에 대해 사대와 책봉을 거부할 수 없게 된 조선은 표면적으로는 그 관계를
유지하지만, 내면적으로는 자국문화에 비중을 두면서 조선을 명의 멸망 후,
중화문명의 계승자라는 小中華思想에 의해 자존의식을 강화해갔고, 그 구체
적인 움직임이 한때 북벌론으로 나타나기도 했다.

조선에서는 이와 같이 대중국관계에 기본적인 변화가 초래하자, 대일정
책의 전환이 불가피하게 되었고, 그에 따라 대일 교린체제도 개편해 갔다.

그리하여 종래 명의 책봉을 전제로 한 중화적 교린체제의 형식을 포기하는 대신, 청을 견제하고 대비하기 위한 새로운 탈중화의 독립적인 교린체제를 수립하였다. 이 개편에 결정적인 계기가 되었던 것은 역시 대마도에서 발생한 국서개작폭로사건(柳川一件)이었고, 조선에서는 교섭 끝에 통신사를 파견함으로써 조선후기의 교린체제를 새롭게 구축하였다.[29]

1636년 통신사의 파견이유가 '국서개작폭로사건'과 관련된 일본측 내정과 관련이 있다는 것은 이미 中村榮孝에 의해 지적되었다.[30] 이에 대해 통신사연구의 대가인 三宅英利는 1636년 2월 대마도주 宗義成으로부터 예조참의에게 보낸 신사파견 요청서한[31]과 인조 앞으로 보낸 회답서한을[32] 근거로 '대조선외교체제의 쇄신을 목적으로 과거의 교류를 시정하고, 새로운 교류를 원하는 막부의 결의를 표현하는 통신사의 초빙을 목적으로 하는 의도였다.'고 했다.[33] 따라서 조선후기 교린체제의 개편에 결정적인 계기가 되었던 국서개작폭로사건과 서식개정요구가 일본측으로부터 제기되었다는 사실에 의해, 통교체제의 개편이 일본에 의해서 주도되었고, 조선이 피동적이었으며 개편된 통교체제가 조선에게 불리하였다는 견해가 통설이었다.

---

29) 필자는 조선후기의 새로운 교린체제를 조선전기의 교린체제와 구별하여 脫中華의 交隣體制라고 정의하고 그에 관한 새로운 개념을 제시 한바 있다(孫承喆, 『朝鮮後期 對日政策의 性格研究』, 1989, 성균관대학교 박사학위논문).

30) 中村榮孝, 『日鮮關係史の研究』, 下, 吉川弘文館, 496쪽.

31) 우리 大君의 受禪之日에 사신의 하례를 받았고, 먼저 大君이 돌아가신 후에 泰平을 더한 것이 몇해 되었습니다. 이제 귀국 소식을 듣고 그런 일이 잇다는 것을 알리려고 하는데, 귀국의 신사가 바다를 건너와 화친을 닦자고 한즉, 千里의 명을 통하여 더욱 만년의 터전을 든든히 하고자 합니다. 이에 우리가 전에 섭섭했던 점을 이해하시고, 사랑을 베풀어 주시기 바랍니다.(『通航一覽』 제1, 권31, 朝鮮國部 7, 宗氏通信使伺幷掛合, 從元和度至明曆度)

32) 義成·調興이 서로 송사를 하여 서와 인을 위조한 사실이 밝혀졌는데, 귀국에서도 이 사실을 일찍이 들었을 것이니, 이제 지나간 일을 고쳐서 새롭게 하는 것이 당연합니다.(『古事類苑』 外交部 9, 朝鮮2)

33) 三宅英利著, 孫承喆 옮김, 『근세 한일관계사연구』, 이론과 실천, 1991, 180~181쪽.

그러나 당시 조선왕조의 내정과 통신사 파견과정을 살펴보면 이러한 견해는 수정되지 않으면 안된다. 즉 1636년 6월 사절파견을 놓고 조정의 의견이 분분할 때, 李植은 秀吉軍의 침입은 잊을 수 없지만 德川정권이 이를 멸하였고, 조선과의 우호가 30년에 이르렀으니 이제는 평화적이라고 강조하고 있다.[34] 이 가운데서도 병조판서였던 최명길은 신사파견이 예단문제로 논란이 있는 것을 듣고,

> 交隣의 道는 당연히 정하여진 격식을 그대로 따라야지 형세에 따라 함부로 할 수 없는 것입니다. 그러나 만일에 일과 시기가 달라서 꼭 변통해야 할 형편이라면 舊例를 억지로 고수할 필요는 없는 것이니, 중요한 것은 國家를 保衛하고 百姓을 편안하게 하는 것입니다.
> 근래에 日本의 事機가 조금 달라진 것을 인하여 지난번에는 미봉책을 쓰지 않을 수 없었습니다. 馬才를 보내고 書式을 고친 것은 모두 馬島의 청을 그대로 따랐으나 유독 禮單 한 가지 일만은 허락지 않고 있으니, 신은 좋은 계책이 아니라고 생각합니다.[35]

라고 하여, 당시의 정황을 고려할 때, 예단의 적고 많음을 가지고 사신파견에 늑장을 부려서는 안된다고 하면서,

> 島主가 죄를 입고 調興이 다시 등용되면 화가 양국에 전가될 것은 필연적인 형세입니다. 그렇다면 도주를 편안하게 하는 것은 곧 우리 변경을 편안히 하는 것입니다. 그 일이 어찌 중요하지 않겠습니까. 만약 격식을 어기는 것 때문에 어렵게 여긴다면 馬上才는 보낼 필요가 없고 서식을 고칠 필요가 없으며, 만약 물건을 소중하게 여기는 것이라면 2필의 말과 20필의 비단은 지극히 사소한 것입니다. 그러니 해마다 보낸다고 하더라도 여기에 소비되는 것 때문에 변경의 걱정과 바꿀 수는 없는 것입니다. 더구나 그것이 10년에 한번 행하는 것이지 않습니까? 이 일의 이해와 득실은 분명하게 알 수

---

34) 『인조실록』 권32, 14년 6월 경인.
35) 『인조실록』 권33, 14년 7월 을축.

있습니다. 신의 생각에는, 차라리 도주에게 기롱을 당할지언정 너무 인색하게 하고 고집을 부려 변경의 事機를 그르칠 수는 없다고 여겨집니다.[36]

라고 하여, 예단의 추가분에 대해서도, 변경의 우환을 대비한 방위비에 비교하면 별다른 것이 아니라고 하면서, 통신사를 10년에 한번씩 보내도 일의 이해득실을 고려하면 오히려 사신을 파견하는 것이 옳다고 했다. 따라서 조선의 입장에서 북방과의 대외적인 사정을 고려할 때, 일본과의 우호관계 유지는 국가안위에 절대적인 선행조건이었다. 그러므로 통신사 파견의 문제나 서식개정에 대한 수락도 이러한 정세를 배경으로 이해해야 한다. 당연한 일이지만 당시 조선의 대일정책은 전적으로 청과의 위기감 속에서 모색되었을 것이고, 이렇게 볼 때, 최명길의 주장처럼 조선의 입장에서는 청과 명, 그리고 일본 사이에서 어떻게 보국안민해야 할 것인가가 가장 중요한 문제로 인식되었다고 보아야 한다.

결국 이러한 의미에서 1636년 통신사는 동아시아 국제환경의 격변 속에서 조·일 양국 서로가 청을 견제하기 위해 새로운 외교체제를 수립한 국제적 표현이라고 규정지을 수 있으며, 나아가 명의 책봉체제가 붕괴되는 상황에서 중국을 중심으로 하는 전통적인 외교질서를 배제한 새로운 교린체제, 즉 '脫中華의 交隣體制'의 새로운 확립을 위한 사절이라고 평가할 수 있다. 조·일 교린체제의 탈중화적 성격은 일본장군의 국서에 나타나는 大君號나 천황의 연호, 또 조선의 경우는 1644년 명이 완전히 멸망한 후, 조선 스스로도 대일 외교문서에는 명의 연호는 물론이고 청의 연호도 사용하지 않고, 단지 干支만을 사용하고 있는 점에서도 간접적으로 증명된다.[37]

1636년 통신사 파견을 전후하여 개편되기 시작한 교린체제는 크게 외교관계와 무역관계로 구분할 수 있는데, 그것이 확연히 구분되는 것은 아니지

---

36) 위와 같음.
37) 손승철, 「明·淸 交替期 對日外交文書의 年號와 干支」(『근세조선의 한일관계연구』, 국학자료원, 1999) 참조.

만, 그 주된 임무 면에서 보면, 외교관계에 비중을 두고, 조선국왕이 막부장
군에게 파견하는「通信使」와 예조참의 명의로 대마도주에게 파견하는「問
慰行」이 있었다. 그리고 무역관계에 비중을 두고, 일본에서 정기적으로 파
견되는「年例送使」와 부정기적으로 파견되는 임시사신인「差倭」가 있었다.
그리고 부산에는 초량에「倭館」을 설치하여 양국간의 통교업무를 총괄하도
록 했다. 이로써 조·일양국은 교린체제를 총체적으로 운영해 갔던 것이다.
  그런데 1636년 조선사절에 通信使 호칭이 붙여진 경위에 관해서 『朝鮮王
朝實錄』에는 별다른 단서를 찾을 수 없다. 다만

> 통신사 임광(任絖), 부사 김세렴(金世濂), 종사관 황호(黃?)가 일본에서 돌
> 아오니, 상이 불러서 만나보고 일본의 사정을 물어보았다.[38]

라고만 되어있다. 그러나 『通文館志』에는,

> 대마도주 平義成이 인조에게 서계를 보내와 말하기를, 우리 대군의 受禪
> 之日에 사신이 왔는데, 먼저 大君이 훙거한 때보다 太平을 배가하기 위해 通
> 信使를 청했다[39]

라고 했고, 『增正交隣志』에는,

> 關白 家光이 交隣의 誠을 알기위해 島主로하여금, 조정에 信使를 청하도
> 록 하여 差倭가 왔는데, 조정에서는 국서가 오지 않은 것에 구애됨이 없이
> 임광, 김세렴, 황호를 10월에 보내었다.[40]

라고 하여, 信使 즉 通信使가 交隣을 실천하기 위한 사절임을 명백히 하

---

38) 『인조실록』 권34, 15년 3월 무신.
39) 『通文館志』 권9, 紀年
40) 『增正交隣志』 권5, 信使各年例.

고 있다. 이후 조선에서 막부에 보낸 사절은 모두 通信使의 명칭을 사용하고 있으며, 파견목적은 1636년 태평축하와 1643년 장군이 得男을 한 경우를 제외하고는 모두 장군습직의 축하가 정례화되었다. 1636년 통신사의 명칭이 부활된 후, 1811년까지 총 9회에 걸쳐 통신사가 파견되었다.

조선후기(1636~1811)의 통신사 일람표는 다음과 같다.[41]

「조선후기(1636-1811) 통신사 일람표」

순번	파견일	명칭과 파견자	목적	출처(『海行摠載』)
1	1636.10	通信使 任 絖	일본태평축하, 국정탐색	김세렴 『海槎錄』
2	1643.04	通信使 尹順之	장군아들탄생축하, 국정탐색	『癸未東槎日記』
3	1655.06	通信使 趙 珩	장군습직축하(德川家綱)	남용익 『扶桑錄』
4	1682.06	通信使 尹趾完	장군습직축하(德川綱吉)	김지남 『東槎日錄』
5	1711.07	通信使 趙泰億	장군습직축하(德川家宣)	조태억 『東槎錄』
6	1719.06	通信使 洪致中	장군습직축하(德川吉宗)	신유한 『海遊錄』
7	1748.02	通信使 洪啓禧	장군습직축하(德川家重)	조명채 『奉使日本時聞見錄』
8	1763.08	通信使 趙 曮	장군습직축하(德川家治)	조엄 『海槎日記』
9	1811.윤3	通信使 金履喬	장군습직축하(德川家齊)	유상필 『東槎錄』

(파견일은 출항일을 기준하였음)

---

41) 한국사에 있어서 일반적으로 조선시대의 구분은 임진왜란을 기점으로 전기와 후기로 나누고 있다. 그러나 조선시대 한일관계사의 시기구분은 이와는 차이가 있다. 일본의 경우는 기본적으로 막부가 다르므로, 실정막부와 전국시대, 덕천막부로 나누고, 전국시대까지를 중세, 덕천막부부터는 근세로 보고 있다. 한국의 경우는 아직 정설이 없다. 이원순과 하우봉은 조선후기를 통신사의 형태로 구분하고 있으나, 필자는 교린체제의 성격을 가지고 조선전기(1392~1592), 임란직후(1607~1635), 조선후기(1636~1810), 개항전기(1811~1872)로 구분한 바 있다(孫承喆, 『朝鮮時代 韓日關係史硏究』, 지성의 샘, 1994, 14쪽).

6. 결론

조선시대 조선국왕 명의로 일본 막부장군에게 파견된 조선사절이 通信使로 불려지기 시작한 것은 1413년 박분 때부터이다. 하지만 이때의 통신사는 和好를 위한 交通의 의미 이상이라고는 보기 어렵다. 通信의 본래의 의미인 交隣을 위한 信義가 강조된 통신사는 역시 1428년 박서생이 처음이다. 그러나 통신사가 실제로 조·일간에 정착되는 것은 시기적으로 交隣體制가 완성되어 가는 1439년 고득종 때부터이다. 이러한 의미에서 '通信使란 조선왕조의 대일기본정책인 交隣政策을 실현하기 위한 외교적인 목적을 가진 信義의 사절'로 그 개념을 정의할 수 있다.

조선후기에 통신사의 호칭이 다시 부활되는 1636년의 通信使도 이러한 개념으로 이해해야 한다. 따라서 조선시대 通信使란 원칙적으로 交隣을 전제로 하지 않으면 성립될 수 없는 호칭이라고 생각한다. 그래서 임란직후의 탐적사나 회답겸쇄환사도 통신사로 칭하지 않았다.

이러한 의미에서 통신사의 호칭을 자리매김 한다면, 개항이후의 修信使도 조·일간의 교린체제를 염두에 둔 의도적인 호칭은 아니었을까. 물론 이 점에 관해서는 좀더 규명해야 할 문제가 많지만, 통신사의 통시적인 고찰은 시사하는 바가 크다.

이상의 통신사 명칭의 고찰을 통하여 다음과 같은 통신사인식의 재고가 요청된다.

첫째, 조선시대 통신사를 '朝鮮通信使'로 부르는 것은 재고할 필요성이 있다. 조선측의 사료에 의하면 일본으로 가는 통신사이므로 '日本通信使' 또는 '通信使'로 기록되어 있다. '朝鮮通信使'란 일본인들이 '朝鮮에서 오는 通信使'라고 부르는 호칭이기 때문이다[42].

---

42) 朝鮮通信使의 호칭문제는 하우봉, 「조선후기 한일관계에 대한 재검토」 『東洋學』 제 27집, 1997)에서 이미 제기된 바 있다.

둘째, 통신사의 대상 시기가 조선후기가 중심이 되어서는 안되며, 조선시대 전 기간을 대상으로 해야 한다. 그 이유는 역사적으로 볼 때, 통신사는 1428년부터 시작하였고, 1439년부터는 이미 정착되고 있기 때문이다.

셋째, 현재 부산에서는 1607년을 기준하여 2007년에 400주년 기념식을 준비하고 있다는데, 이것은 아주 잘못된 것이다. 왜냐하면 통신사는 이미 조선전기에 여러 차례 실행되고 있을 뿐만 아니라, 1607년의 사절은 통신사가 아닌 회답겸쇄환사이기 때문이다. 오히려 통신사의 시원을 생각하면 시대를 더 올라가서 잡는 것이 타당하다.

넷째, 조선후기의 통신사만을 강조하거나 '朝鮮通信使'의 명칭은 일본학자들의 기존연구를 비판없이 받아들이는 결과가 된다고 하는 점을 지적하고 싶다. 일본학자들이 조선후기 통신사를 강조하는 이유는 여러 가지 있겠지만, 기본적으로 한국사와 일본사의 시기구분이 다르며, '交隣'의 이념을 기본전제로 하는 '通信使觀'을 갖고 있지 않기 때문이다.

결론적으로 통신사는 朝鮮의 交隣政策을 실현하는 구체적인 행위의 표현으로 일본에 파견된 국가의 공식적인 사절임이 재삼 강조되어야 한다. 그러한 의미에서 통신사는 '조·일 양국간에 信義를 通하고자 하는 조선외교의 기본이념을 실천하고 있는 歷史的의 實體이다.' 이러한 점에서 한일양국에서 통신사가 어떻게 인식되고 있으며, 설명되고 있는가에 대한 역사적인 반성이 이루어져야 한다고 생각한다.

제2장
조선시대 通信使硏究의 회고와 전망

1. 머리말

　일반적으로 通信使[1]는 조선후기 조선국왕이 일본 막부장군에게 보낸 외교사절로 총 12회 파견되었다고 알려져 있다. 그러나 통신사는 조선후기만이 아니라 조선전기부터 파견되었으며, 통신사의 명칭이 정식으로 사용된 것은 1428년부터이다. 通信이란 '信義를 通한다'는 의미로 당시 왜구에 의해 유린되는 양국관계를 신의가 통하는 통신사를 파견하여 우호·교린관계로 만들어 가자는 것이었다. 특히 조선후기에는 통신사가 일본에 파견되면 각지역마다 수많은 일본문인들이 통신사의 숙소에 모여들어 異國文化에 대한 동경과 흠모를 아끼지 않았으며, 이러한 흔적은 아직도 일본의 곳곳에 남아있어 우호관계의 상징으로 인식되고 있다.

　그러나 한·일양국에서 통신사에 대한 역사적 평가가 제대로 이루어지고 있지 않다. 1970년대 이후 선린외교와 문화교류의 통신사로 재평가되기 시작했지만, 통신사에 대한 역사적 평가가 제자리를 찾은 것은 아니다. 아직도 일부에서는 식민사관의 왜곡된 수준을 벗어나지 못하고 있으며, 작금의 일본 역사교과서에서도 이 부분의 기술이 문제가 되고 있다. 이점에 관해 60년대 이후 40년동안 통신사연구에 몰두해 온 三宅英利는 '통신사연구가

---

1) 『朝鮮王朝實錄』에는 日本通信使라고 명시되어 있다. 즉 조선에서 일본에 파견하는 사절이라는 의미이다. 朝鮮通信使라는 용어는 조선에서 오는 통신사라는 의미로 일본학자들에 의해서 쓰여지기 시작한 용어이므로 通信使 또는 日本通信使라고 해야 옳다.

일본의 끊임없는 불법에 대한 속죄의 계기가 되기를 바란다'고 할 정도로
의미 심장한 표현을 하기도 했다.[2]

이 글에서는 먼저 통신사에 대한 개괄적인 검토를 한 후, 이어 양국에서
의 연구현황을 총체적으로 점검하여, 그 문제점과 전망을 살펴보고자 한다.

2. 통신사 개관

1) 通信使와 日本國王使

1392년, 조선왕조에서는 室町幕府에 승려 覺鎚를 보내 고려말부터 극성
을 부리던 왜구 단속을 요청했다. 이에 대해 장군 足利義滿은 승려 壽允을
조선에 보내 '海賊船을 금하고 朝鮮被虜人을 송환해서 隣交를 다질 것을 염
원한다'는 서한을 전달했다. 그런데 당시 파견된 사절은 일본장군 명의가
아니었다. 장군명의의 사절은 1404년 7월, 足利義滿이 '日本國王 源道義'라
는 이름으로 파견하면서이다. 이 사절을 日本國王이 파견했다는 의미로 '日
本國王使'라고 한다. 이때부터 1592년 임진왜란 때까지 71회에 걸쳐 '日本
國王使'가 파견되었다. 조선에서는 1596년까지 19회에 걸쳐 사절을 파견했
는데, 처음에는 '報聘使'라고 했으나, 1428년부터는 '通信使'라고 했다. 通信
使라는 명칭이 사용된 것은 이때부터이며, '通信'이란 '信義를 通한다'는 의
미이다. 즉 선린관계를 유지하기 위하여 信義를 通하기 위한 사절을 파견한
다는 의미이다.

---

2) 三宅英利, 『近世 日朝關係史の研究』, 文獻出版, 1986 참조.

「표 1」 조선전기 조선사절 일람표

회수	출발	使行名	正使	派遣對象	使行目的	出處
1	1392.윤12		覺鎚(僧)	征夷大將軍	倭寇禁止要請	善隣國宝記, 上
2	1399. 8	報聘使	崔云嗣	日本大將軍	報聘	實錄定宗元/8.癸亥
3	1402. 7		朝官	日本大將軍	和好,禁敵被虜人刷還	實錄太宗2/7壬辰
4	1404.10	報聘使	呂義孫	日本國王	報聘	實錄太宗4/7己巳
5	1406. 2	報聘使	尹銘	日本國王	報聘	實錄太宗5/12戊辰
6	1410. 2	回禮使	梁需	日本國王	報聘,義満弔喪賻儀	實錄太宗10/2辛丑
7	1413.12	通信官	朴貫	日本國王	使行道中發病中止	實錄太宗14/2乙巳
8	1420.윤1	回禮使	宋希璟	日本國王	國王使回禮,大藏經賜給	老松堂日本行錄
9	1422.12	回禮使	朴熙中	日本國王	國王使回禮,大藏經下賜	實錄世宗4/12癸卯
10	1424. 2	回禮使	朴安信	日本國王	國王使回禮,金字經賜給	實錄世宗5/12辛亥
11	1428.12	通信使	朴瑞生	日本國王	國王嗣位,致祭	實錄世宗10/12甲申
12	1432. 7	回禮使	李藝	日本國王	國王使回禮,大藏經下賜	實錄世宗14/7壬午
13	1439. 7	通信使	高得宗	日本國王	交聘,修好	實錄世宗21/7丁巳
14	1443. 2	通信使	卞孝文	日本國王	日本國王嗣位,致祭	實錄世宗25/2丁未
15	1460. 8	通信使	宋處儉	日本國王	國王使報聘,使行中遭難	實錄世祖5/8壬申
16	1475. 7	通信使	裵孟厚	日本國王	修好,日本內亂中止	實錄成宗6/8丁酉
17	1479. 4	通信使	李亨元	日本國王	修好,巨濟島中止	實錄成宗10/9乙丑
18	1590. 3	通信使	黃允吉	豊臣秀吉	倭情探聞	金誠一,海槎錄
19	1596. 8	通信使	黃愼	豊臣秀吉	講和交涉	實錄宣祖29,/8壬子

그러나 瀨戶內海에서의 해적의 활동이 여전하여 통신사일행의 안전이 보장되지 않았고, 조선 연안에서의 왜구활동도 여전했다. 그래서 조선에서는 다시 對馬島主를 매개로 하여, 왜구를 평화로운 통교자로 전환시키는 貿易體制를 새로이 구축했고, 그 결과 三浦開港과 癸亥約條에 의해 효과적인 통교규정이 정해졌다. 즉 通信使와 日本國王使의 외교관계 그리고 삼포개항을 통한 무역관계라는 이원적인 구조에 의해 양국관계가 안정되어 갔다.

2) 조선후기의 通信使

1598년, 임진왜란이 끝난 후, 조일양국은 강화교섭에 노력을 기울이고, 그 결과 1604년 조선에서는 德川幕府의 강화에 대한 眞意를 살피기 위하여,

승려 惟政을 探賊使의 명칭으로 일본에 파견했다. 이들은 京都에 가서 새로 장군이 된 德川秀忠을 만났고, 駿府에 은퇴해 있던 家康도 만났다. 惟政이 피로인 1,390명을 데리고 일본에서 돌아온 후, 본격적인 강화교섭을 진행했고, 드디어 1607년 조선사절이 파견되어 전쟁에 의해 단절되었던 국교가 재개된다. 그러나 당시 사절단의 명칭은 '通信使'가 아니라 '回答兼刷還使'라고 하는 단순한 명칭이었다. '通信使'의 명칭이 다시 회복되는 것은 1636년부터이다.

「표 2」 조선후기 조선사절 일람표

순번	출발서기	조선	일본	임무	총인원 (오사카 잔류인원)	일본기행문	비고
1	1607. 1	선조40	慶長12	강화, 국정탐색, 피로인쇄환	467	경섬『해사록』	回答兼刷還使
2	1617. 7	광해군9	元和 3	피로인쇄환, 오사카평정축하	428 (78)	오윤겸『동사상일록』 박재『동사일기』 이경직『부상록』	回答兼刷還使
3	1624. 9	인조2	寬永元	피로인쇄환, 장군습직축하	460	강홍중『동사록』	回答兼刷還使
4	1636.10	인조14	寬永13	태평축하	478	임광『병자일본일기』 김세렴『해사록』 황호『동사록』	通信使 大君호칭사용 日光山參詣
5	1643. 4	인조21	寬永20	장군탄생축하	477	조경『동사록』 신유『해사록』 작자미상『계미동사록』	日光山參詣
6	1655. 6	효종6	明曆元	장군습직축하	485 (100)	조경『부상일기』 남용익『부상록』	日光山參詣
7	1682. 6	숙종8	天和 2	장군습직축하	473	김지남『동사일록』 홍우재『동사록』	
8	1711. 7	숙종37	正德元	장군습직축하	500 (129)	조태억『동사록』 김현문『동사록』 임수간『동사록』	新井白石개정 (大君-將軍)
9	1719. 6	숙종45	享保 4	장군습직축하	475 (109)	홍치중『해사일록』 신유한『해유록』 정후교『부상기행』 김흡『부상록』	개정환원 (國王-大君)

10	1748. 2	영조24	延享 5	장군습직축하	475 (83)	조명채『봉사일본시문견록』 홍경해『수사일록』 작자미상『일본일기』	
11	1763.10	영조40	宝暦14	장군습직축하	477 (106)	조엄『해사일기』 오대령『계미사행일기』 성대중『일본록』	崔天淙被殺
12	1811. 3	순조11	文化 8	장군습직축하	328	유상필『동사록』 김청산『도유록』	對馬易地通信

이같이 조선후기 통신사(초기 3회는 회답겸쇄환사)는 朝鮮國王이 幕府將軍(日本國王)에게 파견한 사절로, 이들은 조선국왕의 國書와 禮物을 지참하였다. 그리고 사절단의 三使(正使·副使·書狀官)는 중앙의 관리로 임명했으며, 전기와는 달리 回禮나 報聘의 의미가 아니라 幕府將軍의 襲職이나 양국간의 긴급한 외교문제를 해결하기 위한 목적으로 파견되었다. 통신사의 편성과 인원은 각회마다 약간의 차이가 있지만, 대략 300명에서 500명이 넘는 대인원이었다.

장군습직축하의 통신사 파견절차는 먼저 일본에서 새로운 幕府將軍의 승습이 결정되면, 對馬島主는 막부의 명령을 받아, '關白承襲告慶差倭'를 조선에 파견하여 그 사실을 알려온다. 그리고 곧이어 통신사파견을 요청하는 '通信使請來差倭'를 파견하였다. 이에 따라 조선의 禮曹에서 통신사파견을 결정한 후, 이 사실을 倭館에 알린다. 통신사가 서울을 출발하여 부산에 도착하면 '信使迎聘差倭'의 인도를 받아 대마도에 도착한 후, 對馬島主의 안내를 받아 江戶까지 왕복한다. 이들이 임무를 마치고 對馬島로 돌아오면 그곳에서 부산까지는 다시 '信使送裁判差倭'가 이들을 호행하여 무사히 사행을 마치도록 안내하였다.

통신사의 여정을 보면, 일행이 서울을 출발하여 부산까지 대략 2개월 정도가 걸렸다. 통신사일행은 긴 여행에 앞서 국왕으로부터 환송연을 받았으며, 그것이 끝나면 각기 집으로 돌아가 가족과 작별을 하였다. 8개월 내지 2년이나 걸리는 긴 여정이었고, 또 바다를 건너야하는 위험부담 때문에 죽

음을 각오하는 듯한 이별이었다. 그래서 중도에서 여러 차례 宴會가 베풀어
졌다. 처음에는 충주·안동·경주·부산의 4개소에서 베풀어졌으나, 민폐 때
문에 후에는 부산 한곳에서만 베풀었다. 부산에 도착해서는 永嘉臺에서 海
神祭를 지냈다. 永嘉臺에서 해신제를 지낸 통신사는 國書를 받들고, 騎船 3
척과 卜船 3척에 나누어 타고, 호위하는 대마도선단의 안내를 받아, 對馬島
佐須奈에 도착한 후, 對馬島主가 있는 嚴原의 府中으로 갔다. 그곳에서 對馬
島主의 영접을 받은 후, 다시 以酊庵의 長老 2人의 안내를 받아 一岐 - 相島
- 地島를 거쳐 下關을 거쳐 瀨戸內海로 들어선다. 이어 大阪에 이른 뒤 東·
西本願寺에 묵었다. 그 뒤 6척의 조선선과 100명 전후의 경비요원을 남겨둔
채, 諸大名이 제공한 배를 타고 淀浦에 상륙하여 육로로 京都로 향했다. 조
선전기에는 여기가 終點이었지만, 후기에는 1617년과 1811년을 제외하고는
모두 江戸까지 갔다. 도중에 통신사가 통과하는 객사에서의 漢詩文과 學術
의 筆談唱和는 文化上의 交流를 성대하게 했다. 그러나 이에 따른 화려하고
사치한 향응은 결국 幕府의 재정을 압박하는 하나의 원인이 되기도 했다.
그래서 新井白石는 통신사접대의 향응장소를 5개소(大阪·京都·名古屋·駿府,
往路에는 赤間關, 歸路에는 牛窓)만으로 한정하고, 다른 곳에서는 음식만 제
공하는 것으로 했으나, 1711년 한번으로 끝나고 다시 종전의 형태로 돌아가
호화로운 향응을 계속했다.

江戸에 체류하는 동안, 1636년·1643년·1655년에 파견된 通信使는 德川家
康의 묘소인 日光 東照宮에 참배를 강요받기도 했다. 또 1636년부터는 幕府
의 요청에 의하여 曲馬團의 공연이 있었는데, 이를 위해 馬上才가 파견되었
다. 幕府로부터 吉日이 정해져 國書와 別幅이 전달되고는 며칠 뒤, 將軍의
回答書와 노고를 치하하는 선물을 받은 후, 왔던 길을 다시 되돌아서 귀로
에 오르게 된다. 大名들의 접대는 往路와 마찬가지로 행해졌고, 對馬島로부
터는 差倭가 동행하여 부산에 입항한 뒤 서울에 돌아왔다.

그러나 이러한 通信使行도 양국의 사정이나 동아시아 국제정세의 변동에

따라 1811년에 끝나며, 그것도 對馬島에서 약식으로 國書를 교환하는 형식이었다. 물론 그 이후 1837년 家濟의 뒤를 이어 家慶이 장군직을 습직하자, 다시 통신사파견이 요청되었으나 일본 내의 사정에 따라 4차례에 걸쳐 연기를 하다가 결국 1868년 明治維新을 맞게 되고, 韓日關係는 새로운 局面으로 접어들게 되었다.

3. 한국에서의 연구현황3)

한국에서 통신사에 관한 연구는 조선시대 한일관계사에 관한 연구가 1960년대에 들어서 이현종에 의해서 본격화되었음을 상기하면 아직도 많은 분야에서 연구가 미진한 편이다.

조선전기 통신사에 관한 연구는 사절왕래에 관한 논문들(이현종, 한문종)4)에서 다루어지고는 있으나 아직 본격적인 연구는 없다. 즉 이현종은 조선에서 일본에 파견하는 대왜사절을 파견목적과 구성, 파견지역, 왕환로, 사절의 종별 및 성격, 접대, 사절의 왕래에 따른 영향 등으로 나누어서 고찰하였고, 한문종은 조선전기 대일사절의 파견실태를 각 왕대별, 명칭별로 개

---

3) 한국에서의 연구현황은 2001년 6월에 한일관계사학회에서 주관한 2001년 한일관계사 국제학술회의, 『한일계사연구의 回顧와 展望』에서 발표한 한문종, 「조선전기의 회고와 전망」과 이존희, 「한국의 근세한일관계사 연구동향」-통신사행을 중심으로-, 『역사교과서 속의 한국과 일본』, 혜안, 2000. 이원순, 「조선후기(江戸時代) 韓日交流의 位相」, 『朴永錫敎授 華甲紀念 韓國史學論叢』, 1992를 참고하였다.

4) 李鉉淙, 「朝鮮前期 對倭使節派遣의 種別과 意義」『史學硏究』17, 한국사학회, 1964. 이 논문은 『朝鮮前期 對日交涉史硏究』(한국연구원, 1964)에 「對倭使節派遣」으로 수록됨.
  韓文鍾, 「朝鮮前期의 對馬島敬差官」『全北史學』15, 전북대 사학회, 1992.
  韓文鍾, 「朝鮮前期 對日外交政策 硏究 -對馬島와의 관계를 중심으로-」 전북대 박사학위논문, 1996.

관하고 대마도에 파견한 사행(通信官·回禮使·報聘使·賜物管押使·體察使·敬差官, 致奠致慰官, 宣慰使(官), 垂問使)의 종류와 연원, 임무와 역할 등을 분석하여 조선과 대마도간의 외교관계가 어떻게 형성 전개되었는가를 고찰하였지만, 이들 논문들은 모두 조선측 사절의 종류와 역할 등을 다룬 글들로 본격적인 통신사논문이라고는 말할 수 없다. 더구나 조선에서 일본에 파견한 사절에 대한 연구는 있었지만, 막부장군이 조선국왕에게 파견한 사절인 日本國王使에 대한 연구도 한편이 있을 뿐이다.[5) 통신사에 대한 연구가 제대로 이루어지기 위해서는 일본국왕사의 연구도 병행되어야 할 것이다.

조선후기 통신사에 대한 연구는 70년대에 비로소 시작되는데, 李元植, 김종욱, 이준걸 등에 의해서이다.[6) 그러나 이들 연구는 1811년 통신사나 통신사의 여정 등 단편적인 주제를 다룬 것이다. 그 후 80년대에 들어서면서부터 통신사에 대한 관심은 높아져, 통신사의 발자취를 더듬은 김의환『朝鮮通信使의 발자취』, 김용선이 번역한 中村榮孝 外 著『朝鮮通信使』가 출간되어 비로소 통신사의 전체모습을 조명하려는 시도가 이루어지게 되었다. 그외에 김용숙, 송민, 소재영, 이혜순, 박창기, 최박광 등 문학쪽에서 통신사를 조명하려는 새로운 시도가 이루어지기 시작했다.[7)

---

5) 이지선, 「조선전기 일본국왕사연구」, 강원대 석사학위논문, 2002.
6) 李元植「純祖11年 辛未日本通信使差遣에 대하여―對馬島 易地交聘을 중심으로―」,『史學研究』23, 1973.
　김종욱「朝鮮後期通信使點描」,『국회도서관보』9·10, 1973.
　이준걸「日本派遣 朝鮮通信使의 歷程」,『도서관』28-2, 국립중앙도서관, 1973.
7) 김영숙,「朝鮮時代 通信使 및 隨行員의 服飾」,『문화재』19, 문화재관리국, 1986.
　송민,「朝鮮通信使의 母國語體驗」,『어문학논총』6, 국민대, 1987.
　소재영,「18세기의 일본체험―『日東壯遊歌』를 중심으로―」, 논문집 18, 숭실대학교, 1988.
　이혜순,「申維翰의『海遊錄』研究」, 논문집 18, 숭실대학교, 1988.
　박창기,「朝鮮時代 通信使와 日本의 文壇」, 일본학보 23, 1989.
　최박광,「18世紀 韓日間의 漢文學 交流―淸泉 申維翰과 新井白石―」,『전통문화연구』1, 명지대학교 한국전통문화연구소, 1973.

그러나 이러한 흐름은 단절되어 90년대에 이르러는 통신사 그 자체를 연구하는 경향은 별로 보이지 않는다. 오히려 통신사 외교를 통한 문화나 상호인식의 교류 등에 대한 연구가 활발해졌다. 특히 이원식의 일련의 연구들에 의해 문화교류부분에 관한 집중적인 연구가 이루어져 큰업적을 남겼다.[8]

1970년대 이후 발표된 논문가운데, 통신사를 주제로 연구된 논문은 다음 표와 같다.[9]

	외교	제도	무역	문화교류	인식	어문학	회화	서지	복식	기타	계
1970	3				2		1				6
1980		3		1	9	1		2	2		18
1990	11	5	1	3	2	7	2	2			33
2000	1	2								1	4
계	15	10	1	4	13	8	3	4	2	1	61

이 통계에 의하면 외교와 제도분야에 관한 논문이 제일 많고, 다음이 상호인식, 문학, 문화교류, 서지였다. 그리고 이들 논문 중 석사학위 논문이 13편이나 되어, 앞으로의 연구가 기대된다.

그러면 분야별로 연구동향을 살펴보자.

먼저 외교체제에 관련된 연구로는 임란 후 강화교섭과 회답겸쇄환사에 관한 연구가 있다.[10] 특히 전해종, 김문자, 이민호의 논문들은 임란직후의

---

8) 이원식『朝鮮通信使』민음사, 1991. 「通信使行과 文化交流」『韓·日關係學術會議 發表要旨』한국사학회, 1991. 「한일선린외교와 조선통신사」『史學研究』제58·59합집. (내운최근영박사정년기념논문집), 한국사학회, 1999.

9) 이 통계는 국사편찬위원회의 한국사연구휘보에 소개된 논문을 기초자료로 작성하였다.

10) 田中敏昭, 「壬亂前의 豊臣政權과 對馬島主宗氏의 朝鮮外交 : 總無事令을 中心으로」, 단국대 석사학위논문, 1996.
李元植, 「純祖十一年 日本通信使差遣에 對하여-對馬島易地聘禮를 중심으로-」『史學研究』23, 1973.
전해종, 「壬亂後의 對日關係」, 한국사 12, 국사편찬위원회, 1977.

강화교섭과정과 회답겸쇄환사가 파견되는 과정을 상세히 서술하고 있다.
특히 김문자는 조·일·명간에 이루어진 삼국간의 교섭에 관해 언급하였다.
이어 손승철은 회답겸쇄환사에서 통신사로 넘어가는 과정을 중화적 교린체
제에서 탈중화의 교린체제로의 변화로 해석하고 있는데 주목할 만하다.
그리고 최종일에 의해 1636년, 43년, 55년 등 세 차례 이루어진 日光山 致
祭에 관한 연구가 있는데, 통신사를 통한 양국외교의례에 관해 많은 시사점
을 제공해준다. 또 이원식에 의해 통신사와 선린외교에 관한 개괄적인 소개
가 있으며, 1811년 마지막 신미통신사에 관한 연구가 있다. 신미통신사에
관해서는 정성일의 연구도 있는데, 특히 경제적인 측면에 주목하여 통신사
단절의 원인을 구명하고 있다. 또한 임란 전 豊臣정권의 통신사파견요청에
관한 연구로 田中敏昭의 논문이 있는데, 임란원인 분석에 좋은 자료가 된다.

　　제도사의 측면에서는 이민호의 통신사 편성과 노정에 대한 개설적인 논
문이 있으며, 장순순의 제술관과 강신항의 역관에 관한 연구논문이 있다.[11]
특히 장순순은 제술관은 명·청에 파견되는 중국사행에는 없는 직책으로 통

　　김문자, 「임진왜란에 있어서 명·일 강화교섭과 조선」, 『사명당 유정』, 2000.
　　＿＿＿, 「島井宗室과 1590년 通信使 派遣問題에 대해서」, 『詳明史學』 2, 1994.
　　이민호, 「孝宗朝의 對日外交」, 『東西史學』 4, 1998.
　　＿＿＿, 「壬亂과 韓·中·日의 外交關係」, 『壬亂水軍活動研究論叢』 해군군사연구실, 1993.
　　손승철, 「조선후기 脫中華的 交隣體制의 독립성과 허구성」, 『국사관논총』 57, 1994.
　　최종일, 「조선통신사의 日光山致祭 연구」, 강원대 석사학위논문, 1998.
11) 이민호, 「조선후기의 통신사행 연구」, 단국대 석사학위논문, 1984.
　　장순순, 「조선후기 통신사행의 제술관에 대한 일고찰」, 『전북사학』 13, 1990.
　　강신항, 「韓日兩國 譯官에 대한 비교연구」, 『인문과학』 23, 성균관대학교 인문과학
　　연구소, 1993.
　　홍성덕, 「조선후기 對日外交使節 問慰行 硏究」, 『國史館論叢』 93, 2000.
　　＿＿＿, 『十七世紀 朝·日 外交使行 硏究』, 전북대 박사학위논문, 1998.
　　정성일, 「對馬島易地聘禮에 참가한 通信使」, 『호남문화연구』 20, 1991.
　　강재언, 「1764年度의 朝鮮通信使의 日本使行에 대하여」, 『亞細亞文化研究』 4, 2000.
　　小林幸夫, 「朝鮮通信使와 民衆」, 『일본학연보』 3, 1991.

신사행에만 보이는데, 이것은 통신사행중 일본의 문인 및 관리들과의 필담
창화에 대비하기 위한 임무 때문이었다고 서술하여 통신사의 문화교류의
측면을 강조하고 있다. 또한 강신항은 왜학역관과 일본통사의 기능을 소개
하고 있다. 한편 홍성덕은 문위행에 주목하여 통신사와의 차이점을 규명하
였고, 정성일은 마지막 통신사행이었던 1811년 신미통신사의 구성과 왕복
로에 대한 고찰을 하였다.

통신사와 관련된 무역에 관한 논문으로는 유일하게 정성일이 있다.12) 그의
연구에 의하면, 역지빙례의 실시는 대마번에 재정적 손실을 가져다 주었고,
반대로 조선측은 이를 통하여 공무역의 만성적 적자를 보충하는데 도움이 되
었다고 했다. 앞으로 통신사와 관련된 경제분야의 연구가 절실히 요구된다.

다음 문화교류분야인데, 이원식·하우봉·김태준 등의 연구가 있다.13) 이
원식은 『朝鮮通信使』를 통하여 통신사행중에 이루어진 필담창화에 관하여
풍부한 자료소개와 함께 문화교류의 양상을 면밀히 분석하고 있다. 또한 하
우봉은 조선후기 실학과 일본의 고학을 비교하고 있으며, 김태준은 江關筆
談의 분석을 통해 통신사행중에 문화교류가 어떻게 이루어지고 있는가를
사례를 들어 서술하였다.

상호인식에 관한 분야는 통신사에 관한 연구중 숫적으로 가장 많은 분야
이다.14) 상호인식에 관한 연구는 주로 통신사사행에 참여하였다가 귀국후

---

12) 정성일, 「易地聘禮 실시전후 對日貿易動向」『經濟史學』 15, 1991.
13) 이원식, 『조선통신사』, 대우학술총서 59, 민음사.
　　하우봉, 「조선후기 實學과 古學의 비교연구시론」, 『한일관계사연구』 8, 1998.
　　권오봉, 「조선사행을 통한 日本江戶幕府의 韓國儒學受容」, 『韓國漢文學과 儒敎文化』
　　蒼谷金世漢敎授停年退職紀念論叢, 1991.
　　김태준, 「18세기 한일문화교류의 양상 : 江關筆談을 중심으로」, 숭실대학교 논문집,
　　1988.
14) 이원식, 「通信使記錄을 통해 본 對日本認識」, 『國史館論叢』 76, 1997.
　　하우봉, 「元重擧의 日本認識」, 『韓國史學論叢』 李基白先生古稀紀念論文集, 1994.
　　李成厚, 「金仁謙의 歷史認識」, 『韓國學論叢』, 香山卞廷煥博士華甲紀念論叢刊行委員會,

남긴 사행록을 소재로 한 분석이 많다. 예를 들면 이원식·하우봉·이성후·
김정일 등의 논문이 있으며, 6편의 석사학위논문이 있어 의욕적으로 연구되
어짐을 볼 수 있다. 특히 이원식과 하우봉은 조선인의 일본인식을 다루었
고, 반면 이재원은 일본지식인의 조선인식을 다루어, 이들의 논문을 통해
양국인의 상호인식을 단적으로 비교할 수 있다. 한편 손승철은 통신사행원
들의 천황관을 고찰하여 조선시대 일본천황관이 어떻게 변화하고 있는가를
통시적으로 고찰하였으며, 원재연은 개항기 서양문화의 수용을 통신사들의
서양인식과 연관하여 파악하고 있다.

　다음 문학부분의 연구들인데, 이 분야의 논문들도 통신사의 사행록과 그
들이 남긴 시문들을 문학적으로 분석한 글들이 주종을 이룬다.15) 대표적인

　　1992.
　　김정일, 「1636년 通信使와 조선의 대마도인식」, 『淑明韓國史論』 창간호, 1993.
　　정장식, 「1636년 通信使의 日本認識」, 『韓日關係史研究』 11, 1999.
　　김성진, 「조선후기 통신사의 기행시문에 나타난 일본관연구」, 『도남학보』, 1996.
　　김영규, 「조선후기의 對日抗禮外交와 對馬東藩意識-通信使行錄을 중심으로-」, 서울대
　　　석사학위논문, 1990.
　　황창윤, 「조선통신사인식에 대한 재검토」, 강원대 석사학위논문, 1991.
　　이재원, 「18세기 일본지식인의 조선인식에 관한 일고찰 : 雨森芳洲와 新井白石의 조
　　　선인식을 중심으로」, 경성대 석사학위논문, 1995.
　　배수영, 「趙曮의 海槎日記를 통해 본 일본인식」, 성신여대 석사학위논문, 1997.
　　김윤향, 「18세기 申維翰의 일본인식에 관한 고찰-통신사기록 '海遊錄'을 중심으로」,
　　　이화여대 석사학위논문, 1987.
　　방기철, 「鶴峯 金誠一의 日本觀」, 서울대 석사학위논문, 1999.
　　손승철, 「조선시대 日本天皇觀의 유형적 고찰」, 『史學研究』 50, 1995.
　　李慧淳, 「室鳩巢의 賦三韓事蹟詩 小考-18세기 문사의 한국사인식」 『冠嶽語文研究』
　　　18, 1993.
　　원재연, 『조선후기 서양인식의 변천과 대외개방론』, 서울대 박사학위논문, 2000.
15) 이혜순, 『조선통신사의 문학』, 이대출판부, 1996.
　　김성진, 「조선후기 通信使의 日本文學認識」, 『韓國文學論叢』 18, 1996.
　　한태문, 「조선후기 通信使 使行文學의 特徵과 文學史的 意義」, 『동양한문학연구』 10,
　　　1996.

연구로는 이혜순이 있는데, 통신사문학을 분석한 큰 업적이며 이 분야 연구
의 석이 된다. 그외에도 김성진·한태문의 사행문학의 개괄적인 연구가 있
으며, 이동찬 등의 개별 사례연구가 있다. 또한 송민에 의해 통신사행에서
만난 조선피로인의 모국어능력에 관한 특이한 연구가 있다.

한편 통신사행원중에는 반드시 화원이 포함되어 있는데, 홍선표에 의한
일련의 연구가 있다.16) 통신사연구의 소재가 다양함을 보여주는데, 회화사
연구에 통신사행의 화원들의 역할도 주목된다.

다음 통신사에 관련된 기록물들에 대한 연구이다. 주로 하우봉과 한문종
에 의해 이루어졌는데,17) 통신사연구에 가장 기초가 되는 사료의 소개로
모든 연구자들에게 연구의 기초자료를 제공하고 있다.

마지막으로 통신사행원의 복식에 관한 연구가 있다.18) 통신사연구의 다
양한 측면을 보여주는 논문으로 복식사연구에 도움이 된다.

_____, 「甲子 通信使行記 『東槎錄』연구」, 『人文論叢』(부산대학교) 50, 1997.

이혜순, 「17세기 통신사행집단의 문학과 의식세계-南龍翼의 「壯遊」를 중심으로」,
『한국한문학연구』 17, 1994.

이동찬, 「癸未 通信使行 記錄의 장르選擇 : 「海槎日記」와 「日東壯遊歌」를 중심으로」
『韓國文學論叢』 18, 1996.

송민, 「조선통신사의 母國語體驗」, 『어문학논총』 6, 1987.

16) 洪善杓, 「17·18세기의 한·일간 繪畫交涉」, 『考古美術』 143·144, 1979.

_____, 「조선후기 通信使 隨行畫員의 파견과 역할」, 『美術史學研究』 205, 1995.

_____, 「조선후기 통신사 隨行畫員의 繪畫活動」, 『미술사논단』 6, 1998.

17) 하우봉, 「새로 발견된 日本使行錄:『海行摠載』의 보충과 관련하여」, 『歷史學報』
112, 1986.

_____, 「通信使謄錄의 사료적 성격」, 『韓國文化』 12, 1991.

한문종, 「조선후기 일본에 관한 著述의 조사연구-對日關係 謄錄類를 중심으로-」, 『國
史館論叢』 86, 1999.

柳鐸一, 「한국고서적 일본간행고 : 조선조를 중심으로」, 『한국문화논총』 6,7. (한국
문학회), 1984.

18) 李京子·弓民峰, 「조선통신사 服飾의 一研究」, 『服飾』 제7호 83-102, 1983.

金英淑, 「조선시대 通信使 및 隨行員 服飾의 通時的 考察」, 『문화재』 19, 1986.

4. 일본에서의 연구현황

일본에서의 연구현황은 한국과 비교해 볼 때, 비교할 수 없을 만큼 양과 질에 있어 다양하다. 우선 양적으로 보아도, 한국의 60여 편에 비해 10배 이상의 연구논문이 발표되었다. 따라서 개별적인 연구에 대한 소개 대신에 대표적인 연구서를 중심으로 연구동향을 살펴보기로 한다.[19]

일본에서는 이미 명치유신 때부터 일본의 대륙침략의 일환으로 한반도에 대한 관심이 증폭되면서 豊臣秀吉에 의한 조선침략의 역사가 찬양되는 내용을 중심으로 조선연구가 진행되었다. 이어 통신사에 대한 연구도 진행되었는데, 평화적인 교류보다는 일본의 외교정책연구에 초점이 맞추어졌다. 통신사에 관한 최초의 논문은 辻善之助에 의해 작성된 것으로 알려져 있다.[20] 이어 식민지시대에 접어들면서 池内宏, 今西龍, 黑田清三, 武田勝藏, 三浦周行, 松田甲등에 의해 이어졌다. 특히 松田甲은 漢學者의 식견으로 통신사를 연구하여 선구적인 업적을 남겼는데,「德川時代の朝鮮通信使」에서 일본의 입장만이 아니라 조선왕조의 대일정책과 통신사의 의의에 대해 주목하였다. 이후『日鮮史話』와『續日鮮史話』에서 문화교류측면을 강조하여 통신사연구의 새로운 시각을 제시하였다. 그러나 이 시기는 제국주의와 군국주의의 시대로 통신사연구에 있어서도 일본의 국가권력이나 학술문화의

---

19) 일본에서의 연구동향은,

田中健夫,「中世海賊史研究の動向」, (『中世海外交涉史研究』, 東京大學出版會), 1959.

_____,「中世對外關係史研究の動向」, (『史學雜誌』72-3), 1963.

中村榮孝,「日鮮貿易史の研究について」, (『具體的による歷史研究法』, 吉川弘文館), 1960.

關周一,「中世對外關係史研究の動向と課題」, (『史境』28), 1994.

한일관계사학회편,『한일관계사연구의 회고와 전망』,(2001년 한일관계사 국제학술회의, 2001년 6월 9일. 강원대학교 개최)에서 발표된 佐伯弘次,「戰後에 있어서의 日朝關係史研究」와 米谷均,「日本에 있어서의 近世日朝關係史의 回顧와 展望」에 상세하다.

20) 辻善之助,「德川時代 初期における日韓の關係」(『歷史地理』, 朝鮮號), 1904.

자부심이 강조되었다. 今村鞆, 日笠護, 秋山謙藏 등의 新井白石에 관한 연구
는 이러한 경향에서 이루어졌다.

1934년 中村榮孝의 「江戶時代の日鮮關係」가 발표되었는데, 종래의 단편
적이며 시대에 편승한 경향을 뛰어넘은 노작이다. 田保橋潔과 함께 식민지
시대의 쌍벽을 이루는 연구로 전후연구의 출발점이 되었다.

제2차 세계대전이 끝나면서 당연한 현상이지만, 국책에 영합했던 연구소
는 소멸하고, 비판과 반성위에서 고증적인 방법에 의해 한국사 및 한일관계
사연구가 이루어진다. 그 가운데서도 宮崎道生, 伊東多三郎의 연구는 주목
할 말 한다. 그러나 무엇보다도 60년대를 전후하여 시작된 田中健夫와 三宅
英利의 한일관계사 및 통신사연구는 괄목할 만한 업적을 남겼다. 또 60년대
한일관계분야의 최대의 업적을 낸 中村榮孝도 빼놀 수 없다. 이들 3인은 현
재까지도 통신사연구에 있어 기본틀을 제시해주고 있다.[21] 그외에도 한일
관계사 및 통신사에 관한 많은 연구가 발표되었는데, 長正統, 長節子,
Ronald P. Toby, 田代和生 등의 연구는 주목할 만하다.

한편 70년대 중반이후 일본에서는 통신사연구의 붐이 일기 시작했는데,
그것은 李進熙·姜在彦·辛基秀를 비롯한 재일한국인 연구자들의 史蹟發掘과
계몽활동에 의해서이며, 이들에 의해 통신사의 존재가 일반 일본인에게 인
지되는 기반이 만들어지게 되었다. 그 중에서도 이진희의『李朝の通信使』
(76년. 講談社)와 映像文化協會편『江戶時代の通信使』는「통신사 붐」을 일
으키는 하나의 계기가 되었으며, 이후 통신사를 주제로 한 단행본이 다수
출판되었다. 예를 들면 朴春日, 李元植·大畑篤四郎·辛基秀·田代和生·田中健

---

21) 田中健夫,『中世海外交涉史の硏究』, 東京大學出版會, 1959.
_____,『中世對外關係史』, 東京大學出版會, 1975.
中村榮孝,『日鮮關係史の硏究』, 上中下卷, 吉川弘文館, 1965.
三宅英利,『近世日朝關係史の硏究』, 文獻出版, 1983.
_____,『近世アジアの日本と朝鮮』, 朝日新聞社, 1993.

夫·中尾宏·吉田宏志·李進熙·上田正昭·西村毬子 등에 의해 통신사의 다양한
접근방식이나 이 외에 통신사 접대를 위해 일본 각지에서 행해진 도시 개
조를 논한 三宅理一, 한시문 창화나 필담 등의 문화교류를 총체적으로 다룬
이원식, 요리사의 입장에서 통신사 접대를 분석한 高正晴子 등 건축사·문화
사·식생활사 등 전문분야에 의한 통신사연구서도 출판되었다.22)

---

22) 통신사에 관한 대표적인 논저는 다음과 같다(이 자료는 仲尾宏, 『朝鮮通信使』, NHK
人間講座, 2001. 4-5.에 소개된 목록임).

中村榮孝, 『日鮮關係史の硏究』 上中下卷, 吉川弘文館, 1965.

田保橋潔, 『近代日鮮關係の硏究』 上下卷, 朝鮮總督府中樞院, 1940(復刻本 1972年 宗
高書房).

三宅英利, 『近世日朝關係史の硏究』, 文獻出版, 1983.

_____, 『近世アジアの日本と朝鮮半島』, 朝日新聞社, 1993.

荒野泰典, 『近世日本と東アジア』, 東大出版會, 1988.

田代和生, 『近世日朝貿易關係史の硏究』, 創文社, 1981.

_____, 『書き替えられた國書』, 中公新書, 1983.

_____, 『江戶時代朝鮮藥材調査の硏究』, 慶應義塾大學出版, 1999.

R. トビ, 『近世日本の國家形成と外交』, 創文社, 1990.

朴春日, 『朝鮮通信使史話』, 雄山閣, 1992.

閔德基, 『前近代東アジアの中の韓日關係』, 早大出版會, 1994.

孫承喆, 『近世の朝鮮と日本―交隣關係の虛と實』, 明石書店, 1998.

沈箕載, 『幕末維新 日朝外交史の硏究』, 臨川書店, 1997.

李進熙, 『李朝の朝鮮通信使』, 講談社學術文庫, 1992.

映像文化協會編, 『江戶時代の朝鮮通信使』, 每日新聞社, 1979.

李元植, 『朝鮮通信使の硏究』, 思文閣出版, 1997.

辛基秀, 『朝鮮通信使往來』, 勞働經濟社, 1993.

_____, 『朝鮮通信使―人の往來·文化の交流』, 明石書店, 1999.

辛基秀·仲尾宏, 『朝鮮通信使の旅』, 明石書店, 2000.

仲尾 宏, 『朝鮮通信使の軌跡』, 明石書店, 1982.

_____, 『朝鮮通信使と江戶時代の三都』, 明石書店, 1993.

_____, 『朝鮮通信使と德川幕府』, 明石書店, 1997.

_____, 『朝鮮通信使と壬辰倭亂』, 明石書店, 2000.

田中健夫, 『中世對外關係史』, 東大出版會, 1975.

_____, 『前近代の日本と東アジア』, 吉川弘文館, 1995.

뿐만 아니라 통신사에 관한 개별 논문도 다양한 장르에서 쓰여졌다. 우선 통신사 접대의 부담문제를 논한 것으로 尼崎藩과 岡山藩의 사례를 다룬 池內敏과 東海道 길의 여러 번을 대상으로 한 渡辺和敏의 논문이 있다. 통신사 래일에 따른 大名 동원이나 민중 부담의 전모를 해명하여 통신사연구를 근세일본사 분야 속에 짜 넣기 위한 작업이 진행되었다. 또 田代和生은 통신사에 대한 막부의 관심을 1711년 통신사를 그린 회화 자료 집성의 배경을 통하여 논하고 있다. 또 통신사와 일본인과의 문화교류를 논한 것으로는 信原修, 日原傳, 杉田昌彦, 姜東樺 등의 글이 있다.

한편 근년에 들어와 통신사연구에 관한 다양한 자료집 발간과 전시회가 열리고 있다. 통신사 관계자료나 사행기록을 폭넓게 모은『體系 朝鮮通信使』전8권(93～96년)이나 한일양국에 분산하는 對馬宗家史料를 마이크로 필름화한『對馬宗家文書 第Ⅰ期 朝鮮通信使記錄』(98~00년. ゆまに書房) 등이 그것이다. 또 일본 각지의 지방자치단체사를 편찬할 때도 통신사관계자료를 수록하는 것이 일반적이 되었다. 통신사사료 소재의 일단에 관해서는 三宅英利가「朝鮮通信使研究少考」에서 자세히 소개하고 있지만 사료의 발굴과 소개는 계속되어야 할 것이다. 통신사의 방대한 사료의 활용을 통하여 연구를 거듭하는 한편, 통신사가 일본사회에 어떤 영향을 가져다 주었는지를 파악하는 방법론도 모색되고 있다.

또한 작년의 일이지만, 일본 NHK방송에서는「朝鮮通信使」특집 방송을 10회에 걸쳐 방송하여 일반인들의 통신사에 대한 이해를 넓혀가고 있다. 한편 京都國立博物館과 福岡美術館에서는 통신사특별전람회도 개최하여 통신사에 관한 기록 및 회화 등 다양한 자료들을 전시하였다.[23]

_____,『東アジア通交圈と國際認識』, 吉川弘文館, 1997.

李進熙・姜在彦,『日朝交流史』, 有斐閣, 1995.

紙屋敦文,『大君外交と東アジア』, 吉川弘文館, 1997.

上垣內憲一,『雨森芳洲』, 中公新書, 1989.

李元植 他,『朝鮮通信使と日本人』, 學生社, 1992.

5. 맺음말

이상에서 한일양국에서 이루어진 통신사연구 현황을 정리해 보았다. 앞서 통신사개관에서 언급한 것처럼, 한일관계에 있어 통신사가 갖는 역사적 의미는 아주 중요하다. 통신사를 통하여 양국은 외교적인 문제를 해결하였고 그 결과 善隣友好關係를 계속할 수 있었다. 물론 중간에 豊臣秀吉의 조선침략이라는 불행한 역사도 있었다. 그러나 조·일간에는 다시 통신사를 통하여 友好關係를 회복하였다. 이러한 의미에서 통신사는 조·일양국이 함께 연출한 성숙한 國際認識의 표현이다.

그러나 통신사에 관한 연구성과는 양국이 매우 차이가 있다. 우선 한국의 경우 일본에 비해 연구의 역사가 매우 짧으며, 비교될 수 없을 정도로 수도 적다. 또한 일본연구의 영향을 많이 받아서 인지, 통신사에 관한 체계적인 연구가 이루어지고 있지 않다. 말하자면 일본연구를 바탕으로 시작하는 경우가 많아 연구주제 및 문제의식에 주제성과 독창성이 결여된 경우가 많다. 또한 한국 쪽의 많은 사료가 충실히 이용되고 있지 않다. 예를 들면 각종 일본 사행록, 규장각 소장의 대일관계 등록류 등의 양질의 좋은 사료들이 있지만, 충분히 인용되고 있지 않다. 뿐만 아니라 국사편찬위원회의 對馬島宗家文書도 마찬가지다. 이들 사료들에 대한 면밀한 분석과 검토를 바탕으로 우리의 입장을 체계적으로 정리한 연구들이 본격화되어야 할 것이다.

반면 일본의 경우, 양이나 질적인 면에서 압도적이다. 그러나 기본적으로 일본에서의 한일관계사연구가 명치유신이후 그들의 침략을 합리화하려는 왜곡된 시각에서 출발하였고, 이후 1945년까지 이러한 흐름이 계속되었다. 종전후 이러한 시각을 반성하고 비판하면서 연구주제와 경향이 많이 달라졌지만, 아직도 이러한 경향을 완전히 탈피한 것은 아니다. 1970년대 이후

---

23) 당시 전시된 자료들을 圖錄 『こころの交流 朝鮮通信使』, 京都文化博物館, 京都新聞社, 2001로 발간하였다.

재일교포연구자들에 의한 「통신사 붐」은 연구이 방향을 크게 선회하게 한 직접적인 계기가 되었다. 특히 문화교류와 우호교린의 측면에서의 접근방식은 통신사연구의 새 기원을 마련했다.

그러나 이러한 경향이 통신사를 막연하게 우호교린의 상징으로만 미화하는 경향도 만들어 내었다. 통신사가 어느 한나라의 입장을 강조하는 것이 아니라, 양국이 함께 연출한 국제적 행위였던 만큼 양국의 입장이 냉정하게 사실적으로, 그리고 상호보완적인 입장에서 다루어져야 한다. 나아가 통신사연구는 그 자체만이 아니라 한일관계사 내지는 한중관계사를 포함한 동아시아 국제관계사 속에서 폭넓게 다뤄져야 하며, 그러한 연구가 본격화될 때 한국사의 지평도 그만큼 넓혀질 것이며, 한국사연구의 국제화·세계화가 이루어질 것이다.

(이 글은 2002년 5월 23일 경기대학교에서 주최한 『조선통신사 한·일 학술대회』와 2002년 5월 29일 부산시청에서 주최한 『통신사 연구의 회고와 전망』에서 발표한 내용을 수정·보완한 것이다. 토론을 해준 세종대 오성, 부산대 김동철·양흥숙 선생께 감사드린다.)

제3장
17~8세기, 한·중·일 문인교류의 실상과 허상
- 中華와 脫中華의 경계에서 -

1. 서론

임진왜란과 병자호란을 겪은 17세기 중반이후, 동아시아 삼국에서는 모두 자국이 유일한 華라고 하는 自文化中心主義가 팽배되어 갔다. 중국에서는 만주족인 청이 명을 대신하여 '大一統'政策을 전개했고, 조선에서는 명 멸망이후 조선만이 유일한 華라고 하는 '朝鮮中華主義'가 형성되었다. 일본의 경우도 동아시아에서는 일본이 중화라고 하는 소위 '日本型華夷意識'이 확산되었다.

이러한 과정에서 청은 명을 대신하여 册封體制를 부활시켜 주변국과의 관계를 재확립해 갔고, 조선은 청에 대해 군사적인 힘에 굴복하여 청의 책봉은 받았지만, 일본과는 청을 견제하는 脫中華의 交隣體制를 구축했다.[1] 이 기간 동안 조선에서는 청과 일본에 燕行使와 通信使를 파견했고, 이들 외교사절을 통해 삼국 간에 평화를 유지하면서, 외교적인 현안을 해결하고 경제적인 교류를 지속했다. 또한 연행사와 통신사루트는 문화교류와 정보교류의 창구였다.

이 글에서는 17~8세기, 동아시아 삼국에서 각국에 팽배했던 자문화중심

---

1) 손승철, 『朝鮮時代 韓日關係史硏究』 제4장 「朝鮮後期의 脫中華的 交隣體制」, 경인문화사, 2006. 조선전기의 交隣은 중국의 책봉을 전제로 하였지만, 조선후기에는 조선은 청의 책봉을 받았지만, 일본은 책봉을 받지 않았다. 그런 의미에서 脫中華라는 용어를 사용했다.

주의의 사상적 조류가 각기 어떠한 특징을 지니고 있으며, 自와 他를 어떻게 인식하고 있었던가, 그리고 그러한 사상적 경향 속에서 연행사와 통신사를 통한 지적 교류의 한계는 무엇이었을까를 상호 비교사의 관점에서 검토해 보고자 한다. 아울러 동시기 삼국간의 문인교류가 주는 역사적 메시지는 무엇일까도 생각해보고자 한다.[2]

2. 자문화 중심주의와 타자인식

1) 청조의 '大一統'과 중화

① 중화적 국제질서

본래 「中華」라는 말은 夏·華·華夏·中夏·諸夏라는 어원의 의미를 가진 말로 漢代이전부터 漢族의 거주지역이던 黃河유역을 가리키는 말이었다. 그런데 한족은 일찍부터 황하유역을 중심으로 주변 유목민족과는 달리 농경문화를 발전시켰고, 정치에 있어서도 무력에 의한 통치보다는 도덕정치를 강조하였다. 그리고 이러한 문화적 자부심은 지리적 개념과 결합하여, 中華야말로 지리적으로도 문화적으로도 세계의 중심을 이룬다는 의식으로 확대되어갔다. 나아가 이러한 中華意識은 중국인의 세계관인 天下思想[3]과 결합하여, 천하는 한족의 지배자인 천자의 도덕정치가 실현되는 곳으로, 그곳이 세계의 중심이고 그 주변에는 천자의 덕치를 받지 못하고 있는 이민족, 즉 夷·蠻·戎·狄의 四夷가 잡거한다는 華夷意識으로 정착되어 중국인의 대외인

---

2) 17세기의 동아시아 삼국의 華夷論에 관해서는 우경섭, 「17세기 한·중·일 三國의 華夷論에 대한 비교연구」 『역사와 담론』 53, 2009 참조.
3) 고대 중국인의 天下思想에 대하여는 尹乃鉉, 1988, 「天下思想의 始原」 『中國의 天下思想』 民音社 참조.

식을 결정했다.4)

춘추전국시대에 이르면 주변의 이민족이 한족의 중심지인 중원에 들어와 中華와 夷狄을 불문하고 제국이 서로 패권을 다투며 전쟁을 거듭하였다. 그 결과 종래의 華夷思想만 가지고는 한족의 통일마저 이룰 수 없게 되었다. 그러자 孔子는 이러한 현실을 개탄하고, 군사력에 의한 정치를 극복하고, 중화를 통일시켜 이상적인 문화국가를 건설하고자, 종래의 華夷意識에 인간 관계의 기본적인 질서관념이었던 禮를 강조하였다.

공자는 禮를 仁과 더불어 인간의 修身에서 王道政治의 실현에 이르기까 지의 중심개념으로 중시하였다. 여기서 禮란 소위 三綱五倫으로 집약되는 상하의 계층적 질서를 말하며, 이러한 예의 도덕정치를 실현함으로서 사회 의 질서규범을 세워 이상적인 유교국가를 건설하자는 것이었다.5)

禮의 관념에 따른 질서의식은 대외관계에도 그대로 적용이 되어, 諸國 간 의 관계에도 군사력의 강약에 의한 지배관계가 부정되고, 강대국과 약소국 간에도 禮에 의한 질서가 수립되어야 할 것을 주장하였다. 그리하여 국가 간에도 禮관념에 의하여 君臣·父子사이에서와 같은 예의 행위가 요구되었 고, 禮관념을 결여한 이민족을 禽獸로 간주하게 되었던 것이다. 이는 곧 국 제관계를 禮文化의 우열에 의한 상하관계로 규정하는 새로운 화이의식의 출현을 의미한다.

그리고 이러한 禮的 華夷意識은 漢代이후 이웃나라들에 적용되어, 예적 행위의 구체적 표현으로서 신례행위를 요구하는 朝貢과 冊封의 외교규범으 로 정형화시켜 갔다.6)

---

4) 이 부분에 관한 연구는 朴忠錫, 1982, 『韓國政治思想史』 삼영사, 제1장 제3절 國際秩 序 觀念:「事大」와 「中華」와 박충석·유근호, 『조선조의 정치사상』 3. 「근세조선의 국제인식」 평화출판사, 1980 참고.

5) 禮의 개념에 대하여는 張基槿, 「禮의 精神과 活用」 『中國學報』 제10집, 1969, 51~66쪽.

6) 劉權鍾, 「孔子의 禮思想」 『孔子思想의 發見』 民音社, 1992, 113~117쪽에 의하면 「孔子 는 禮의 興盛의 조건으로 명분의 중요성을 언급하였는데, 명분이란 君, 臣, 父, 子

이러한 華夷意識은 宋代이후 朱子學이 성립하면서부터는, 우주의 생성과 더불어 인간에 이르는 모든 문제가 형이상학적인 道論을 가지고 통일적으로 인식이 되자, 한층 더 절대적인 의미를 지니게 된다. 자연과 인간사회의 모든 현상의 이면에는 그것을 가능하게 하여주는 불변적인 원리가 있는데, 이것을 理라 하였다. 그리고 理에 윤리와 도덕성이 부여되면 道理가 되는데, 이 도리에 의하여 자연과 인간사회의 모든 존재와 현상이 규제된다고 생각하였다. 그 결과 종래 禮的 秩序에 의하여 형성되는 모든 관계도 도리에 바탕을 두게 됨으로써 항구불변의 원칙으로 인식되기 시작된다. 그리고 그러한 관념이 동아시아 국가에 기본적인 대외인식으로 자리 잡게 되었던 것이다.[7]

나아가 이러한 개념을 바탕으로 전근대 중화적 국제질서는 천자를 중심으로 하는 '天下'와 제후의 나라인 '國'을 상하관계로 규정한다. 그리고 국제관계에 유교적인 階序的 관념을 적용하여 대소국간의 事大字小의 禮와 약소국 간의 交隣의 禮로 질서화 시켜 갔다.

事大字小의 禮는 소국의 대국에 대한 朝貢과 대국의 소국에 대한 報聘을 통해 시행되었다. 朝貢은 朝聘과 獻貢을 주 내용으로 하는데, '朝'란 제후가 천자에게 아뢰는 것을 말하고 '聘'이란 제후가 대부를 파견하여 천자에게 아뢰는 것을 의미한다. 그리고 朝聘의 구체적인 외교행위로 대국에 대한 獻貢과 소국에 대한 册封과 奉朔이 행해졌다.

이러한 개념과 실리를 모두 포함한 조공관계의 성립은 대국이든 소국이든 자국의 입장을 유리하게 하기 위한 실리적인 외교수단이었다. 조선과 명·청의 사대관계, 일본과의 교린관계도 기본적으로는 이 범주 속에서 전개되었고, 조선에서는 이 관계를 유지하기 위해 연행사와 통신사를 파견했

등의 각 명칭에 상응하는 권리와 의무 등의 역할이 말하며, 각자의 신분에 맞는 禮를 사용하여 참월함이 없게 한다는 의미]라고 하였다.

7) 李春植, 「朝貢의 起源과 그 意味」『中國學報』 제10집, 1969, 12~20쪽. 김한규, 「전통시대 중국중심의 동아시아 세계질서」『역사비평』 50, 2000 참조.

던 것이다.

② 청조의 '大一統' 정책

명에 이어 중국을 지배하게 된 대청제국은 滿洲, 華夏, 몽골, 티벳, 동투르키스탄을 아우르는 복합다민족 국가였다. 종전의 제국들이 피정복지에 대해 적극적인 漢化政策을 실시한데 반하여 청조는 이른바 5族에 대하여 각 종족의 고유문화를 존중하는 다원적 통치방식을 적용했다. 그러나 만주족인 外夷로서 한족을 통치한다는 것이 그리 만만치 않았고, 종족적 약점을 지닌 淸朝앞에는 전통적인 중화주의의 암초가 가로 놓였던 셈이다. 화이론에 바탕을 둔 중화주의는 청 지배자의 발목을 잡았고, 청조로서는 反淸사상을 불식시킬 대통합의 정책을 고민하지 않을 수 없었다. 이와 같은 난제를 해결하기 위해 청은 명이 제창한 文化的 華夷觀을 받아들이고 이를 바탕으로 儒敎的 禮治에 바탕을 둔 大一統 정책을 펼쳐 나갔다.

명대까지의 전통적인 華夷觀이 화와 이를 구분하는 논리라면 청대의 大一統은 통합의 논리라고 할 수 있다. 중국을 유일한 세계의 문명국으로 간주하고, 그 주변을 미개지역으로 구분하는 전통적인 화이관은 분열의 시기에는 漢族의 통일을 자극하는 명분이 되고 내부적 결속을 다지는데 도움이 되었지만, 통일제국을 이루고 난 뒤에는 오히려 주변지역을 직접적으로 지배하는 데 장애요인으로 작용하였다. 따라서 청대에 들어와 방대한 영역과 다양한 문화를 한데 아우를 수 있는 이념의 필요성에 따라 제기된 것이 바로 大一統의 관념이라고 할 수 있다.[8]

大一統思想은 漢代 유학자인 董仲舒에 의해 처음으로 정립되었다. 대일통의 관념은 『詩經』의 "온 하늘 아래 왕의 땅이 아닌 곳이 없으며 해내에 임금의 신하가 아닌 자가 없네."[9]라든가, 『論語』의 "군자가 공경하여 실수가

8) 정석범, 「康雍乾시대 '大一統' 정책과 시각이미지」, 『美術史學』 23, 2009, 9쪽.
9) 『詩經』 「小雅 北山」 "溥天之下 莫非王土 率土之濱 莫非王臣"

없으며, 사람과 더불어 공손하고 禮가 있으면 四海안이 다 형제다."10) 등에
서 볼 수 있듯이 한 대 이전부터 전해오는 관념이었다. 그리고 董仲舒의 大
一統 사상은 이와 같은 전통 관념을 漢이라는 제국으로 통합하기 위한 정치사
상으로 체계화되었다는 점에서 중대한 의미를 지닌다.

董仲舒의 大一統 사상은 漢에 의해 통일된 강역 내로 한정하고 내부의 정
치적 문화적 결속을 강화하기 위한 배경에서 대두된 것임에 비해, 唐代의
大一統 사상은 새로이 지배권에 포함된 소수 민족들의 이탈을 방지하고 직
접적으로 지배를 받지는 않지만 唐과 국경을 맞대고 있는 잠재적 위협 세
력들을 무마하기 위한 목적에서 도입되었다. 따라서 새로운 대일통의 대상
은 종전에 배제된 四夷를 포함한 개념으로 확대 재해석 된다.

明太祖 朱元璋 역시 방대한 제국을 통치하기 위하여 大一統 정책을 표방
한다. 그는 즉위 초에 "짐이 이미 천하의 주인이 되매 화하와 이적 사이의
구별이 없으며 성씨는 비록 달라도 하나같이 어루만지며 사랑할 것이다."11)
라고 선언한다. 화하를 중심으로 한 종족적 화이관은 새로이 지배영역에 포
함된 변방민족을 통치하는데 장애요인으로 작용한다는 인식에서였다. 그러
나 한편으로는 仁義에 바탕한 전통적 유가적 군주로서의 이미지를 구축해
간다. 그의 이러한 태도는 "무릇 임금된 자는 하늘을 받들고 백성을 사랑함
을 근본으로 삼는다. 짐이 제위에 오른 이래 백성을 대하기를 자식같이 하
여 안으로는 華夏를 안정시키고 밖으로는 네 오랑캐를 어루만져 하나같이
仁으로 대하여 모두가 생장을 기약할 수 있게 되었다"12)는 말에 잘 드러나
있다. 이 같은 조치는 多民族國家를 일사분란하게 통치하기 위한 고육책으
로 제시된 것이었고, 種族的 華夷觀은 명대에 이르러 文化的 華夷觀으로 탈

---

10) 『論語』 「顔淵」 "君子敬而無失 與人恭而有禮 四海之內皆兄弟也"
11) 『明太祖實錄』 3, 卷53, 洪武三年六月丁丑條, "朕旣爲天下主 華夷武間 姓氏雖異 撫字如一"
12) 『國朝典故』 上卷, 卷18, 「北征記」 "爲君奉天愛人僞本 朕臨御以來 視民如子 內安諸夏 外
　　撫四夷 一視同仁 咸期生遂"

바꿈한다. 華夷의 구분 기준이 종족에서 유교적 예의의 유무로 바뀐 것이다.

청조의 大一統政策은 康熙, 擁正, 乾隆시대를 거치면서 완성된다. 康熙帝는 程朱理學을 官學이자 통치사상으로 채택했고, 程朱理學은 군주전제를 옹호하고 삼강오륜을 윤리규범으로 제시하여 효율적인 대민통치가 가능했기 때문이었다. 康熙帝는 한족에 대하여 儒家君主로서의 이미지를 부각하기 위해 '滿漢一體'의 기치를 내세우며, '華夷一家'의 입장을 천명했다. 그의 아들인 雍正帝가 주장한 '多民族國家論'적 인식이 이미 강희제 때부터 싹트고 있음을 말해준다. 실제로 그는 만주족과 한족의 전통문화는 물론 예수회선교사를 통해 西學에 이르기까지 다양한 문화를 선입견 없이 수용하였다. 그러나 華夷論者들의 반발은 여전했다.

결국 雍正帝에 이르러, 그는 여러 차례의 '文字獄'을 일으켜 反淸사상에 탄압하면서 華夷論에 맞서는 이론적 토대를 다져나간다. 雍正帝는 『大義覺迷錄』을 통해 "天命은 종족과 상관없이 오로지 德을 갖춘 자에게 주어지는 것"이며 華夷는 종족적 개념이 아닌 문화적 개념임을 강조한다. 雍正帝는 중국의 一統영역이 고대에는 그리 넓지 않았으나, 그 후 지속적으로 확대되었으며, 그 영역 안에서 中國化를 거부한 자들이 夷狄이라고 배척해왔음을 비난했다. 이는 중국이 예로부터 中華와 夷狄으로 이루어진 多民族國家였음을 강조한 것이고, 夷狄이라는 이유로 정통성이 없다고 보는 한족지식인들에게 쐐기를 박으려는 것이다.[13]

雍正帝에 이어 1735년 제위에 오른 乾隆帝는 유교를 중심으로 한 문화적 大一統政策을 펼쳐나갔다. 그는 초기에는 康熙帝의 유지를 계승하여 정통理學을 장려하는 입장을 표명한다. 그러나 儒家 중심으로 만으로는 大一統政策을 완성할 수 없음을 간파하고, 綱常倫理와 忠孝의 강조 등 儒家思想의 이점을 보편적으로 적용하되, 각 종족의 문화적 전통을 존중하는 '多元的大一統'을 지향했다. 그리고 황제권 확립을 위해 1745년 理學대신들을 몰아

---

13) 이시바시 다카오 지음, 홍성구 옮김, 『대청제국 1616~1799)』휴머니스트, 2009, 247쪽.

내고 考證學者들을 대거 기용하였던 것이다. 청대의 고증학의 융성과 조선 문인들과의 교유도 이와 무관하지 않다.

또한 청조 황제들은 滿漢간의 갈등을 해소하기 위해 강압정책을 쓰면서 漢族 전체를 대상으로 剃髮令과 服飾令을 전 방위적으로 강요했다. 이러한 강압정책은 초기에 한족의 저항으로 수많은 희생을 가져왔지만, 漢族들은 청조의 滿化政策을 점차 현실로 받아들였다. 청조의 大一統政策과 文字獄 등의 정책은 전통적 華夷觀의 입장에서는 논란의 소지가 있고, 사상탄압이라는 부작용이 있었지만, 滿漢간의 갈등표출과 反淸항쟁은 수면 아래로 가라앉게 되어 사회안정을 이루는 소기의 목표를 달성할 수 있었다. 그리고 이러한 사회적 분위기가 북경을 방문한 燕行使들에게도 커다란 영향을 미쳤던 것이다. 이렇게 청대의 大一統政策은 多民族國家를 만주족이 지배하기 위한 또 다른 자기중심적 사고의 변형된 中華思想으로 자리매김을 해 갔던 것이다.[14]

2) 조선중화주의와 타자인식

① 조선중화주의

조선시대 대외인식의 기본틀도 朱子學的 世界觀의 형성에 의해 정착된 「華夷觀」에 바탕을 두고 있다. 그러나 중국의 화이관이 그대로 조선인의 대외인식으로 이식된 것은 아니었다. 그것은 조선의 경우, 초기부터 대외인식의 기본이념이었던 '事大交隣'의 성격에서 알 수 있는 것처럼 매우 현실적인 성격을 지니고 있었다.

조선의 경우 명에 대한 사대는 군사적인 열세를 회피하기 위한 수단이었을 뿐만 아니라, 문화가치의 면에 있어서는 조선의 문화수준을 중국문화와

---

14) 이춘복, 「청대 전기 華夷觀과 청조의 滿漢융합」『다문화콘텐츠연구』, 2013, 332쪽.

동일하게 보아, 요·순과 단군, 주 문왕과 기자를 대비시켜 조선의 문화가
곧 중화의 문화라는 '文化的 自尊意識'을 갖고 있었다. 그러나 국력과 군사
력에 있어서는 대소·강약의 차이가 있기 때문에 명을 정점으로 하는 책봉
질서에 편입되어 평화공존의 외교관계를 수립하였던 것이다.

　이러한 점에 있어서 조선인의 대외인식은 '華夷觀'을 바탕으로 하면서도,
문화적으로는 중국과 동일문화·동일수준이라는 이라는 자존의식을 가지고
있었다. 그리고 군사적인 열세를 보완하며, 자국의 생존권을 유지하기 위해
조공과 책봉에 의한 사대의 외교노선을 택하였다. 따라서 형식에 있어서는
비록 불평등이 전제되지만, 국가의 주권과 모순되지 않았으며 현실적이며
상황주의적인 사고패턴을 갖는 '觀念的인 華夷論'과 '現實對應의 外交'라는
양면성을 갖고 있었다.[15]

　그러나 이러한 대외인식은 16세기이후 주자학이 크게 발전하여 특히 春
秋大義의 명분론이 강조되면서 그 현실적인 성격이 변질되어 갔다. 예를 들
면 退溪 李滉의 경우,

　　"하늘에는 두개의 해가 없고, 백성에게는 두 임금이 없으니, 春秋의 大一
　統이라는 것은 天地의 常經이요 古今의 通義이다. 大明은 천하의 종주로서
　海隅日出(朝鮮)이 신하로서 복종하지 않은 적이 없었다."[16]

라고 하여, 事大의 근원을 어디까지나 春秋의 대의명분론에 두고 있다.
栗谷 李珥의 경우도,

　　"우리 동방은 멀리 海表에 있어서 비록 따로이 一區를 이루고 있다고는 하
　지만, 九疇의 敎와 禮樂의 俗이 華夏에 뒤떨어지지 아니하니, 마침내 一帶之水

---

15) 손승철, 앞의 책, 21~26쪽.
16) 『退溪全書』 권8, 禮曹答日本國左衛將軍源義淸, 「天無二日 民無二王 春秋大一統者 乃
　　天地之常經 古今之通義也 大明爲天下宗主 海隅日出 罔不臣服」.

로 인하여 스스로 異域이 될 수 없는 것이다. 그래서 中華와 修貢하였다."[17)]

라고 하여, 조선의 강토는 중국과 따로 독립되어 있다는 것이고, 문화적으로 중국과 동질이라는 자존의식을 가지고 있었다.

이러한 사상적 경향은 임진왜란과 병자호란을 거치면서, 日本과 淸에 대한 적대감의 고조와 함께 절대불변의 道理로서 더욱 경직화되어갔다. 그리하여 주자학적 세계관에 의하여 중화문명 내지는 그것과 동질성을 갖지 않을 경우 華夷區分論에 의해 철저히 천시되고 배격되었고, 조선과 명의 문화만을 동일선상에 놓고 그 외의 다른 모든 나라는 이적시하였다.

특히 宋時烈에 의해 "尊華攘夷의 원칙은 공자가 春秋를 지어 禮와 義를 천하에 밝힌 후 불변의 진리가 되었으며, 명과 조선은 '事大의 禮'와 '字小의 恩'과 '忠義의 節'로서 '君臣의 義'를 정한 나라이고, 반면 청은 명을 멸망시킨 君父의 원수일 뿐 아니라, 문화적으로도 아주 열등한 야만족"으로 멸시하고 있다. 그래서 그는 夷狄의 집단인 청에 의해 역전된 국제질서를 中華秩序로 회복하기 위해 天理와 道理를 지킬 것을 주장했다. 그 결과 宋時烈의 만년에 이르러 中華인 명이 멸망하자, 그 중화문명의 담당자로서 조선이 설정되고, 조선이 그 주체가 되어 명을 계승한다는 '朝鮮中華主義'가 성립하게 된다.

이러한 논리선상에서 조선은 명의 뒤를 이어 정통유학의 전통을 유지·발전시켜야 하는 유일한 나라로 등장한다. 中華文明의 정통성이 堯-舜-湯-武-周-孔-孟-周-張-程-朱에서 朝鮮에 계승되게 되는 것이다. 즉 문화적인 가치에 있어서는 中華文明이지만, 그 실체는 조선이 가지고 있으며 조선에서 찾는다는 朝鮮中心主義의 가치관이었던 것이다.

그리하여 1644년 명이 멸망하자, 명에 대한 의리론과 함께 중화질서의

---

17) 앞의 책, 貢路策, 「臣聞 天無二日 民無二主 惟我東方 邈在海表 雖若別爲一區而九 疇之教 禮樂之俗 不讓華夏則終 不可限以一帶之水而自爲異域 故修貢中華」

회복을 위한 北伐論이 제기되었으나, 三皇帝의 명맥이 완전히 끊어진 후에
는 북벌론의 비현실성을 자각하고 조선이 중심이 되어 中華文化秩序를 회
복하고자 하는 '尊周論'을 주창하게 되며, 이 尊周理論에 의하여 '朝鮮中華
主義'을 체계화시켜 갔다.[18]

이렇게 볼 때, '朝鮮中華主義'는 명의 멸망에 의해 중국대륙에서 '中華'가
소멸함에 따라, 조선이 자기를 '中華'로 재규정한 自尊的인 自己確認 인식이
었다는 긍정적인 측면을 가지고 있기도 하다. 그러나 '朝鮮中華主義'에 바
탕을 둔 대외인식은 自己中心主義의 고립주의로 경직화되어, 청 및 일본에
대하여 이러한 명분론을 강조하여 현실적인 대응능력을 둔화시키는 장애요
인이 되었던 점을 부인할 수 없다.[19]

② 北學의 華夷一也論

그러나 조선중화주의 자기중심적인 사고도 實學派의 등장으로 큰 변화를
겪게 된다. 실학파의 화이관은 李漢의 淸朝肯定論으로부터 시작된다. 淸朝
肯定이란 중화적 세계관 즉 청에 대해 부정적인 입장에 대칭되는 말로써,
天圓地方說에 의해 중국중심의 중화주의적인 세계인식이 부정됨과 동시에
지구상에서 中華 이외에 西洋이 있다고 하는 多元的 世界像의 도출이며,
문화적 절대성이 상대적으로 인식된 것이다. 李漢은 청조를 현실적인 중화
로 보고 오늘날 청이 문화의 번영을 이루는 것은 변화하는 풍속과 시세에
맞추어 生財·器用·制度·國力 면에서 明에 비해 손색이 없기 때문이라고 하
면서, 淸을 中華와 구별하지 않고 현실적인 中國으로 보았다. 그에 의하면
조선의 古代 三國은 중국의 문물제도를 적극적으로 받아들여 제도를 발전
시켜 국력이 부강하여 명실상부한 小中華國이었으나 오늘날의 조선은 小中

---

18) 鄭玉子,「正祖代 對明義理論의 整理作業」『韓國學報』제69집, 겨울호, 1992, 115~117쪽.
19) 孫承喆,「近世韓日關係史」제7장, 相互認識 및 對外政策의 思想的 特質, 강원대출판부,
    1987, 211~216쪽.

華論에 의한 관념론·명분론에 빠져 생재·기용의 발달을 보지 못하여 오히려 가난한 夷狄의 지위를 면치 못하고 있다고 하면서 부국안민의 이상적인 사회를 이룩하기 위하여는 대외적인 면에서 청과 교류를 활발히 할 것을 강조하였다.[20]

이익의 입장을 계승·발전시켜 보다 적극적인 입장에서 청의 문화를 도입하고자 한 일련의 학자들이 북학을 주장했던, 洪大容·朴趾源·朴齊家 등이다. 이들 북학파의 소중화론의 극복이론은 세단계로 진전되어짐을 볼 수 있다.[21]

첫째, 尊華攘夷의 尊周論을 주장한다. 예를 들면 박제가의 경우, 尊周論에서 周와 夷는 반드시 구별이 있다.[22]고 하여, 청조를 분리하여 胡라고 부르면서도, 현재 청의 문화가 그들의 소산이 아니고, 전통적인 중화문명이 전해져서 이루어진 것이니, 청에서 배우는 것은 결코 夷狄을 따르는 것이 아니고, 조선이 中華國이 되는데 필요불가결한 요소라 했다.

둘째, 以夷制夷論이다. 박제가의 경우, 그 사람을 오랑캐라하여 그 법을 버림은 크게 잘못된 것이라고 하여, 만약 백성에게 이롭고 나라를 후하게 하는 것이라면, 그 법이 혹 夷狄에게서 나왔더라도 먼저 利를 취하여 쓸 것을 주장하여, 尊華攘夷의 입장에서 夷를 물리치기 위하여는 夷를 알고, 또 그래야만 그들을 제압할 수 있다는 논리를 전개하고 있다.

셋째, 華夷觀을 극복하는 단계인 華夷一也이다. 이러한 논리는 心性論의 새로운 인식이나 천문지리지식의 확대에 기인한다. 즉 인간의 心을 가변적인 氣의 청탁으로 설명하여 그 섞이는 정도가 개개인에 따라 다르므로, 중국인이라도 胡虜보다 열등한 인간이 있으며, 夷狄이라도 중국인보다 우수한 경우가 얼마든지 있다고 함으로써, 소중화론자의 主理論的 인간인식을 부정

---

20) 『星湖僿說類選』 卷1, 72~73쪽.
21) 손승철, 「北學의 中華의 世界觀 克服」-그 전개과정 이해를 위한 서설-『강원대학교 논문집(인문계) 제15집, 1981, 413~416쪽.
22) 『北學議』 尊周論, 「夫周之與夷必有分焉」

하고, 華夷를 획일적으로 구분해서는 안 될 것을 주장했다.[23] 또 중화사상
의 天文的 基礎를 이루던 地球中心說과 天圓地方說을 부인하여 우주공간에
는 중심이 있을 수 없을 뿐만 아니라, 지구는 球體이며 또 스스로 회전하고
있음을 주장하면서, 여러 나라의 지리적 위치가 재검토되어 세계는 결코 中
華와 邊方으로 구분할 수 없다는 확신을 갖게 되었다. 따라서 內外와 華夷
의 구분을 하지 않고 華와 夷를 동등하게 보아, 淸朝를 단순히 夷로서 천시
하지 않고, 시대에 따르는 상황주의적인 인식의 태도로써, 현실을 직시하여
그들 문화의 우수성을 배워, 조선이 당면한 현실을 개선해 보자는 적극적인
입장을 취하게 된다. 對外觀에 있어 이러한 華夷一也의 인식이야말로 自他
를 동일하게 인식하는 근대적인 세계관의 선구적 사상이라 평가할 수 있다.

③ 元重擧의 일본인식

북학파들의 일본에 대한 관심은 청에 비해서는 상대적으로 적었다. 그러
나 燕巖一派에 속하는 元重擧, 成大中 등이 1764년의 통신사행에 수행원으
로 갔다 온 후 일본의 문물을 전하자 북학파들도 일본에 대한 관심을 적극
적으로 보이기 시작했다. 조선후기 통신사 가운데 1764년의 통신사행은 가
장 풍부한 사행록을 남기고 있다. 1764년 통신사의 경우 제술관으로 南玉,
서기로 成大中, 元重擧, 金仁謙이 발탁되었는데, 이들을 四文士라 했으며, 이
들은 정사 조엄의 『海槎日記』를 비롯하여 무려 10편의 각종 사행기록을 남
겼다. 이 가운데 서얼출신으로 四文士중 한사람인 원중거의 사행기록인 『乘
槎錄』과 『和國志』를 살펴보자.[24]

---

23) 『湛軒書』 內集 卷1, 答徐成之論心說.
24) 손승철, 「외교적 관점에서 본 조선통신사, 그 기록의 허와 실」 『한국문학과 예술』
    제2집, 2008. 박재금, 「원중거의 『和國志』에 나타난 일본인식」 『조선통신사 사행록
    연구총서』 10, 2008. 김경숙, 「현천 원중거의 대마도인 인식과 그 의미」 『조선통신
    사 사행록연구총서』 4, 2008. 동, 「『乘槎錄』의 서술방식과 사행록으로서의 의의」
    『조선통신사 사행록연구총서』 1 참조.

元重擧도 기본적으로는 華夷論의 관점에 기초하고 있다. 즉 日本이 中華文化圈에 속해 있지 않는 야만국이라는 점이다.

"대개 倭國은 中華에서 수만리 떨어진 바다 가운데 처해 있어 그 땅은 중화의 영토를 넓히지 못하고, 그 백성은 중화의 호적을 더하지 못한다. 또한 그 풍속이 신귀를 중시하고 禮義를 경시한다. 개구리 가운데서 나서 굴과 소라의 무리에서 자라, 천지의 큼과 일월의 밝음과 부자의 도와 군신의 도리가 있는 것을 알지 못한다. 마치 물의 요괴나 물고기 정령의 무리가 모였다. 흩어졌다 하는 것과 같다."25)

이는 중화로부터 멀리 떨어져 있어 그 영향을 받지 못해 미개한 종족이라는 것이다. 이러한 화이관은 中華를 중심으로 하는 전통적인 화이론적 세계관으로 통신사 사행원이 공통적으로 가지고 있던 관념이었다. 그러나 사행을 하면서 그의 일본인관은 크게 변화하고 있다.

"어떤 사람은 혹 말하기를, 그들과 더불어 어찌 인의를 족히 말할 수 있겠는가 라고 한다. 그러나 이는 크게 틀리는 말이다. 둥근머리와 모난발을 하고 있어도, 우리와 똑같이 눈으로 보고 귀로 듣는다. 어찌 우리만이 독특한 五氣와 五性을 가져서 그들과 다르겠는가? 하물며 그들의 총명하고 전정함과 의를 사모하고 선을 좋아하는 것, 자신의 일과 직업에 근면하고 몰두하는 점 등에 있어서는 나는 오히려 우리나라 사람이 그들에게 험잡히지 않을까 두렵다."26)

라고 하여, 조선인과 동질성을 밝히고 조선인과 비교하여 일본인의 장점을 기술했다.

元重擧는 문화의 척도로서 朱子學을 들고 있는데,

---

25) 『和國志』 권1, 「中國通使征伐」.
26) 『乘槎錄』 권4, 갑신년 6월 14일.

"귀국의 사람들을 보건대 총명함이 빼어나니 이는 진실로 문화가 일어날 수 있는 날이 되었다. 그러나 아쉽게도 좋은 단서가 겨우 싹텄는데 이단이 그것을 잡아매니 산하 수천리의 나라로 하여금 주자성인이 있음을 알지 못하게 하고 있다."[27]

라고 하여, 문화발전의 기대는 갖고 있으나, 주자의 학문을 알지 못함을 개탄하고 있다. 나아가 朱子學을 통해 일본을 教化시키려는 의도를 드러내고 있다.

"지금 보건데, 통신사 일행이 여러 번 들어 왔으며 長崎의 서적이 이미 통하였다. 그 유학을 닦는 선비들이 사람의 떳떳한 도리와 사물의 법칙이 있음을 알게 되어 부녀자와 젖먹이 천한 사람에게 날마다 선을 권장하니 만약 높은 지위에 잇는 자가 앞장서서 이끈다면 역말이 빨려 들어가는 것 같아서 일본은 아주 바뀔 것이다. 저들이 만약 仁義를 알고 염치를 알아 옛것을 기뻐하고 지금을 돌이킨다면 이는 단지 그 나라의 다행만이 아니라 우리나라와 중국이 침략당할 우환이 더욱 없어 질 것이다."[28]

라고 하여, 通信使와 長崎의 서적에 의해 일본문화가 긍정적으로 바뀌어 침략의 우환이 없어질 것으로 낙관했다.

元重擧의 일본풍속관은 『和國志』 地卷에 잘 정리되어 있는데, 관혼상제에서 삭발·帶劍·染齒·一夫多妻·火葬·祭祀 등 조선과 다른 이국적인 풍속에 대해 비교적 담담하고 객관적인 자세를 보여준다. 대체로 문화상대주의적인 입장에서 일본풍속을 이해했고, 일본이적관이나 우월의식이 강하게 나타나지는 않지만,[29] 그러나 元重擧의 일본인식에도 전통적인 華夷觀을 벗어나지 못하고 있다. 즉 그 역시 朱子學에 입각하여 일본을 교화한다는 문

---

27) 『和國志』 권2, 「詩文之人」.
28) 『和國志』 권1, 「中國通使征伐」.
29) 하우봉, 「원중거의 일본인식」『조선통신사 사행록연구총서』 7, 보고사, 2008, 365쪽.

화우월주의적인 인식에서 탈피하지 못했다.

한편 북학파의 대가였던 朴趾源은 『虞裳傳』에서 일본의 유학과 문장의 수준에 대해서는 낮게 평가하였지만, 당시 일본의 長崎에서의 해외무역에 대해서는 깊은 관심을 보였다. 그의 소설 『許生傳』에는 허생이 농작물을 일본의 長崎에 팔아 백만 냥을 버는 이야기가 들어 있으며, 長崎에 대해서 "長崎島는 일본의 屬州로서 戶數가 31만이나 된다"고 소개하였다. 그러면서 조선도 해외통상을 해야한다고 주장하였다. 그에게 비친 일본은 '文化는 아직 발달하지 못하였지만 해외교역으로 물산이 풍부한 나라'로 인식되었던 것 같다.

또한 朴齊家는 일본에 대해 실용적인 면에서 관심을 가졌고, 보다 적극적인 인식을 가지고 있었다. 『北學議』에는 일본에 관한 기사가 상당히 나오는데, 그는 우선 당시 조선의 지식인들이 폐쇄적인 小中華에 안주하면서 일본을 야만시하고 이적시하는 태도에 대해 신랄하게 비판하였다.

> "당시 조선의 사행원들이 청과 일본의 제도를 한 가지도 배워오지 못하면서 그들을 胡니 倭니 하면서 비웃고만 있다."[30]

고 지적하였다. 그는 특히 이용후생적인 관점에서 일본의 기술과 제도의 장점에 대해 주목하였다. 즉, 일본의 궁실과 주택의 치수가 전국적으로 통일되어 있어 편리하다는 점을 소개하면서 "뜻밖에도 周나라 제도의 일부가 섬나라에서 행해지고 있다."[31]고 평하였다. 또 일본의 수레제도와 가옥제도가 전국적으로 통일되어 있는 점,[32] 기예와 기술을 존중하는 일본의 제도와 풍속[33] 등에 대해 조선의 실정과 비교하면서 상세히 소개하였다.

---

30) 『北學議』 外篇 「兵論」.
31) 위의 책 內篇 「宮室」.
32) 위의 책 內篇 「車」 및 「宮室」.
33) 위의 책 內篇 「甕」 및 「藥」.

3) 日本型華夷意識과 타자인식

① 일본형 화이의식과 國學

德川幕府의 대외인식은 1610년 왜구의 금압을 호소하기 위해 내항한 福建 海商 周性如에게 부탁해 福建총독 앞으로 보낸 서한에 잘 나타나있다.[34] 서한에는 조선 및 琉球 등의 사절을 하위의 나라가 상위의 나라에 納貢을 의미하는 내공 또는 입공사절로 표현했는데, 실제로 대다수의 일본인들은 이미 그렇게 인식하고 있었다.

이와 같이 외국사절(조선·유구·네덜란드 등)을 조공사절로 둔갑시키는 행위는 日本이 華라고 하는 명의 中華的 世界秩序와 유사한 '日本型華夷秩序'라고 하는 幻想을 만들어 냈고, 이러한 대외자세에 의해 1621년 절강총독으로부터의 서한도 거부했다. 그리고 이후 막부는 동아시아 및 유럽제국에 대하여 자신이 만든 외교질서의 제 규칙에 따르지 않는 나라는 일본적 세계질서에서 제외시킨다고 하는 '日本中心觀'을 확장시킨 허구의 국제환경을 만들어 갔다.[35]

'日本型華夷意識'의 특질에 관하여는 다음 세 가지로 요약할 수 있다.[36]

첫째, 일본 스스로 '華'라고 하는 근거를 '武威'와 '天皇'의 존재에 두고 있다. 즉 '武威'란 장군권력의 정치적 기반이 무력에 두고 있으며, 이러한 인식이 영주계급의 자의식은 물론 일반서민의 수준에서도 공유되었다. 이

---

34) 이 서한은 德川家康의 뜻을 받아 本多政純의 명의로 작성되었으며, 그 문장의 기초는 당시 막부의 외교정책을 수립한 林羅山과 長崎奉行 長谷川左兵衛가 담당하였으므로 막부의 대외정책을 그대로 반영하고 있다고 보해도 큰 무리가 없다.(荒野泰典, 1987, 「日本型華 夷秩序の形成」『日本の社會史』第1卷, 列島內外の交通と國家, 岩波書店, 217쪽)

35) ロナルド·トビ, 『近世日本の國家形成と外交』, 第3章 承認のレンズ, 創文社, 1990, 56쪽.

36) 荒野泰典, 「近世の日朝關係」『日朝關係史を考える』, 歷史學研究會, 1989, 104~106쪽. (山里澄江, 손승철역, 『한일관계사의 재조명』, 이론과출판, 1991, 104~5쪽).

러한 인식은 덕천정권이 조선침략을 패배로 인정하지 않는다는 사실이나 조선과의 강화교섭 당시 재침의 위협이라던지, 조선사절단을 복속의 사절 단으로 둔갑시키며, 그것을 그대로 믿었던 서민들의 의식에서 단적으로 표현된다고 말할 수 있다. 또한 '天皇'의 존재를 부각시켜 일본 국내통치에 있어서도 천황의 宣下에 의해 장군의 통치권을 집행하며, 국서개작사건의 폭로이후에는 외교문서에서 국왕호를 폐하고 대군을 칭하였고, 일본의 연호를 쓰고 있다. 그리고 이러한 방법에 의하여 조선국왕과 덕천장군은 대등하면서도, 장군위에 천황을 위치시킴에 의하여 결과적으로는 조선의 상위에 서려고 했던 것이다.37)

둘째, 일본은 '神國'이라는 의식을 가지고 있었다. 神國이란 1587년 豊臣秀吉이 내린 기독교선교사 추방령에 잘 나타나 있는 바와 같이, "일본은 神國이므로 기독교국에서 邪法을 받아들이는 것은 절대로 불가하다."38)는 인식이다. 이러한 신국의식은 德川家康에게도 그대로 계승되어 그가 에스파니아 총독앞으로 보낸 서한에서는 "君臣忠義의 도를 견고히 하고, 覇國交盟의 약속에 변함이 없을 것을 神에게 맹세하여 믿음의 증거로 삼고자 한다."고 하는 등, 일본은 神國이기때문에 夷狄이 감히 침할 수 없다는 종래의 의식이 그대로 이어져 가고 있다.

셋째, 이러한 의식에 의하여 德川將軍과 주변 諸國과의 관계를 禮的인 關係로 구축하고, 그 구체적인 표현으로서 어떤 형태이든 服屬儀禮를 따르게 한다는 것이다. 그리고 그에 복속하지 않는 나라나 제 민족에 대하여는 정벌이나 단교와 같은 조치를 취함으로써 무가정권의 권위를 내세웠던 것이다. 그 예로서 豊臣政權의 조선침입이나 薩摩藩의 유구침입, 아이누족의 정벌39)등을 들 수 있다. 그리고 조선통신사나 유구사절, 심지어는 長崎의 네

---

37) 荒野泰典, 1989, 『近世日本と東アジア』, 東京大學出版會, 57쪽.
38) 箭內健次·沼田次郎, 1975, 『海外交涉史の視点』2, 近世, 日本書籍, 45쪽.
39) 소위 샤사인란이라고 하며, 1669년 北海道 아이누족이 샤사인추장의 통솔하에 和人

델란드 상관장의 江戶參府도 모두 이러한 의미로 인식하였던 것이다.

결국 이러한 자기중심적이며 자만적인 '日本型華夷意識'에 의해 異民族·異文化에 대한 조소와 멸시감이 증폭되었고, 막부의 외교정책의 사상적 기반을 형성하여 갔던 것이다. 나아가 이러한 '日本型華夷意識'에 의하여 소위 일본을 중심으로 하는 '日本型華夷秩序'를 구축하려고 했던 것이다.40)

이러한 일본형화이의식의 이론적 기반을 마련한 것이 근세일본의 국학이다.

근세일본의 국학은 당 시대에에 발생한 학문과 사상체계로 和學·古學·皇學·皇朝學·本朝學·本學·本教學 등으로 불리고 있다. 원래 국학은 학문사상 분야에서 지도적인 위치에 있던 유학을 근세 중후기 막번체제의 동요와 더불어 비판·저항하는 과정 속에서 발생하였다. 때문에 유학이 신봉하는 중국학을 비판하고, 일본 古典과 古歌에 대한 객관적 고찰을 통해 일본 고래의 정신을 환원하자는 복고주의를 주창하였다.

그중에서도 대표적인 학자가 本居宣長인데, 그는 『初山踏』에서 "처음 학문을 배우는 사람이 우선 중국적인 사고방식을 깨끗이 제거하고 야마토의 혼을 견고하게 해야 하는 것은 비유하자면, 무사가 전장에 나가는데, 먼저 갑옷을 정비하고 몸을 튼튼히 해서 나가는 것과 같다."고 하여 "야마토 혼"

의 不正交易과 松前藩의 아이누 분단정책에 반발하여 일으킨 싸움, 이 싸움을 통하여 松前藩은 아이누의 지배를 강화하였다(高柳光壽·竹內理三編, 『日本史事典』, 角川書店, 456쪽).

40) 荒野泰典은 이 과정을 『日本型華夷秩序』의 확립과정으로 설명하고 있다. (1989, 『近世日本と東アジア』(東京大學出版會, 33쪽). 그러나 Ronald Toby는 「中國型世界秩序」와 「日本型世界秩序」와의 사이에는 엄청난 의미의 차이가 있다고 하면서, 「中國型世界秩序」에 日本을 바꾸어 넣는 것은 「日本의 的幻想에서 발상된 代用秩序로서 재통일된 德川政權下의 일본에 새롭게 만들어지는 中心性, 統合性을 반영하는 것 같은 자세인 것 같다」고 하면서 그 虛構性을 지적하였다. 즉 「中國型世界秩序」는 그 사상적 전제조건이 주변 제국으로부터 넓게 인정되고 지지를 받지만, 「日本型世界秩序」는 일본의 영역을 넘어서는 그 누구도 납득할 수 없는 것으로서, 규범적인 개념의 「華夷」와 객관적인 「秩序」와를 구별하여 쓸 것을 주장하였다(Ronald Toby, 「變貌する「鎖國」概念」, 『國際交流』, 第59號, 國際日本硏究센타, 1992, 25쪽).

의 필요성을 강력히 주장하고 있다. 즉, "학문이란 바로 皇國의 學이다."라는 인식 방법론을 수립한 것이었다. 나아가『古事記』와『日本書紀』의 연구에서는 "천황이 외국을 다스린다."는 논리를 전개하였고, 조선에 대해서는 이른바 신공황후의 한반도 공략설을 정당화시켜, 삼한을 조공국으로 평가하는 멸시관을 피력하기도 하였는데, 이러한 자민족중심의 사상이 막말에 이르러 존왕사상의 토대를 이루어 갔던 것이다.

또한 막번체제의 동요기에는 이러한 국학의 영향을 받아 水戸藩에서는 국가주의 사상이 발생하게 되는데, 이것이 바로 水戸學이다. 水戸學의 사상을 체계적으로 표현 한 최초의 인물은 藤田幽谷이다. 그는『正名論』에서 "군신 상하의 명분은 하늘과 땅이 변하지 않는 것과 마찬가지다."라고 하며, 존왕사상의 이론적 근거를 제시하고 있다. 이러한 水戸學은 천하 유식자의 주목을 끈 水戸藩의 天保 개혁의 사상적 뒷받침이 되었을 뿐만 아니라, 吉田松陰의 국수주의 적인 사상에 다대한 영향을 주었고, 막말에 고양된 존왕양이운동의 지도적 이념이 되었으며, 나아가서는 명치국가의 지배원리로서 "國體" 사상의 원류를 이루고 있다. 이러한 사상이 근대 서구열강의 제국주의 침탈 사상과 결부되어 결국은 일본의 제국주의를 심화시켜 침략주의적인 대외정책을 추진케 한 원동력이 되었다.

② 조선멸시관과 침략론

조선후기 일본인의 조선관은『日本書紀』와『古事記』의 전승이래 소위 '任那日本府'설에 의하여 조선을 '朝貢國'으로 보는 의식이 흐르고 있었다. 예를 들면 조선전기 足利幕府의 조선에 대한 우월감이나 豊臣秀吉의 조선 침략도 기본적으로는 그 맥락을 같이하고 있는 것이다. 그 후 17세기 후반에 이르면 소위 '日本型華夷意識'과 '國學'이 발달하면서, '朝鮮蔑視觀'으로 변질되어 권력층 뿐만 아니라 학자 전반에게 지배적인 조선관으로 파급되어 갔다. 그리고 이러한 사상적 경향은 막말에 이르러 '征韓論'이 되고, 결

국 조선침략의 사상적 배경을 이루게 되었던 것이다.[41]

德川時代 조선멸시관의 태두라고 불려지고 있는 熊澤藩山(1619~1691)은,

> "九夷의 안에서는 朝鮮·日本·琉球가 가장 우수한데, 그 삼국중에서는 일본이 가장 빼어나다. 따라서 中夏의 밖, 四海의 안에서는 일본에 버금가는 나라가 없다. 이것은 天照皇·神武帝의 덕이다."[42]

라고 하여, 조선을 일본보다 열등하게 인식하고, 그 근거를 神功皇后의 三韓征伐과 任那日本府說에 두고 있다.

또 山鹿素行(1622~1685)은 일본의 삼한정벌을 찬미하면서,

> "조선·신라·백제는 모두 일본의 藩臣이었다. …… 고려도 本朝의 속국이었고, 文과 武 모두 外朝(중국)에 비할 바가 못되니, 中華(일본)과는 비교도 안된다. 뿐만 아니라 中朝(일본)의 문무를 두려워 한다."[43]

고 하여, 조선은 일본을 두려워 하는 소국이라고 멸시하고 있다. 특히 그는 일본을 中華라 하고, 조선을 屬國, 그리고 중국을 外朝라고 부를 만큼 이미 국수주의화되어 있었다. 이러한 논리는 이미 동아시아 세계를 일본중심으로 재인식하는 '日本型華夷意識'의 발로라고 볼 수 있다.

문제는 이러한 인식을 가진 인물들이 막부의 대외정책 결정에 중요한 역할을 하였던 점이다. 그리하여 이후 「日本型華夷意識」은 인접국(조선)과의 상호이해나 민족적인 연대감을 차단시켜 갔고, 일반인들도 이러한 차별의

---

41) 조선후기 일본인의 조선관에 관하여는 三宅英利 著, 河宇鳳 譯, 『역사적으로 본 일본인의 한국관』풀빛 106, 1990과 失澤康祐, 「江戶時代における日本人の朝鮮觀について」『朝鮮史研究會論文集』제6집, 1969, 孫承喆, 「朝鮮後期 韓日兩國人의 相互認識 및 政策의 思想的 特質」『社會科學研究』제25집, 강원대학교 사회과학연구소, 1987 참조.
42) 熊澤蕃山, 『蕃山全集』제1책, 「集義和書」권5, 199쪽.
43) 『山鹿素行全集』, 思想篇, 제12권, 「中朝事實」

구조속에서 대외관계를 인식하였던 것이다.

1711년 新井白石의 통신사 빙례규정의 개정은 이러한 인식이 노골적으로 표면화된 대표적인 사건이다. 나아가 이러한 조선멸시관은 18세기 후반에 이르러 일본내의 대기근과 통신사의 정치·외교적 의미의 감소에 따라, 장군습직을 축하하기 위한 통신사파견이 관례를 깨고 연기되면서, 더욱 고조되어 결국에는 易地通信이라는 교린체제의 변질을 가져왔던 것이다.

조선멸시관은 이후 林子平(1738~1793)에 이어지면서, 러시아의 남하와 그에 대비한 海防論이 주장되는 가운데 '朝鮮侵略論' 즉 '征韓論'으로 탈바꿈하게 된다.

> "神武帝는 統一의 대업을 이루고서 人統을 세웠다. 神功皇后는 三韓을 臣服시켰고, 太閤은 조선을 토벌하였으나, 조선이 지금에 이르러서는 본방에 복종하지 않는다."[44]

라고 하여 조선침략을 찬미한 후, 네덜란드와 같은 나라도 군비를 확충하여 식민정책을 한다고 하면서, 조선·유구·북해도에의 침략의 필요성을 역설하였고, 동양에는 대일본, 서양에는 대영제국이 세계에서 가장 큰 두 부국과 강대국이 될 것으로 호언장담하였던 것이다. 즉 이 시기가 되면 조선침략은 일본의 海防을 위한 해외침략론으로 전개되고, 나아가 해외침략을 통하여 일본을 富國化하고 해외로 발전한다는 이론적 기초를 만들어 갔던 것이다.[45]

조선침략론은 吉田松陰(1830~1859)에 이르면 더욱 명백하여 진다.

> 옛 고대에는 신하로 따르지 않은 곳이 있으면 海內·海外를 막론하고 동

---

44) 『林子平全集』 제1책, 「海國兵談」 제16권, 349쪽.
45) 矢澤康祐, 「江戸時代における日本人の朝鮮觀について」 『朝鮮史究會論文集』 제6집, 1969, 30쪽.

서로 征伐하여 반드시 강경하게 제거해 버렸다. …… 근년에 이르러 러시아·미국이 맹렬하게 밀려오는데 관리는 구차하게 편의적으로 처분한다. 이것이 어찌 영세토록 변하지 않겠는가, 黃天이 우리나라를 사랑하여 돌보아 주시고, 반드시 장차 영명하고 밝은 君主를 내서서 한번 변해 옛날의 번성함으로 돌아가는 바 있을 것이다.46)

라고 하여 명백한 征服史觀에 입각하여 攘夷를 주장하며, 天皇制에의 복귀를 역설하였던 것이다. 이어

"조선과 만주는 서로 연해져 있는데, 神州의 서북쪽에 있으며 모두 바다를 사이에 둔 가까운 나라이다. 그리고 조선의 경우에는 옛날 우리나라에 신하로 복속했는데도 지금은 점점 거만해졌다. 무엇보다도 그 나라의 풍속과 종교등을 상세히 알아서 그것을 다시 수복하지 않으면 안 될 것이다. …… 지금 시급히 군사적인 장비를 정비하여 함선과 대포가 대충 갖추어지면 바로 蝦夷를 개간하고 그 사이에 加模察加(캄차카)·隩都加(오호츠크)를 탈취하고, 유구를 타일러서 일본천황에게 알현하게 하고, 조선을 책하여 인질을 바치고 조공을 하게 하는 것을 옛날과 같이 하게 하고, 북쪽으로는 만주 땅을 분할하고, 남쪽으로는 대만·呂宋(필리핀)제도를 손에 넣어 점점 진취의 진세를 보여야만 할 것이다."47)

라고 하여, 이제는 조선뿐이 아니라 全 아시아에 대한 奪取를 주장하였던 것이다. 그리고 그 구체적인 방책으로서 "러시아·미국은 일정하게 도모하여 결연히 이것(동아시아제국)을 쳐부술 것이다. 信義를 오랑캐에게 잃으면 안 된다. 다만 규칙을 엄격히 하고 신의를 두텁게 하고, 그 사이에 국력을 길러 얻기 쉬운 조선·만주·중국을 쳐 올라간다. 교역에서 러시아에게 잃는 바는 조선과 만주에서 보상받아야 한다."고 했다. 이 논리는 곧 서구와 수교하여 그 압력을 잠시 완화하면서 국력을 키워 동아시아제국을 침략하여,

---

46)『吉田松陰全集』제1권「幽囚錄」自序.
47) 위와 같음.

서구에 의해 잃은 것을 조선에서 찾는다는 논리로 이후 일본의 조선 및 아시아에 대한 침략은 이러한 논리선상에서 전개되어 갔음은 이미 자명한 사실이다.

3. 北學派의 燕行使行

조선후기 燕行使를 통한 文人交流의 실상을 파악하기 위해 북학파를 중심으로 살펴보자. 이들은 연행사로서 청을 왕래하면서 새로운 학문과 지식을 수용했다. 이들은 燕行의 기회를 얻기 전에 이미 상당한 학문적 배경을 갖추고 있었으며, 연행의 체험을 통해 이를 확인하고 조선에 활용할만한 利用厚生의 실상을 소개했다. 그들은 중국 지식인들을 만나 학문적인 대화를 나누고 중국의 문물과 실상을 보면서 견문을 넓힐 목적으로 연행을 했고, 뛰어난 화술과 필담으로 교유하였다. 그 가운데 특히 홍대용은 자손 대까지 친분을 유지하며 인간적인 교류를 계속하였다.[48]

1766년에 洪大容은 숙부인 洪檍의 자제군관으로 연행을 했다. 연행 후에는 『湛軒書』의 「燕記」를 비롯하여 「乙丙燕行錄」(한글본) 등 견문록을 남겼다. 그의 견문록은 중국의 정치·경제·사회·문화 및 서양과학기술에 대한 관심을 잘 나타내 주고 있을 뿐만아니라 그와 친밀하게 학적교류를 했던 이덕무·박지원·박제가 등 소위 북학파인사들에게 많은 영향을 주었다.

홍대용은 연행목적을 "가장 원하는 바는 異域의 아름다운 수재나 마음을 알아주는 사람을 만나 그와 더불어 실컷 토론해 보는 것", "천하의 奇士를 만나 한번 襟抱를 토론하는 것"라고 했고, 연행을 위해 역관을 만나 漢語를 준비했다. 또한 "우물안 개구리처럼 조그마한 나라에서 큰소리치며 다툴 것

---

48) 최소자, 『청과 조선』, 「제2부 조선후기 진보적 지식인들의 중국방문과 교유」, 혜안, 2005 참조.

이 아니라 좀더 시야를 넓혀 이웃에는 중국이라는 큰 땅이 있고, 세상이 변
모하고 있음을 시급히 간파해야 할 것"이라고 주장하면서, "만일 오랑캐의
땅이 군자가 밟을 바가 아니라고 한다면 이는 편협하고 너그럽지 못한 소
견"49)이라고 했다. 이렇듯 조선이 유일하게 인정했던 외부세계인 중국에서
세계를 인식하고 중국 지식인들과 학문적 대화를 해 보겠다는 것이 홍대용
의 연행목적이었다.

한편 1778년 연행한 朴齊家는 1790년, 1801년 등 3번에 걸쳐 연행을 했
고, 연행의 경험을 『北學議』, 『丙午所懷』 『疏進本北學議』를 지어 정조에게
건의했다. 그는 『北學議』 서문에서,

　　'장차 학문을 하려고 하면, 중국을 배우지 않고 어떻게 할 것이랴! 그러
　나 사람들은 말하기를 "지금 중국을 지배하는 자들은 오랑캐니 그것을 배우
　기가 부끄럽다"하면서 중국의 옛 제도까지 아울러 더럽게 여긴다. 중국 사
　람들은 깎은 머리에 옷깃을 왼쪽으로 여몄지만 그들이 차지하고 있는 땅은
　하·은·주 삼대 이래로 한·당·송·명을 거친 중화가 아니겠는가? 또 그 땅에
　서 난 자는 삼대이래로 한 당 송 명 백성들의 후손이 아니겠는가? 법이 좋
　고 제도가 아름다우면 아무리 오랑캐라고 할지라도 떳떳하게 스승으로 삼
　아야 한다'50)

고 했다.

한편 홍대용보다 2년 뒤늦게 연행한 李德懋는 사은진주사 沈念祖의 수행
원으로 2개월간 중국에 체류했다. 그는 평소 師友인 홍대용의 연행기록에
많은 영향을 받았다. 그러나 이덕무는 홍대용이나 박지원, 박제가와 교분이
두터웠지만 청조 만주에 대해 비판적이었고, 이용후생면의 수용에는 소극
적이었다. 그는 "만주의 지배층이 오랑캐로서 關外에서 王號를 참칭하였고,

---

49) 洪大容, 『乙丙燕行錄』 권1, 을유 11월 초2일.
50) 朴齊家, 『北學議』 序.

이자성은 중국에 악한 독소를 뿌렸으니 둘은 서로 비슷한 존재"라고 했다. "처지를 바꾸면 이자성도 順治가 한일을 했을 것이니 대의를 펼쳤다는 말은 매우 구차스런 말이 아닐 수 없다"고 했다. 또한 명나라를 위해 절개를 지킨 사람도 많아 黃江漢의 『國朝陪臣考』에는 94명이 실려 있다고 했다. 그는 절의 있는 지식인을 높이 평가하였으며, 오랑캐의 것이라도 우수하다면 반드시 수용해야 한다는 입장은 아니었다.

그리고 朴趾源은 홍대용이나 이덕무, 박제가 등의 연행에서 지식을 얻은 후, 1780년 건륭제의 70세 탄신축하사절의 일원으로 북경을 거쳐 8월에 열하를 방문하고 그 경험을 『熱河日記』속에 담았다. 그는 『熱河日記』의 서술목적에 대해,

> '글을 써서 교훈을 남기되 神明의 경지를 통하고 事物의 자연법칙을 꿰뚫는 것으로는 易經과 春秋보다 더 나은 것이 없을 것이다. 易經은 미묘하고 春秋는 드러내었으니, 미묘란 주로 진리를 논한 것으로서 그것이 흘러서 寓言이 되는 것이요, 드러냄이란 주로 사건을 기록하는 것으로서 그것이 변해서 外傳이 이룩되는 것이다. …… 저서에는 이 두 갈래 방법이 있을 뿐이다.'[51]

라고 하여 『中庸』의 구절을 인용하였다. 그가 『熱河日記』를 저술할 때에 임한 태도는 학문을 생각함, 밝게 변증 함, 상세히 물음과 널리 배움에 이르는 것이라 강조했다. 북벌을 도모하자면 淸을 통해 중국의 선진문물을 배워야 한다고 전했는데, 이는 淸왕조와 청의 문물을 별도로 생각하는 것이었다.

이처럼 연행사행을 앞둔 조선의 문인들은 조선현실에 대한 문제의식과 분석을 기반으로 청조문물에 대한 관심을 갖게 되었다. 이들이 연행 중에 가장 중시했던 것은 중국의 사대부들과 학문적 교류를 원했고, 그들과 많은 필담 형식의 대화를 통해 經義·性理·詩文·書畵·歷史·風俗·科擧 등에 관한 많은 기록을 남겼다. 또한 사대부들 이외에도 각종 商人, 하급관리, 황실의

---

51) 朴趾源, 『熱河日記』序.

종친, 太學의 諸生 및 그 밖의 인사들과의 접촉을 통해 평상시 자신의 관심사와 중국의 사회 풍속 문화 등의 실상을 묻고 답하였다. 그리고 연행 중에 중국인외에도 당시 북경에 파견되었던 선교사인 劉松齡(A, von Hallerstein)과 鮑友管(A. Gogeisl) 등과도 북경의 천주당에서 서양천문역법 및 종교에 관해 대화를 나누었다.

뿐만 아니라 중국인과의 교유는 연행 후에도 청조의 인사들과 교류를 했으며, 자손 대에서도 대를 이어 지속하였다. 예를 들면 洪大容의 경우를 보면, 嚴誠, 潘庭筠, 陸飛 등과 교류가 깊었고, 이들의 교류는 가족 친지에게 이어졌다. 홍대용과 이들 세 사람과의 교류는 비장 李基城이 망원경을 사러 유리창에 갔다가 그들이 쓴 근시안경에 관심을 갖고 이를 구할 방법을 찾은 데서 비롯된다. 홍대용 등이 이들을 방문했을 때, 潘庭筠이 王漁洋의 『感舊集』에 포함된 金尙憲의 시로 이야기하면서 그들의 관계는 발전하였다. 홍대용은 이들과 흉금을 털어 놓는 사이까지 발전하는데, 그로서는 그들의 反淸意識과 함께 陽明과 같은 절강출신이라는 점에 마음이 와 닿았을 것이다.

홍대용이 이들과 나눈 대화는 주로 『乾淨衕筆談』에 일기체로 서술되어 있고, 연행이후 20여년 간 그들 및 자손, 친지와 주고 받은 편지는 『杭傳尺牘』에 수록되어 있다. 서신은 주로 홍대용 쪽에서 보낸 것이고, 사행의 일행이나 기타 인편을 이용하여 전달되었으므로 많은 시간이 소요되었다. 『杭傳尺牘』에 드러난 담헌의 인품과 학식이 문화적 자존심이 강한 중국인에게 어떻게 비쳤는지도 흥미롭다. 嚴誠은 『養虛堂記』에서 "중국 글 가운데 읽지 않은 것이 없고, 律曆과 算卜과 戰陣의 법에 다 능하다. 돌아 보건데 性이 篤謹한 理學을 논하기를 좋아하며 유자의 기상을 갖추었다."고 극찬하였다.[52] 陸飛 역시 『籠水閣記』에서 다음과 같이 평하였다.

'담헌은 통역을 사이에 개재시키는 일이 없이 筆談으로 대화를 나누는데,

---

52) 洪大容, 『湛軒書』「杭傳尺牘」.

그 말이 모두 程朱의 理로서 심히 오묘하였으니, 나는 두렵게 여겨 존경하였다. 담헌이 기술의 묘가 잇고 平子의 대가임을 알았다. 나는 算學에 익숙치 못하기에 감히 天文에 대해 논할 수 없다……'53)

고 하였다. 후에 洪大容은 嚴誠의 부고를 潘庭筠에게서 받고는 애사를 지어 香幣와 함께 陸飛에게 보냈는데, 그의 애사를 엄성의 대상 날에 엄성인 형인 嚴果가 읽었다 한다. 엄성의 아들 嚴昻은 홍대용을 백부로 모셨고, 엄성의 『鐵橋遺集』을 보내오기도 했다.54)

연행 후에 본인들 간의 교류를 물론이고 후손들 간에 또는 양국의 학파 간에 대를 이어 이루어진 교류는 홍대용 이외에도 여러 예가 있다. 대표적으로 洪良浩와 紀昀, 金正喜와 翁方綱·阮元 등을 꼽을 수가 있다.55)

특히 홍양호는 18세기 조선의 대표적인 학자의 한사람이며, 다방면에서 성취를 이루었던 인물이다. 그는 1782년과 94년에 두 번에 걸쳐 연행사로 중국을 다녀왔다. 그는 1794년 청조의 학에를 주도했던 紀昀을 만나 교유했다. 洪良浩는 만년에까지 紀昀과 문예와 학술교류를 하였고, 두 사람은 개인을 넘어 아들 손자 대에 이르기까지 50여년 동안 교류를 지속했다.

기윤은 『四庫全書』를 편찬한 경력과 예부상서라는 지위로 인해 조선의 연행사들과 많은 관계를 가졌으며, 조선학계에도 많은 영향을 미쳤다. 紀昀은 洪良浩를 비롯하여 박제가, 유득공, 서형수와 같은 문인학자들과도 교류를 하여 조선학계의 동향에 대해서도 잘 파악하고 있었다. 서형수는 그의 문집에서 紀昀을 평하기를,

---

53) 洪大容, 『湛軒書』 「籠水閣記」.
54) 최소자, 「18세기 후반 『연행록』을 통해 본 조선지식인들의 대중국인식」 『국사관논총』 76, 1996 참조.
55) 진재교, 「18세기 조선조와 淸朝學人의 학술교류」 『연행록연구총서』 6, 학고방, 2006, 김현권, 『김정희파의 한중회화교류와 19세기 조선의 화단』, 고려대학교 박사학위논문, 2010 참조.

"기윤의 학문 또한 考證을 위주로 하였다. 그러나 그가 저작한 바는 격식이 엄하여 삐뚤고 넘치거나 어그러지고 편벽된 것이 없으며, 문장을 짓는 것은 雅正하여 숨기거나 치우치고 속이거나 사특한 것이 없으며, 뜻을 펼친 것은 장엄하여 지루하거나 부화한 견해가 없다. 敍事는 정돈되어 뒤섞여 어지러운 작품이 없다. 그 학문을 축적한 풍부한 것에 현란한 재능으로 문식을 가하여 모아 일가의 본보기가 되었다. 대체로 그 화려한 문조가 밖으로 나와 文이 되었고, 고금의 학문이 마음으로 쌓인 것이 학문이 되었으니, 그 성취는 어찌 眞文學이 아니라고 할 수 있겠는가"[56]

라고 하였다. 서형수가 기윤의 학술을 박학하고 고중에 있음을 평가하고 있다. 해외를 넘나드는 인간적 만남과 학문적 소통이다. 그리고 이것은 연행을 통한 다양한 서적의 유입과 독서체험. 나아가 문화교류의 결실이다. 그러나 이러한 만남이 과연 얼마나 새로운 지식과 사유를 창출하여 새로운 학술의 단초를 열어갔는가에 대해서는 구체적인 지적에는 한계가 있다.

4. 通信使와 日本文士의 만남

통신사행원들은 일본 사행이 시작되어 끝나는 순간까지 수많은 일본인들을 만났다. 대마도의 관리에서부터 以酊庵에 파견된 승려, 그리고 일본인 통역관들은 긴 여행 동안 늘 함께하였다. 이와 함께 그들은 지나는 곳마다 그 고장의 문사와 귀인들은 수시로 만나 환담하였다. 이러한 연유로 해서 조선에서는 당대 최고의 문인들을 통신사의 三使로 선발했다.

1719년 기해통신사의 제술관이었던 申維翰의 『海遊錄』을 통해, 일본인과의 지적교류의 사례를 보자. 통신사와 일본 문인들의 만나는 장면을 신유한은 다음과 같이 자세히 전하고 있다.

---

56) 『明皐全集』 권14, 「紀曉嵐傳」

"초사흘 임인, 식사 후, 유학자 10여명이 대청에 모였다. 나는 세 서기와 함께 나가 서로 인사하고 앉았다. 좌중의 사람들 중에는 각각 長短律 및 絶句를 베껴 와서 나에게 주며 唱和를 요청했다. 즉시 모든 요청에 응하여 회답했다. 그가 부르면 나는 곧 화답하고, 혹 바꾸어서 장편이 되기도 했으며, 책상위에는 시문 화답한 종이가 수북히 쌓였다. 김세만이 옆에 앉아서 쉴 겨를이 없이 부지런히 먹을 갈았다.

하루 중 만나는 사람은 대체로 3,4편을 얻었지만 혼자서 상대했고, 왼쪽에 응하고, 오른쪽에 답하고, 요청하는 사람들의 기대를 만족시키기 위해 독창성이 떠오르기를 기다리거나 윤색할 여유도 없었다. 다음날에도 십 수명과 만나서 전날과 같이 창수했으며 한밤중이 되어서야 그쳤다."(『海遊錄』)

『海遊錄』에 가장 많이 등장하는 인물은 雨森芳洲이다. 그는 1689년 22세에 木下順庵의 추천으로 대마도의 관직을 받은 이래 30년간 조선외교를 담당했던 인물이다. 그는 부산 왜관에도 체류했고, 일본 최초의 조선어 학습서인 『交隣須知』『交隣提醒』『朝鮮風俗考』 등을 남겼다.

당시 일본지식인들은 조선 문화를 중국 문화와 동등하다고 보았고, 심지어는 조선인들을 중국을 의미하는 唐人이라고 불렀다. 예를 들면 당대 최고 지식인이었던 木下順庵과 그의 제자로 대조선 외교에 誠信을 강조했던 雨森芳州는 이렇게 말하였다고 한다.

"막부에서는 조선사신을 객인이라고 부르고, 혹은 조선인이라 부른다. 그러나 일본 민속에서는 옛날부터 당신네 나라의 문물을 중국과 동등하게 여긴다. 그러므로 당신네를 唐人이라 부르기도 하며, 조선 문물을 사모한다." (『海遊錄』)

이들은 조선 유학(성리학)에 대한 관심이 매우 높았다. 유교문화에 대한 관심은 곧 조선유학의 집대성자인 '退溪'에 대한 관심으로 나타난다. 『海遊錄』에는,

"오사카에 책이 많은 것은 실로 천하의 장관이다. 우리나라 선현들의 문집 중에 왜인이 가장 귀하게 여기고 존중하는 것은 『退溪集』을 따를 만한 것이 없다. 집에서는 이것을 읽고, 서당에서는 이것을 강론한다. 여러 문인들이 필담을 할 때도, 그 질문에는 반드시 『退溪集』의 말을 즐겨 인용하며 이것을 으뜸으로 여겼다."

라고 하여, 퇴계집에 심취해 있는 일본 지식인의 모습을 상상할 수가 있다.

신유한이 雨森芳州와 함께 많이 만난 인물로 松浦毅가 있었다. 신유한은 新井白石과 동문이었던 松浦毅를 처음 만나던 날 新井白百의 안부를 묻는가 하면, 그의 시문에 대한 평을 듣는 등 특별한 관심을 보여주었다. 신유한은 이미 1711년 신묘통신사의 정사 조태억을 통해 新井白百을 알고 있었고, 당시 부사였던 임수간의 『東槎日記』에 수록된 필담집 『江關筆談』도 보았기 때문이었다. 이처럼 통신사행원과 日本文士들은 거듭되는 통신사행을 통해 서로간의 교분과 면식을 쌓아가면서 지적인 교류를 해 갔다.

대마도 다음 경유지로 赤間關에 닷새 동안 머무는 동안에도 여러 명의 일본 문사를 만났다. 그중에는 林羅山의 제자 小倉尙齋였다. 조선 문사들에게 林道春이라고 불렸던 林羅山은 일찍이 불교 승려였다가 조선의 유교서적을 접하면서 주자학을 연구하게 되었다고 한다. 그는 1605년 德川家康의 학술고문이 된 이후, 제4대 장군 때까지 막부의 체제를 정비하는데 커다란 영향을 미쳤다. 林羅山의 제자인 小倉尙齋는 용모가 단정하며 행실이 순후할 뿐만 아니라, 경서와 역사서를 널리 본 인물이었다. 小倉尙齋는 신유한과 필담하면서 여러 편의 시문을 화답하였다.

신유한이 에도에서 만난 사람은 막부의 학문을 관장하는 태학의 수장인 林信篤이었는데, 그는 林羅山의 손자였다. 林信篤는 76세의 고령의 나이로 직접 두 아들과 함께 신유한 일행을 방문하였다.

林羅山의 시집 중 『外國贈答』에는 林羅山과 통신사가 주고받은 시들이 실려 있다. 林羅山이 통신사를 대상으로 지은 시는 1624년 갑자통신사 때부터 1655년 을미통신사까지 30여년에 걸쳐 총 90수에 달하여 양적으로도 상당하다.[57] 이 가운데 몇 개의 예를 들어보자.

1643년 계미통신사 부사 조경이 林羅山이 주고 받은 시가 있는데,

조선 專對詞의 副使가 되어	副得朝鮮專對詞
돛을 달고 닻줄 매며 바다로 산으로	征帆弱纜海山移
물속 깊은데서도 정령이 움직이지만	水居深處精靈動
구름일으키고 비내리는 때를 보고 싶네	欲見雲行雨施時

하야시 라잔이 부사인 조경에게 보낸 시로, 전대사는 사절과의 시문답을 말한다. 조경의 호인 龍洲를 시의 소재로 사용하여 조경이 부사로서 일본에 오는 모습을 구름과 비를 다스리는 용의 모습으로 그렸다. 그러자 조경은 林羅山의 두 아들을 직접 만나 본 후에 林羅山에게 시를 지어 부쳤다.

지부 벼슬로 우로 가에서	地部官曹雨露邊
상서의 재력이 군현 가운데 으뜸일세.	尙書才力冠群
창 앞 풀띠는 가학을 전하며	窓前草帶傳家學
자리 밑 호피는 사도의 종사일세.	座下皐皮入道筌
경월은 빛을 드리워 해도를 둘렀고	卿月垂輝繞海島
방태(蚌胎)는 광채를 내어 남전(藍田)을 움직였네.	蚌胎流彩動藍田
사천리 밖에 푸른 눈이 없었는데	四千里外無青眼
그대의 아이들 보고 흰머리가 젊어지네.	見爾兒郎白髮玄

조경은 이 시에서 林羅山이 상서의 재력을 지니고 가학을 전하는 사도의 종자라 하여 그의 지위와 능력을 인정했다. 또 소라태와 같이 빛을 발하는

---

57) 허경진·김성은, 「하야시라잔의 창수시를 통해 본 한일문사 초기 교류의 양상」『통신사필담창화집 문학연구』, 조선후기 통신사 필담창화집 연구총서 3, 보고사, 2011.

존재로 찬양했고, 구슬과 연관하여 옥의 생산지로 유명한 남전을 비유했다.
푸른 눈이란 阮籍이 사람을 대할 때에 마음에 들면 푸른 눈으로 대하고, 마
음에 들지 않으면 흰눈으로 대했다는 고사를 인용했다. 사 천리 밖에서는
푸른 눈이 없었는데, 그 이아들을 만나니 흰머리가 검어질 정도로 林羅山의
마음에 들었다는 이야기이다. 자식을 만나보고 시를 지어줄 정도로 이들의
교류는 깊었다.

이 시에 대하여 林羅山은 편지를 통해, '겉봉을 뜯으니 오색 구름 같은
다듬은 종이와 흰 무지개 같은 성모명필이 해외에서 오지 아니하고 바로
하늘에서 내려 온 듯, 누추한 집을 환히 비추고 눈을 뒤흔드니, 마치 앓는
사람이 아찔한 명약을 마신 듯 했습니다'라는 감탄을 전하기도 했다.[58]

또한 1655년 을미통신사 때는 林羅山의 명성을 듣고, 삼사신이 먼저 林羅
山을 만나고자 했다. 이 시기에는 종사관으로 간 남용익과 많은 창수시를 남
겼는데, 이러한 사실은 남용익의 『扶桑錄』에도 자세히 실려 있다. 林羅山 뿐
만 아니라 그의 아들들도 대를 이어 가며 남용익을 직접 만나 창수를 했다.[59]
당시 林羅山은 나이가 많아 주로 서신을 통해 시를 주고받았다.

조선의 사신이 관선을 탔으니	朝鮮星使駕官船
역정과 돈대를 거쳐 산이며 또 내를 지났네.	亭堠行過山又川
화도 삼호 양곡이 가까우니	花島三壺暘谷近
해가 바다 모퉁이 하늘에서 뜨는 것을 올려다보소서	仰看日出海隅天

林羅山이 직접 만나지 못하는 아쉬움을 적어서 보낸 시이다. 이에 남용익
은 다음과 같이 화답하였다.

바다 구석에 서불의 배를 찾기 아려운데	海洞難尋徐市船

---

58) 趙絅, 『東槎錄』
59) 南龍翼, 『扶桑錄』

> 가을이 깊은데 뉘 葛洪川을 기다리랴   秋深誰待葛洪川
> 차가운 매화 羅浮山의 그림자가 움직이려 하니   寒梅欲動羅浮影
> 홍취는 고산 눈이 온 뒤에 있으리   興在孤山雪後天

林羅山의 호를 따서 연관된 고사들을 인용하여, 남용익 자신의 시적 재능을 드러내는 동시에 상대방에 대한 예를 갖추어 화답한 시다. 林羅山는 이때 이미 70세가 넘었고, 조선의 대제학과 비슷했으나, 그의 문학에 대한 열정은 더욱 빛을 발하였다. 남용익은 『부상록』에서 다음과 같이 林羅山의 시문을 평하기도 했다.

'문학으로 온 나라에 울리어 문서를 製撰하는 일이 모두 그의 손에서 나오며 또한 저술한 것도 많아서 「神社考」등의 글이 있다. 그가 지은 시문을 보니 해박하고 富贍하여 옛 서적을 많이 읽은 듯하나, 詩는 격조가 전혀 없고 문도 蹊經에 어두웠는데, 만일 연마하고 바로 잡아간다면 볼 만한 것이 있겠다.'[60]

언뜻 보면 혹평인 것 같지만, 남용익이 문사로 지칭하는 여덟 사람 중에서 첫 번째로 林羅山을 기록하였다는 것과 다른 문사들에 대한 평을 고려해 볼 때, 그가 林羅山의 시문을 높이 평가하고 있음을 볼 수 있다. 그러나 일본을 폄하하는 華夷的 思考의 한계를 엿볼 수 있는 대목이다.

5. 결론

이상에서 17~8세기, 전근대 동아시아 삼국의 자민족 내지는 자문화중심주의와 그를 바탕으로 전개되는 타자인식에 관해 개괄적으로 살펴보았다.

---

60) 南龍翼, 『聞見別錄』 「稱爲文士者八人」

앞서 언급한 바와 같이 이 시기의 동아시아삼국의 타자인식은 기본적으로 전통적인 中華思想에 기초한 自民族 中心主義의 맥락에서 타자를 인식하려 했다.

청대의 경우, 중국이 지리적으로도 문화적으로도 세계의 중심이라는 中華意識과 그 주변에는 천자의 덕치를 받지 못하는 이민족이 잡거한다는 전통적인 華夷意識을 계승하여, 康熙·擁正·乾隆帝에 의해 '華夷一家'의 '多民族國家'론적 인식의 '大一統'정책을 지향하는 자기중심적 中華思想에 의해 자기인식과 타자인식이 확립하였다. 그리하여 명의 중화적 속성을 그대로 계승하면서, 주변국에 대해 책봉체제에 의한 중화질서를 확립하려 했다.

漢代에 대제국을 효율적으로 통치하기 위해 대두된 大一統 사상은 분열기에는 자취를 감추지만, 통일기에는 항상 중국을 정치적, 문화적으로 결속하는 중요한 이념적 수단이 되었다. 특히 이민족으로서 중원의 패자가 된 청조로서는 문화적 화이론에 입각한 '大一統思想' 이야말로 대제국을 일사분란하게 지배할 수 있는 최선의 선택이었다.

한편 조선의 경우는 명의 멸망 후, 조선은 유학의 정통성을 계승했다는 '朝鮮中華主義'를 체계화시켰다. 이러한 사고는 조선이 자기를 中華로 재규정하는 자존적인 측면을 가지고 있지만, 청 및 일본에 대한 현실적인 대응능력을 둔화시키는 장애요인이 되기도 했다. 그러나 실학자를 중심으로 이러한 '朝鮮中華主義'가 '華夷一也論'에 의해 부정이 되고, 서양문화의 적극적인 수용까지 주장되기도 했다.

한편 일본의 경우는 '일본형화이의식'에 의해 조선·유구·네덜란드의 외국사절을 조공사절로 둔갑시켜, 규모는 작지만 명의 중화적 세계질서와 유사한 '일본형화이질서'라는 허구의 국제환경을 만들어 갔고, 이러한 허구가 國學의 발달과 함께, '조선멸시론'과 '정한론'으로 구체화되면서, 결국 조선 침략의 사상적 배경을 만들어 갔다.

이와 같이 17~8세기 동아시아 삼국의 자문화중심주의는 그 나름대로 자문화에 대한 주체적 인식과 자존적의미, 민족주의의 강화라는 측면도 가지고 있지만, 오히려 긍정적인 측면보다는 자민족중심주의의 독선적이며 폐쇄적인 성격과 국수주의적인 배타성의 증폭에 의해 결국 인접국에 대한 침략으로 귀결되는 불행한 역사를 만들어 냈다. 이러한 의미에서 동아시아삼국의 자문화중심주의의 사고는 상호공존의 역사인식에 역행하는 배타적인 타자인식을 생성해갔다고 볼 수 있다.

연행사와 통신사가 중국과 일본을 왕래하면서, 청조를 단순히 夷로서 천시하지 않고, 그들 문화의 우수성을 배우고, 또 利用厚生의 관점에서 일본의 기술과 제도에 대해 주목하였다. 이들 가운데는 淸의 文士와 日本의 文士들과 대를 이어가면서 아들과 손자에 이르기까지 인간적인 만남과 학문적 소통을 했다. 그러나 결국은 청에 대하여는 明에 대한 大義를 저버릴 수가 없었고, 일본에 대해서도 朱子學을 보급하여 일본을 교화한다는 문화우월주의의 입장을 벗어나지는 못했다.

결국 이 시기 한·중·일 삼국의 自文化 中心主義는 脫中華의 경계를 넘어서지 못했고, 共存과 共生의 19세기를 준비하지 못했다. 그리고 이 한계는 20세기에 이르러 침략과 수탈, 가해와 피해의 역사로 이어져 갔다. 그러한 점에서 自文化中心主義의 타자인식과 17~8세기 한중일 문인교류의 실상과 허상을 직시해야 할 것이다.

(이 글은 2014년 11월 18일, 중국 남경에서 개최한 제2회 한중역사가포럼 『문인교류를 통해 본 한중관계』에서 발표한 것을 수정 보완한 것임)

제3편
조선통신사, 기록과 소통

제1장
송운대사(사명당) 對日使行의 외교사적 의미

1. 문제제기

　1592년 일본의 조선침략으로 시작된 7년간의 무모한 전쟁은 동양삼국에 커다란 정치적인 영향은 물론, 침략을 당한 조선에게는 아물 수 없는 전쟁의 깊은 상흔을 남겨 놓았다. 그 결과 조선은 일본을 不俱戴天의 원수나라로 여기게 되었고, 임란전과 같은 교린관계를 회복한다는 일이 결코 쉽지 않았다.

　그러나 조·일본간의 강화교섭은 의외로 빨리 진척되어 종전 후 불과 5년만인 1604년 6월에 조선에서는 松雲大師와 孫文彧을 探賊使로 파견하였다. 탐적사일행은 對馬島를 거쳐 京都에 가서 德川家康과 秀忠을 만났고, 이듬해 5월에 귀국했다. 그후 조선에서 제시한 두 가지의 강화조건(德川將軍의 國書와 犯陵賊 送還)이 이행된 후, 1607년 1월, 回答兼刷還使가 장군에게 파견되어, 국서를 교환함으로써 양국의 국교가 정식으로 재개되었다. 그리고 2년 후인 1609년 기유약조가 맺어지고, 1611년부터는 세견선이 도항해 옴으로써 조선후기 260년간의 교린관계가 회복되었다.

　그러나 국교회복의 단서를 연 송운대사의 일본 파견이 그렇게 쉽게 이루어진 것은 아니었다. 조선정부에서 탐적사로 송운대사를 파견하기로 결정하던 날인 1604년 2월 21일, 西山大師 休政이 열반하였다는 부음을 받고, 급히 서울을 떠난 松雲大師를 3일 만에 다시 불러 들였다.

　이러한 조치에 대해 『朝鮮王朝實錄』에는,

史臣은 논한다. 묘당의 계책이 비루하다. 종묘 사직의 원수를 갚지 못하고 군사를 제대로 교련시키지 못하였는데, 하는 일없이 세월만 보낸다. 그리하여 적의 사신을 한 번 만나게 되자 서로 돌아보며 어쩔 줄 몰라서 긴급히 책응할 일을 하찮은 중의 손에 맡기고 있으니, 과연 나라 일을 꾀하는데 있어 사람이 있다고 할 수 있는가. …… 나라 일을 꾀할 자가 維政 한 사람뿐 이라니 아, 마음 아프다.

라고 기록하였다. 당시 조선정부에서는 松雲大師를 탐적사로 파견할 것을 결정했으면서도 그를 하찮은 일개 승려로 폄하하고 있었다.

이 글에서는 1604년 조선정부가 송운대사를 탐적사로 파견한 이유와 과정, 송운대사의 외교승으로서의 역할, 그리고 그 결과 이루어진 회답겸쇄환사의 파견과 국교회복과정을 재고찰함으로써 조·일 교린관계를 회복하는데 송운대사가 외교적으로 어떠한 역할을 했는가에 대해 밝히고자 한다.

2. 외교승의 역할

조선과 일본관계에서 승려들의 외교적인 역할은 이미 조선 건국초기부터 나타난다. 예를 들면 조선에서는 건국직후인 1392년 11월 승려인 覺鎚를 足利義滿 장군에게 파견하여 왜구금압을 요청하였는데, 이에 대해 室町幕府에서는 장군이 아니라 승려인 絶海中津의 명의로 왜구금지와 함께 피로인 송환을 약속하는 답서를 조선에 보내 왔다[1]. 이렇게 양국관계에서 외교적인 역할을 한 승려들을 外交僧이라고 부르는데, 조선전기 70여회나 파견된 일본국왕사의 대부분이 외교승이었다.

일본에서 조선에 파견할 사자로 승려를 보낸 이유는 일본에서는 室町幕

---

1) 이 사료는 조선의 기록에는 없으나, 일본측의 사료인 『善隣國宝記』上, 343쪽(續群書類從, 第30輯, 1924)의 「後小松院明德三年壬申答朝鮮書」에 남아있다.

府 초기부터 막부와 밀접한 관계를 가진 京都 臨濟宗의 五山僧侶들이 外交文書起草와 外交使節의 역할을 담당해 왔기 때문이다. 즉 승려들의 종교적인 활동이 목적이 아니라, 漢字文化圈에서 그들이 가진 語學力·作文力·敎養 때문이었다. 五山僧이 아닌 다른 지방에서 파견된 승려들도 이러한 이유 때문에 외교승으로 조선에 왕래하였다2).

예를 들면 1419년 九州節度使가 파견한 외교승 正祐는 이듬해에 일본국왕사로 온 亮倪와 같이 7개월간 漢陽부근의 興天寺에 머물렀다. 1424년에 조선에 온 源才는 조선에서 발병하여 陽州 檜巖寺에서 사망했는데, 조선정부가 양주고을에 명하여 그 비용을 부담케하여 후하게 장사 지내주었다는 기록이 남아있다. 이와 같이 조·일간에는 이미 조선초기부터 외교승들에 의해 양국의 외교현안을 해결해 가는 전통을 가지고 있었으며, 이들 일본외교승의 상대역할로 조선승려들도 조·일 외교에 일정한 역할을 수행했다고 여겨진다. 따라서 송운대사가 탐적사로 선정되었다는 점은 이러한 외교적 관행 속에서 이해해야 할 것이다.

이미 선행연구에서 밝혀진 바와 같이 임란직후 강화에 대한 조선측의 입장은 일본에 대한 적대감과 피해의식으로 인하여 처음부터 거부적인 분위기였다. 그래서 한때는 강화보다는 오히려 복수심을 갖고 對馬島정벌을 논의하기도 했다.

그러나 일본과의 전쟁상태를 종결해서 민심을 안정시키고, 일본에 끌려간 피로인을 쇄환시켜야 한다는 요구가 있었고, 日本 再侵說의 유포와 북방 後金세력의 팽창에 대한 새로운 경계의식과 위기의식도 고조되어 있었기 때문에, 가능한 한 남쪽 일본과의 관계를 서둘러 안정시킬 필요성이 대두되었다. 때문에 전쟁이 종결된 직후부터 일본국정을 탐색하기 위한 논의가 있었다. 그리고 탐색을 위한 사자를 파견할 경우 처음부터 송운대사가 거론되고 있었으며,3) 1601년 12월에는 이미 선조로부터 그의 파견에 대한 윤허가

---

2) 村井章介, 『アジアのなかの中世日本』(校倉書房, 1988), 80~83쪽.

이루어졌다.4) 그러나 탐적사의 파견이 시기상조라는 반대도 있었기 때문에
시행되지는 않았다.

한편, 조선정부에서는 임란 때 피랍되었던 사람들이 돌아오면 이들에게
일본이 재침 의지를 가지고 있는지, 또는 德川家康와 豊臣秀吉의 관계가 어
떠한지 등에 대해 촉각을 곤두세우기도 했다. 그러던 중 1603년 10월 薩摩
에 억류되어 있던 金光이 귀국했다. 김광의 송환은 對馬島의 요청에 의해
德川家康이 직접 허락한 것으로 그의 집권과 강화의욕에 대한 내용을 직접
조선에 전달하기 위한 의도에서 이루어진 것이라고 한다.5)

귀국 후 김광은 즉시 상소를 올려 일본의 동향을 전하고 있는데, 그는 조
선이 화호를 불허하면 일본이 재침할 가능성이 있다고 보고했다. 김광의 상
소에 의한 국내의 동요는 적지 않았다. 당시 비변사에서는 김광의 상소를
심각하게 받아들여 임란 후 지금까지 4년간 對馬島의 화호요청에 대해 명
을 핑계대어 이를 회피하여 왔는데, 그 계책이 일본에 간파되었다면 양국간
에 전쟁이 일어날 위험도 있다고 우려했다. 그리하여 일본의 재침설과 화호
요구에 대한 진위를 확인하기 위한 탐적사의 파견이 다시 논의되었다.6)

---

3) 『선조실록』 권134, 34년 2월 경오.「海原府院君 尹斗壽가 아뢰기를, "왜적이 전일에
   는 강화를 매우 열심히 요구하였는데, 이제 7개월이 되도록 전혀 왕래가 없으니 극
   히 수상합니다. 남쪽 사람들이 말하기를 '어떤 자가 왜국에서 나와 하는 말이 「德
   川家康은 쫓겨나고 加藤淸正은 죽어 그 나라 안이 극히 어지럽기 때문에 나오지 못
   하는 것이다.」하였다.' 하는데, 松雲·蔣希春·金大涵 중에 한 사람을 보내 적중의 소
   식을 정탐하는 것이 좋을 듯합니다."
4) 『선조실록』 권144, 34년 12월 임진.「…… 일찍이 귤지정의 얼굴을 알고 있고 말씨
   도 가볍지 아니한 면에서는 전계신이 더 나은 것 같습니다. 지금 이 사람이 유정의
   서신을 가지고 가서 평조신에게 전달하되, 惟政이 淸正 때부터 화의를 주장하였고
   방금 軍門의 標下에 있으면서 모의에 참여하고 있으며 도덕과 식견이 매우 높다는
   상황을 성대히 칭찬하게 하여 모든 일을 유정에게 미룸으로써 후일 서로 접촉하게
   하는 소지로 삼도록 하는 것이 좋겠습니다. 이를 비변사로 하여금 익히 생각하게
   하여 일이 행할 만한 것이면 속히 조처하게 하는 것이 어떻겠습니까?" 하니, 윤허
   한다고 전교하였다.
5) 『선조실록』 권 167, 36년 10월 갑인. 『通航一覽』 권27, 朝鮮國部 3.

1604년 3월, 조정에서는 마침내 전부터 계획하고 있었던 송운대사의 對馬島 파견을 결정했다. 탐적사로서 송운대사를 선정한 이유는 다음과 같다.

> 비변사가 아뢰기를, "惟政이 왕년에 여러 차례 加藤淸正의 陣 속에 드나들어 淸正과 문답할 때에 큰 소리를 치며 굴하지 않았는데, 淸正이 이를 매우 좋게 여겨 매양 惟政의 사람됨을 일본인에게 칭찬했기 때문에, 일본에서 탈출해 온 사람들이 많이 말하기를 '왜인들이 松雲의 이름을 전해가며 칭찬하였다.'고 하는 것입니다. …… 이번에 유정이 바다를 건너가면 당연히 高僧으로 지목되어 왜인들이 존경하게 될 것입니다.[7]

라고 하여, 국내적으로는 加藤淸正과의 3차례에 걸친 강화회담을 통하여 그의 외교적 역량이 입증되었을 뿐만 아니라 일본에서도 高僧으로 존경을 받는 인물이기 때문에 아주 적합한 인물이라는 것이다.[8]

그러나 『朝鮮王朝實錄』에는 탐적사로 송운대사를 선정한 것에 대해,

> 史臣은 논한다. 不共戴天의 원수와 講和하는 것만도 이미 수치스러운 일인데, 또 일개 沙門의 힘을 빌려 일을 이루려고 하다니, 肉食者의 꾀가 비루하다 하겠다.[9]

---

6) 『선조실록』 권172, 37년 2월 경술.
7) 『선조실록』 권172, 37년 3월 갑자.
8) 송운대사와 일본 승려들과의 관계에 대하여 1607년 회답겸쇄환사로 파견되었던 呂佑吉은, 「신들이 듣건대, 德川家康의 府中의 일체의 機務는 한두 중이 그 권세를 모두 잡았으므로, 惟政이 갔을 때도 먼저 이들과 교제하여 서로 정이 도타워지게 하여 적의 정세를 정탐하는 여지로 만들었다 합니다. 臣들이 갈 때에도 저들의 정황을 살피려면 이런 계책을 버릴 수 없을 듯하니, 惟政은 다시 갈 수 없더라도 그때 데리고 갔던 영리한 중 한 사람을 가려서 데려다 보조하게 하는 것이 어떠하겠습니까?」라고 하여, 회답겸쇄환사로 파견될 때에도 승려를 대동하고자 했다. 『宣祖實錄』 권204, 39년 10월 임인.
9) 『선조실록』 권172, 37년 3월 갑자.

라고 하여, 송운대사를 폄하하고 있다. 당시 양반관리(유학자)들이 승려에 대해 얼마나 부정적인 인식을 가지고 있었는가를 단적으로 보여주는 대목이다. 송운대사에 대한 이러한 편견은 『朝鮮王朝實錄』의 여러 곳에 보이고 있으며, 의도적으로 송운대사의 활약을 은폐하거나 왜곡한 기사가 많다. 이러한 이유 때문에 송운대사의 업적을 객관적으로 평가하는데, 당시뿐만 아니라 현재까지도 어려움이 많다.

임진왜란 중에 義兵僧將으로 戰鬪에 참여했던 松雲大師는 외교적으로도 탁월한 업적을 남겼다.[10] 조선의 外交政策(事大交隣)에 대한 그의 입장은 1597년 加藤清正과의 제3차 회담 결과에 대한 도원수 權慄의 장계에 상세히 소개되어 있다. 즉 송운과 加藤清正과의 문답내용 중 당시 조선 외교정책의 기본틀이었던 事大交隣에 관해 다음과 같은 내용이 있다.

> …… 松雲이 답하기를 '조선이 일본과 交隣하여 講和修好한 것이 2백여 년이 되었는데 하루 저녁에 일본이 명분없는 군대를 일으켜 우리의 山河를 짓밟고 우리의 인민을 학살하였으며 우리의 宗祀를 폐허로 만들고 또 우리의 왕자를 사로잡아 갔으니, 臣子의 정에 어찌 종사를 안정시키고 왕자의 歸還을 바라지 않겠는가 …….
> 송운이 답하기를 '우리나라는 예의를 지키는 나라로서 본래부터 군신 부자의 도리가 있었는데, 大明의 屬國이 된 뒤부터는 君臣의 義理가 정해져서 성심으로 事大하여 천지가 뒤엎어진다 하더라도 변할 수 없는데, 어찌 일본과 함께 大明을 공격하는 대역무도한 짓을 하겠는가. 이는 신하가 임금을 배반함이요 자식이 아비를 배반하는 것이니 천지 사이에 어찌 이런 이치가 있겠는가.'하였습니다.[11]

라고 하여, 조선의 외교적인 입장이 일본과는 200년간 交隣關係에 있으

---

10) 貫井正之, 「壬辰丁酉倭亂および戰後の日朝交涉における惟政(松雲大師)の活動に關する考察」『朝鮮學報』第187輯, 2001 참조.
11) 『선조실록』권86, 30년 3월 경신.

며 중국과는 事大關係에 있다는 점을 분명히 했다. 그리고 전쟁을 하는 것
을 事大交隣에 의한 동아시아 外交秩序를 깨는 행위이며, 있어서도 안되고,
있을 수도 없는 부도덕한 행위로 인식했다. 따라서 탐적사 송운대사의 외교
적 역할도 기본적으로는 이러한 시각에서 이해해야 할 것이다.

한편 비변사에서는 송운대사의 일본파견에 대해 명에는 알릴 필요가 없
으며, 송운대사가 승려 개인자격으로 가기 때문에 서계를 지참하지 않아도
되고, 서계를 가지고 가지 않아야 명이나 일본에 대해 응답하기가 좋을 것
이라는 밀계를 내렸다. 또한 선조는 敵中情勢를 잘 파악하기 위해 일본사정
에 밝은 孫文彧과 대동하여 그가 돌아 온 후에 함께 가도록 했으며, 탐적사
일행은 명의 探倭委官이 체류하는 부산을 피해 김해에 있는 죽도에서 승선
하고, 多大浦에서 출발하도록 했다.

5월에 이르러 명에 파견되었던 손문욱이 돌아왔다. 그런데 손문욱의 편
에 조선의 대일정책에 관한 명의 분명한 입장이 전달되었다. 즉 명은 欽差
巡撫 遼東御使에 의해 보내진 자문에서

> 오직 해당국이 스스로 알아 勢에 따라 계책을 세워 대응할 일이며, 일의
> 기미를 보아 구분하여 대처하는 일 역시 해당국 스스로의 책임이지 天朝가
> 일일이 지휘해야 할 일이 아니다. …… 더구나 수호를 맺어 우호를 도모하
> 는 일은 더욱 천조가 간여할 일이 아니다.[12]

라고 하여, 조선의 대일관계는 명의 소관이 아니며 조선 스스로가 행해
야 한다는 입장을 분명히 했다. 그럼에도 불구하고 일부학자들은 탐적사 파
견을 조선이 명의 허락을 얻어 결정한 사항이라고 단정하여, 조선의 대일정
책이 명의 지시에 의한 것이라고 해석하였다.[13]

그러나 송운대사의 파견은 앞에서 언급한 바와 같이 이미 1601년부터 계

---

12) 『선조실록』 권174. 37년 5월 신미.
13) 中村榮孝,『日鮮關係史の研究』. 下. 吉川弘文館, 1969. 263쪽.

획되었던 일이고, 또한 파견결정도 명의 자문이 조선에 전달되기 한달 전에 정해진 사항이라는 점을 생각할 때, 이러한 해석은 하나의 편견임을 알 수 있다.[14] 오히려 이점은 조선이 명의 존재를 대일교섭에 전략적으로 이용하고 있었음을 확인하게 해준다고 볼 수 있겠다.

3. 탐적사의 파견과 대일강화조건

惟政이 파견이 임박하여지자 비변사에서는 밀서를 내려 이들이 對馬에 갔을 때, 만약 對馬島측이 막부에 가줄 것을 요구할 때에는 일단은 거부를 하지만, 이번 사행의 목적이 일본국정을 탐색하는 것이기 때문에 對馬島에서 幕府에 가주기를 강청해 온다면, 그 때는 못이기는 척하면서 동행하도록 지시하기도 하였다.[15]

송운대사 일행은 1604년 6월 22일, 국왕 선조에게 하직인사를 하고, 7월 1일 한양을 떠났다. 8월 20일 부산 다대포를 떠나 대마도에 도착하여 3개월 간 對馬島에 머물렀다. 그해 11월 일자는 알 수 없으나 對馬島를 떠나 12월 27일 京都에 도착하였다. 그는 경도에서 일본의 고승들과 시문을 주고받으면서 서너 달을 보낸 후, 1605년 3월 5일 孫文彧과 더불어 伏見城에 들어가 本多正信과 僧 承兌의 안내를 받아 德川家康을 만났다. 德川家康과 松雲大師의 구체적인 회견 내용은 자료가 없어 현재로선 알 수 없다. 다만 대다수의 자료에서 「이 회견에서 조·일간의 화의가 정해졌」라고 기록되어 있다.[16] 德川家康은 松雲大師와의 회담에 상당히 만족한 것 같다. 그 이유는

---

14) 민덕기, 「조선후기 조일강화와 조명관계」『국사관논총』제12집, 187~8쪽.
15) 『선조실록』권175, 37년 6월 정해.
16) 金榮作, 「壬辰倭亂 前後의 韓·日 交流史를 통해서 본 戰爭과 平和의 辨證法」『四溟堂과 壬亂 및 講和交涉』, 사명당기념사업회, 1999, 95쪽.

이 회담을 주선한 對馬島主에게 추가로 2천석의 봉록을 주었고, 家臣 柳川調信에게도 추가로 1,000석을, 그리고 玄蘇에게는 紫色僧服을 하사했다고 한다. 그리고 조선인피로인의 쇄환을 약속받았다. 그 결과 1605년에 1,390명[17], 2년 후인 1607년에 1,249명 도합 2,639명으로 대략 3,000명의 피로인을 쇄환시켰다.[18]

松雲大師가 귀국한 정확한 일자는 알 수 없다. 『宣祖實錄』 5월 12일(을유) 기록에는 송운대사와 德川家康이 만난 사실을 알리면서 자세한 내용은 장군과 대사가 아뢸 것이라는 對馬島主 平義智의 답서가 있다[19]. 그리고 같은 달 24일(정유)에 平調信의 같은 내용의 서계가 실려 있다. 그리고 6월 17일(경신)에 朴守永이란 죄인이 송운대사를 따라 나왔다는 기사가 있으므로[20] 전후의 사정을 보면 송운대사의 귀국은 그 사이로 추정된다.[21]

松雲大師는 귀국 후 선조에게 복명을 하였을 터이지만, 전술한 바와 같이 그 내용에 관해서는 실록에는 아무런 기록이 없다. 뿐만 아니라 도일 기간 동안의 구체적인 활동에 관해서도 『四溟堂大師集』 『奮忠紓難錄』과 『四溟堂의 生涯와 思想』에 수록된 시문 및 자료 외에는 아직 발견되고 있지 않다. 도일 기간 중 조선정부에서도 그의 행방을 알 수 없어서 선조도 여러 차례 그의 안부를 물었는데, 그 관련 내용이 『宣祖實錄』에도 5군데나 기록하고

---

17) 『선조수정실록』 38년 4월. 그러나 『宣祖實錄』 권187, 38년 5월 정유조에는 橘智正이 가져온 서계의 別幅에는 對馬와의 화호에 대한 감사의 표시로 對馬에 모여 있던 피로인 1,390명을 송환한다고 기록되어 있다.

18) 조선피로인의 쇄환숫자에 관해서는 앞의 金榮作의 글, 102쪽 참조.

19) 『선조실록』 권187, 38년 5월 을유.

20) 『선조실록』 권187, 38년 6월 경신. 「비변사가 아뢰기를, "朴守永이 惟政 등을 따라 對馬島에서 나왔습니다. 이 자는 임진년의 변란을 당하자 적 속으로 들어가 왜적을 교사하여 인명을 많이 살해하였으니 너무나도 참혹합니다. 적에게 빌붙어 나라를 배반한 죄를 나국하여 형벌을 바루지 않을 수 없기에 감히 아룁니다."하니, '윤허한다'고 답하였다.

21) 申鶴祥, 『四溟堂의 生涯와 思想』(너른마당, 1994)의 연보에는 5월에 환도, 6월초에 복명한 것으로 되어 있다.

있다.[22] 그러나 송운대사의 귀국 후부터 강화에 관한 구체적인 논의가 이루어지고, 또 실행되고 있음을 볼 때, 송운대사 일본사행의 외교사적 의미는 한두 개의 사료에 집착하는 것 보다는 오히려 이시기 양국관계의 전체적인 흐름 속에서 파악해야 할 것이다.

송운대사의 귀국 후, 이들을 호행하였던 橘智正은 재삼 강화의 조속한 타결을 요청하였다. 이에 대하여 조선은 對馬島의 강화요청은 德川家康이 원하는 것이 아니라, 對馬가 자신의 욕심을 이루고자 요청한 사적인 행위라고 비난하면서, 家康이 송운대사에게 강화에 관련된 어떠한 서계도 보내지 않았음을 상기시켰다.[23]

그러나 1606년 2월, 조정에서는 通信이라는 것은 신의 속에서 이루어져야 하기 때문에, 지금 상황에서 일본의 요구를 들어줄 수는 없지만, 王道로서 夷狄을 끝내 거부할 수는 없으며, 또 조선과 일본은 지리적으로 매우 가까우므로 단교할 수는 없다고 했다. 그리하여 조정에서는 대체적으로 일본의 강화에 대하여 許和를 원칙으로 하되, 신중히 대처할 것과 許和는 기미책으로 할 것을 주장하였다. 특히 李德馨은 대일외교는 현실적으로 국민을 편안하게 하고 백성을 이롭게 하는데 바탕을 두어야 하며, 특히 羈縻定約은 분명하게 해야 할 것을 강조했다.[24] 그리고는 우선은 通信使보다는 관리를

---

22) 『선조실록』 권182, 37년 12월 무오, 「惟政이 지난 8월 20일 바다를 건너 이미 對馬島에 들어갔는데 소식이 망연하다. 흉험하고 교활한 적들이 온갖 奸計로 위협을 하여 일본으로 보낸 듯싶다. 그렇지 않고서야 지금 반년이 되어가는데 무슨 연고로 돌아오지 않겠는가. 우리나라의 변경 관리들은 그러려니 하고 예사로 여겨 유정의 매개하는 활동에 마음이 풀리고 講和한다는 낭설에 뜻이 해이해져 있는 상태이다. 만일 아무 계책없이 고식적으로 처리하다가는 갑자기 변고가 있게 될 지도 모르니, 지난 경험을 징계해야 된다. 이에 대한 조치를 엄격히 하지 않을 수 없으니 비변사에 이르라.」 같은 달 기미, 권183, 38년 1월 신묘, 권184, 2월 임술, 권187, 38년 5월 정축.

23) 『선조실록』 권187, 38년 6월 경신 備邊司啓.

24) 『선조실록』 권198, 39년 4월 계묘.

파견하여 對馬의 요구를 들어주는 체하면서 對馬를 통하지 말고 직접 막부에 파견하여 막부의 진의를 탐색하기로 하였다.[25]

이어 조정에서는 幕府에 보낼 서계를 작성하였는데, 발신은 禮曹判書官銜, 수신은 日本國執政大臣으로 하였다. 서계의 내용은 秀吉을 「萬歲不忘之讐」로 비난하고, 그에 반해 家康은 임란 때 自軍을 조선에 파견하지 않았다는 점, 秀吉에 反하는 행동을 취해왔고 被虜人의 쇄환에 협력하고 있다는 점 등을 열거하고, 家康이 「復修舊好」를 바라고 있는 것이 사실이라면 일본과의 강화를 배척하지는 않겠다고 하였다. 그리고는 家康이 왜 지금껏 강화를 요청하는 書契를 보내지 않고 對馬島를 통하는가를 따지면서, 德川家康이 직접 書契와 「犯陵賊」을 보내주면, 이를 明에 알리고 종묘사직에 고한후, 새로운 和好를 열어 가겠다고 하는 소위 강화를 위한 두 가지의 조건을 제시하였다.[26]

4. 교린관계의 부활

강화의 조건으로 제시된 두 가지 조건인 家康의 「國書」와 犯陵賊의 소환은 한일관계사에 매우 중대한 의미를 갖는다. 즉 먼저 국서를 보낸다는 것은 상대국에 대하여 강화를 구걸하는 행위이기 때문이다.[27] 따라서 家康에

---

25) 『선조실록』 권199, 39년 5월 기묘.
26) 『선조실록』 권199, 39년 5월 기묘. 그러나 양국관계에서 중간 대리인으로 자임해왔던 대마의 강한 반발과 조선에서 對馬를 거치지 않고 막부에 직접 「差人」을 한다는 것은 교통의 문제 등 현실적으로 어려움이 많았기 때문에 서계의 내용을 일부 수정한 후, 종전과 같이 對馬를 통하여 전달하기로 하였다. 수정된 내용은 秀吉에 대한 비판이 생략되고, 가강의 뜻을 「貴國」으로 바꾸었으며, 犯陵賊의 요구도 문면에서는 삭제하고 구두로 하기로 하였으나, 다른 안건보다 우선적으로 제안하기로 하였다. 이러한 이유는 확실하지는 않지만 秀吉의 잔당이 아직도 건재하다는 정보를 의식한 전략적인 대처가 아닐까 한다(閔德基, 앞의 논문, 191쪽).

대한 「先爲致書」의 요구는 조선에서 일본이 임진왜란의 침략행위를 사죄하
지 않으면 강화요청에 응할 수 없다는 강한 의지를 나타낸 것이다.[28] 뿐만
아니라 조선에서는 막부가 보내올 서계양식에 관하여서도 家康이 「日本國
王」을 칭하도록 요구하였다.

> 전년에 天朝가 秀吉을 日本國王에 봉하였는데, 이는 진실로 너의 나라에
> 막대한 경사이나 冊使를 멸시하여 접대하고 다시 군병을 일으키었으니 그
> 죄는 용서받기 힘들 것이다. 지금 家康이 비록 秀吉에 반하는 행위를 한다
> 고 하나 우리나라가 어찌 감히 天朝에 거슬리게 國王의 호칭을 마음대로 쓰
> 겠는가 …… 家康이 致書하는 경우 반드시 日本國王이라고 칭한 이후라야,
> 우리 회답서에서도 日本國王의 호를 쓸 것이다.[29]

라고 하여, 家康 스스로가 일본국왕의 호칭을 사용토록 하였다.

이 내용은 사료의 문맥으로 보아서 적어도 다음 세 가지의 의미를 생각
할 수가 있다. 첫째, 豊臣秀吉은 조선을 침략하여 明을 중심으로 한 東아시
아의 冊封秩序를 파괴했다는 점. 둘째, 德川家康이 일본의 최고통치자로 인
정받기 위해서는 명으로부터 日本國王으로 책봉을 받아야 한다는 것. 셋째,
조선은 명의 책봉을 받은 日本國王과 對等한 입장에서 강화를 하겠다는 것
이다. 다시 말해 당시 조선에서는 일본과 강화를 할 경우, 일본의 최고통치
자와 강화를 하겠다는 것이고, 조선이 인정하는 일본의 최고통치자란 명의
책봉을 받은 자이어야 한다는 것이다. 조선측의 이러한 요구는 결국 조·일
양국의 강화를 통하여 명을 중심으로 한 事大交隣의 동아시아 외교질서를
재편하겠다는 의도로 이해할 수 있다고 본다.

강화의 전제가 된 또 하나의 조건은 「犯陵賊縛送」[30]이었다. 中村榮孝는

---

27) 『선조실록』 권199, 39년 5월 경인.
28) 이러한 인식에 대하여는 민덕기, 앞의 논문, 193쪽, 中村榮孝, 앞의 책, 265쪽. 李鉉
    淙, 『한국사』 12, 357쪽을 참조.
29) 『宣祖實錄』 권200, 39년 6월 계해.

범인이 불명확함에도 일본군의 소행이라고 하면서 범인을 요구한 것은 조
선측이 내정상의 난문제를 해결하려는 터무니없는 요구라고 하였다.[31] 그
러나 당시 조선측에서 범릉적의 문제를 제기한 것은 범릉의 행위를 결코
개인적인 범죄가 아니라 조선이란 국가를 범한 것에 대한 응징을 의미하는
내용을 가지고 있었던 것이다.[32]

　조선측에서 제시한 두 가지의 강화조건은 1606년 8월 全繼信의 파견에
의하여 對馬에 전달되었는데,[33] 조선에서는 이들을 사전 교섭없이 일방적
으로 파견하였다.[34] 對馬에서의 주된 교섭내용은 앞서 조선에서 논의된 家
康으로부터의 國書와 범릉적의 소환문제였다. 그런데 이 교섭은 의외로 빨
리 이루어져 對馬 도항 후 불과 1개월만인 9월에 家康國書의 초안이 조선에
보내지고, 전계신은 앞으로 막부에 파견될 사신의 임명, 서계, 예단 등에 대
한 요청을 하였으며, 조정에서는 1590년의 예에 따라 10월 15일경에는 이
미 삼사의 선발을 끝내고 있다. 이로보아 조선측에서는 이미 제시한 조건이
이행될 것을 예상하고 있었던 것을 알 수 있다.[35]

　11월이 되어 橘智正의 편에 德川家康의 國書와 犯陵賊으로 對馬島인 두
사람을 압송하여 왔다. 조선에서는 예상보다 빠르게 조건이 이행이 되자,
적지 않은 의혹과 함께 家康國書나 犯陵賊의 眞僞 문제 등에 대한 논의가
있었다. 물론 조선에서는 全繼信의 치계 등에 의하여 그것들이 僞書와 僞者
임을 알고 있었다. 그러나 명분상 조선의 요구가 관철되었고, 강화교섭의

---

30) 犯陵賊이란 임란당시 宣陵(成宗 貞顯王妃의 묘)와 靖陵(中宗의 묘)를 도굴한 범인.
31) 中村榮孝, 앞의 책, 265쪽.
32) 『선조실록』권204, 39년 10월 신축.
33) 『선조실록』권202, 39년 8월 기미.
34) 『선조실록』권203, 39년 9월 기묘조에 의하면, 全繼信등이 對馬島 豊崎에 도착한 다
　　음날 橘智正과 만난 때, 橘智正이 對馬에 온 의도가 무엇이냐고 물었을 때, 全繼信
　　이 「更探日本動靜」이라고 답변하자 그들은 몹시 당황하였고, 일방적인 파견에 항의
　　를 받았다고 한다.
35) 『海行錄』(서울대 규장각문서, No.9888) 병오 9월 14, 15일.

주도권을 조선이 갖게 되어 당초의 계획대로 강화를 성립시키기로 하고 사신를 파견하기로 결정하였다.36)

이렇게 하여 마침내 1607년 1월, 강화를 위한 조선의 사절단이 막부에 파견되게 되었다. 그러나 조선측은 사절단의 명칭을 信義를 통한다는 의미의 通信使로 하지는 않았다. 당초부터 賊中의 情形이 미심하여 通信이라는 칭호는 사용할 수 없으니, 일부 通諭로 하자는 제안도 있었지만, 선조는 隣國에 諭자를 쓰는 것은 어려움이 있다고 하면서, 일본의 치서에 대하여 회답을 하는 것이니 回答으로 하자고 하였다.37) 한편 당시 조선으로서는 국내적으로 임란 때 납치된 被虜人의 송환문제도 중요한 과제였으므로 이 문제를 다시 논의하여,

> 우리의 禮儀之民을 虜庭에 그대로 둘 수가 없으니 回答使가 敵地에 도착하면 刷還의 일을 적극 추진하여야 한다. 그런 소임을 맡게하는데, 회답사의 명칭에는 서계를 전달한다는 뜻만 있고, 我國人刷還의 뜻이 없어 마땅치 않다. 예조의 치서에 아국피로인의 전체송환을 요청하는 내용이 들어 있고, 그로써 양국의 화호를 시험해 본다는 뜻도 말하고 있으니 사신의 명칭도 被虜人刷還의 뜻을 밝혀 回答兼刷還으로 하자.38)

고 하여, 사신이 출발하기 앞서 불과 일주일전에 回答兼刷還使로 결정하였다.39)

그리고는 만약 일본측으로부터 通信使라고 칭하지 않은 것에 대한 비난이 있는 경우에는 家康國書가 온 것에 대한 回答使이며, 일본에 도착하면 조선인을 쇄환시키는 일은 이미 양국이 충분히 알고 있는 사실인 만큼 사

---

36) 손승철, 『조선시대 한일관계사연구』 제3장 3절 회답겸쇄환사의 파견(지성의 샘, 1994).
37) 『선조실록』 권203, 39년 9월 계유.
38) 『선조실록』 권207, 40년 정월 무진.
39) 『선조실록』 권207, 40년 정월 기사.

절단의 칭호를 문제 삼지 않도록 했다.

그리고 비변사에서는 사신들이 막부관리들을 만났을 때를 미리 예상하여 임진왜란에 대한 실상과 그 후의 상황, 이번 사행의 이유와 교역의 재개, 명에의 진공, 피로인의 쇄환, 금후 양국사신의 파견 문제 등에 관한 내용이 교시되었다. 또한 출발에 즈음하여서는 家康國書의 진위가 江戶 도착 후에는 판명이 될 것이므로 對馬에서는 문제 삼지 말고 江戶에서 문책하도록 했다. 그리고 被虜人 쇄환에 관하여는 幕府執政에게 별도의 서계가 전달될 것이기 때문에 對馬에서도 적극적인 협조를 할 것이며, 피로인들에 대하여도 귀국 후 장래의 불안을 염려할 경우를 대비하여 귀국 후의 免罪나 免賤, 免役 등에 대하여 충분히 알려줄 것을 당부하고, 사행도중 密賣나 潛商에 대하여 절대로 엄금하였다.[40]

인원의 편성은 비변사로부터 1590년의 예에 따라서 정사에 呂祐吉, 부사에 慶暹, 종사관에 丁好寬을 임명하였다. 일행의 총인원에 관하여는 기록에 따라 차이가 있지만,[41] 실제로 귀국 후 복명을 위해 기록한 부사 경섬의 『海槎錄』에 의하면 406명으로 되어있다. 이들은 1607년 1월 12일 한양을 출발하여, 2월 29일에는 부산을 떠나 對馬를 거쳐 大阪까지는 해로를 이용하여 갔고, 4월 12일 京都를 거쳐 5월 24일에 江戶에 도착하였다. 이어 6월 6일 선조의 회답국서를 전달한 후,[42] 德川秀忠 명의의 回答書를 받고, 동 14일

---

40) 『海行錄』 丁未 정월 11일.

41) 回答兼刷還使의 인원은 기록에 따라 약간씩의 차이가 있는데, 일본의 기록인 『歷朝來聘』에는 406명, 『隣交始末物語』에는 469명으로 되어 있고, 이에 대한 연구로 松田甲 504명, 中村榮孝, 田中健夫 467명의 설이 있으나, 三宅英利는 『近世日朝關係史の研究』 166쪽(손승철 번역본, 121쪽)에서 원칙적으로 부사로 직접 참여한 慶暹이 남긴 海槎錄의 504명을 따라야 한다고 주장하고 있다.

42) 당초 조선측의 回答書는 德川家康에게 보내는 것이었으나, 조선사절이 大阪에 이르렀을 때, 家康은 장군직을 아들인 秀忠에게 전위하였으므로 江戶의 秀忠에게 회답서를 전달하도록 하였다. 이러한 家康의 태도 변화에 대하여 조선사절을 秀忠에게 돌린 것은 回答使라는 명분을 상실케 하기 위해서라는 학설(新井百石「復號紀事」, 『新

에 江戶를 떠나 귀로에 올라 7월 17일에 被虜人 1,240여명과 함께 한양에
돌아와 선조에게 복명하였다.[43]

　이로써 임진왜란에 의하여 단절된 양국의 국교가 정식으로 회복되었다고
할 수 있다. 그러나 이 사절단의 명칭은 「通信使」가 아니라, 일본에서 먼저
보내온 國書에 답하고, 피납된 조선인을 귀환시킨다는 의미의 「回答兼刷還
使」였다.

5. 맺음말

　이상에서 探賊使 松雲大師의 對日使行을 전후 한일관계사의 맥락 속에서
살펴보았다. 이미 선학의 연구와 본 논문에서도 언급한 바와 같이 송운대사
의 행적에 관한 사료는 매우 제한적이다. 따라서 새로운 사료의 발굴이 이
루어지지 않는 한, 송운대사에 대한 연구는 새로운 방법을 적용해야 한다.
이러한 의미에서 이 글은 임진왜란이 끝난 이후, 양국간에 전개된 국교재개
의 교섭과정을 통시적으로 분석하여 송운대사 대일사행의 외교사적 의미를
고찰하고자 했다.

　결론적으로 말하면, 松雲大師의 對日使行(探賊使)에 의해 양국간에 강화
의 분위기가 조성되었고, 이어 조선에서는 일본국왕호를 쓴 將軍國書와 犯
陵賊縛送을 강화의 조건으로 제시하여, 일본으로 하여금 이에 순응하게 함
으로써, 강화사절인 回答兼刷還使의 파견을 가능하게 하여 마침내 조·일 交

　井百石全集』제3권)이 있지만, 그보다는 오히려 德川政權이 이 回答使를 朝貢使로 둔
　갑시켜 秀忠에게까지 가게 함으로써 막부정권의 정당성 구축을 위한 도구로 삼으
　려 했던 정치적인 의도로 보아야 한다(ロナルト・トビ, 『近世日本の國家形成と外交』,
　59~66쪽).
43)이 回答兼刷還使에 관하여는 부사로 참여하였던 慶暹의 『海槎錄』에 자세하다(민족문
　화추진위원회 국역 『海行總載』 제2권에 수록).

隣關係를 회복시켰다는 것이다.

그러나 이 논리의 검증을 위해서는 다음과 같은 의문들이 해소되어야 한다. 첫째, 송운대사가 귀국 후에 선조에게 어떠한 사항을 복명했으며, 德川家康는 왜 서계를 보내지 않았을까. 둘째, 송운대사의 귀국 후 왜 곧바로 강화사가 파견되지 않았으며, 사절파견을 위한 두 가지 전제조건은 무엇을 의미하는가. 셋째, 德川家康의 國書와 범릉적이 왜 僞作되는가 등이다.

이상의 의문들에 대해 현단계에서 충분치는 않지만, 다음과 같은 설명이 가능하다.

첫째, 松雲大師의 渡日目的이 처음부터 德川家康에게 파견된 外交使行이 아니었다. 즉 조선정부에서도 논의한 것처럼 일본국정을 탐색하기 위한 개인자격이었기 때문에 송운대사 자신도 宣祖의 國書를 휴대하지 않았다. 따라서 德川家康으로부터 국서를 받아 온다는 것은 외교관례상 불가능한 일이므로, 귀국시 德川家康의 서계를 휴대하지 않았다는 것은 문제가 될 수 없다. 따라서 선조에게 복명할 때도 德川家康의 강화의지를 전달하는 정도였을 것이다. 이점은 귀국 후 對馬島主, 柳川調信의 서계 등에서도 분명히 언급하고 있다.44)

둘째, 조선에서의 강화에 대한 논의와 제시된 두 가지 조건은 전쟁 재발을 위한 제도적인 장치로서 책봉과 교린이라는 동아시아 외교질서를 재확립할 필요에서 이루어진 것이며, 동시에 조선이 전쟁의 피해국이었기에 전쟁에 대한 사과와 외교 교섭의 주도권을 가지고 강화를 성립시키려는 의도였다고 판단된다.

셋째, 國書改作과 犯陵賊 조작은 조선전기부터 관행처럼 자행된 僞使를 이해하지 않으면 안된다45). 즉 조선전기 한일관계를 보면 상식적으로는 이

---

44) 『선조실록』 권187. 38년 5월 정유조에 「청컨대 귀국에서 강화를 맺는 증험을 보이신다면 양국이 큰 다행이 될 것은 물론 萬民의 큰 다행이 될 것입니다. 나머지는 장군과 사의 말에 맡깁니다. 황공하게 머리 조아려 삼가 올립니다.」

해할 수 없는 일이지만, 日本國王使부터 중소영주의 사절(小酋使)에 이르기까지 일본으로부터 위사의 파견은 이미 관행이 되어 왔다. 따라서 이것은 조선측의 반응에서 볼 수 있는 것처럼 조선의 외교적 명분이 이루어진 이상 더 이상 큰 문제가 아니었다.

이상의 내용을 통하여 볼 때, 松雲大師의 對日使行은 7년간의 불행한 전쟁을 종결시키고, 두 나라가 전통적인 교린관계를 회복하는데 결정적인 계기를 만들었고, 나아가 동아시아 외교질서를 회복한다는 외교사적인 의미를 부여하는데 더 이상 주저할 이유가 없다. 그러나 송운대사 일행의 명칭은 探賊使였고, 강화사절의 명칭도 回答兼刷還使였다. 조선과 일본간의 전통적인 교린관계를 상징하는 通信使의 파견은 그로부터 30년이 지난 1636년이 되어서야 비로소 이루어지고 있다. 이시기의 한일관계가 지닌 특징이자 한계점이다.

뿐만 아니라 『朝鮮王朝實錄』에 보이는 松雲大師에 대한 부정적인 인식도 그로부터 100년이 지난 英祖代에 가서야 달라지고 있다. 『영조실록』 14년 (1738) 2월 신해조에, 임금이 대신과 備局堂上을 인견하니, 우의정 宋寅明이 아뢰기를,

> "임진년에 의병장이었던 중 惟政은 왜인들을 격퇴하자고 창의하여 매우 많은 왜인을 베고 사로잡았고, 또한 풍파를 무릅쓰고 일본에 들어가 마침내 和好를 이루었으며, 私財를 내어 사로잡혀간 사람 수천 명을 刷還해 왔었습니다. …… 그런데 근래에 영당이 심하게 무너져 장차 향화를 폐지하게 되었고, 위전도 또한 잃어버려서 수호해 갈 수가 없다고 영남 중 수백 명이 연명하여 와서 비국에 호소하였습니다. 청컨대 밭 5결을 급복해 주어 풍교를 수립하소서." 하니, 임금이 그대로 따랐다.

---

45) 僞使에 대한 연구는 한국에는 孫承喆, 河宇鳳, 閔德基, 韓文鍾 등의 부분적인 연구가 있고, 일본에는 橋本雄, 米谷均, 伊藤幸司, 村井章介 등의 연구가 있다.

라고 기록하여, 松雲大師가 渡日하여 화호를 이루었음을 분명히 기록하고 있다. 하찮게 무시되고, 폄하되던 일개 僧侶가 7년간의 전쟁 상처를 봉합하여 교린관계를 부활시켰으며, 불행한 전쟁의 시대를 종식시키고 평화 시대를 열어갔던 것이다.

제2장
조선통신사의 피로인 쇄환과 그 한계

1. 서론

1598년 11월, 노량해전에 의해 7년간의 임진왜란이 끝나면서 조선은 전 국토가 황폐화되고, 많은 문화재가 소실되었으며, 엄청난 인명피해를 입었다. 통계에 의하면 침략당사자였던 일본군도 약 65%의 손실을 입어 20여만 명의 사상자를 내었으며, 침략을 당했던 조선의 경우 일본의 10배에 달하는 200만 명이 피해를 입었다는 기록이 있다.

전쟁이 끝난 직후, 조선이 당면했던 과제는 산적해 있었다. 무엇보다고 일본과의 전쟁을 종결하고 국교를 회복하는 강화의 문제였고, 조선왕조의 국가적 체면을 짓밟은 선정능도굴 사건, 그리고 무엇보다도 죄 없이 끌려간 피로인을 쇄환하는 문제였다.

피로인이란 임진왜란 당시 일본군에 의해 일본으로 끌려간 조선인들로, 일반적으로 조선에서는 '被虜' '被虜朝鮮人' '俘虜' '俘人'으로 전쟁중에 사로잡힌 사람을 뜻하며, 일본에서는 이케도리(生け捕り), 捕虜라고 하는데, 포로란 전쟁에 참가한 군인을 지칭하므로 전쟁 중에 일본군에 끌려간 민간인의 경우는 被虜人이라고 칭하는 것이 타당하다.

1604년 探賊使로 파견되었던 사명대사가 일본을 정탐하고 돌아온 후, 조선에서 일본에 요구했던 강화를 위한 세 가지 조건은 국왕호를 명시한 강화요청서, 범릉적 박송, 피로인 쇄환 등 세 가지였다. 그 가운데 피로인쇄환은 국가적으로 절실한 문제였다. 그리하여 1607년에 파견된 임진왜란의 강화사였던 사절단의 명칭도 『회답겸쇄환사』였다.

현재 임란 피로인에 대한 연구는 주로 피로인의 납치목적, 납치규모, 납치상황, 일본에서의 분포지역과 생활, 피로인의 일본정세에 대한 정보탐색과 제공 등에 대해 이루어졌다.[1] 그러나 아직도 전체 피로인의 규모나 그 가운데 어느 정도가 돌아왔는지, 그리고 그들에 대한 조선정부의 입장은 어떠했으며, 그들의 생활은 어떠했는지, 그리고 피로인에 대한 쇄환 방법 및 그들을 쇄환하는 기능을 담당했던 통신사행원들의 피로인에 대한 인식과 쇄환과정은 어떠했는가에 대한 구체적이며 체계적인 연구가 미흡하다.

이 글에서는 이러한 점에 주목하여 『朝鮮王朝實錄』과 임란 직후의 회답겸쇄환사와 통신사의 사행기록인 『海槎錄』(1607), 『扶桑錄』(1617), 『東槎錄』 『丙子日本日記』 『海槎錄』 『東槎錄』(1636), 『海槎錄』 『東槎錄』 『癸未東槎日記』(1643) 등을 중심으로 임란 피로인의 실태와 그 한계를 살펴보고자 한다.

2. 피로인의 규모와 쇄환상황

임진왜란 시기, 조선피로인의 피랍이유는 대체로 다음과 같은 이유에서였다. 첫째가 전투 중에 잡혀서 끌려간 경우, 둘째, 전투지역에서 군량수공·축성·잡역 등의 사역을 위한 경우, 셋째, 일본 내에서 부족한 노동력을 보

---

1) 피로인에 대한 연구사는 민덕기, 「임진왜란 중의 납치된 조선인문제」『임진왜란과 한일관계』(경인문화사, 2005)와 김문자, 「임진 정유재란기의 조선 피로인 문제」『중앙사론』 19집(2004)에 상세하다. 피로인에 대한 연구는 한국보다는 일본에서 먼저 시작되었다. 일본측의 연구로는 1930년대 山口正之에서부터 시작하여, 1960년대에 들어서는 邦波利貞·石源道博·今西春秋·中村榮孝 등에 의해 이루어졌고, 1963년부터 內騰雋輔에 의해 본격화 되었다. 그 이후 鶴園裕, 中村質, 米谷均, 仲尾宏, 高橋公明 등의 연구가 있다. 한편 한국에서는 김문자, 민덕기, 김선희, 방기철 등과 문학적인 관점에서 접근한 다수의 연구가 있다.

충하기 위한 경우, 넷째, 도공등 기술자의 납치, 다섯째, 여자와 童子 중에
미모와 재능이 있는 경우, 여섯째, 전쟁 중에 일본인에게 협력한 경우, 일곱
째, 노예매매를 목적으로 한 경우 등 다양하다.2)

조선피로인들은 남녀노소, 양반·상민·천민을 불문하고 거의 모든 계층의
사람들이 일본으로 강제 연행되었다. 이들 중에 일부는 長崎와 平戶지역에
서 포루투갈 상인에 의해 동남아시아와 인도방면으로 팔려서 유럽에 까지
갔지만, 대부분은 큐슈지역의 여러 大名들에 의해서 연행되었고, 상인들에
의해서 매매가 되었다. 피로인의 대다수가 큐슈지역에 살게 된 것은 조선침
략의 선봉에 나섰던 무장들의 출신이 대부분이 큐슈지역 출신이 많았고, 수
송문제에서도 거리상 가까운 지역이었기 때문에 그 지역으로 집중될 수밖
에 없었다.3)

조선피로인들은 임란당시 일본군 장수들의 출신지역과 비교할 때, 일본
의   壹岐·對馬島·薩摩·熊本·唐津·福岡·小倉·長門·廣島·岡山·姬路·兵庫·伊
予·讚岐·阿波·土佐 등의 지방에 많이 있다. 그리고 그 외에는 紀州·大坂·京
都·名古屋·靜岡·江戶 등 정치와 교통의 요지에 분포했다. 內藤雋輔의 연구
에 의하면 특히 큐슈지역의 鹿兒島·熊本 지역, 그 외에 京都와 德島지역이
다른 지역보다 피로인이 많이 정착해서 사는 것으로 기술되어 있고, 仲尾宏
에 의하면, 京都와 名古屋, 江戶에서는 피로인 등에 서울 출신이 두드러지게
나타난다고 하였다.4) 윤달세는 3차에 걸친 회답겸쇄환사의 쇄환기록을 분
석한 결과 구주지역에서의 쇄환수가 전체 쇄환인수의 절반에 이르고 있다
고 했다.5)

---

2) 이원순, 「왜란과 조선浮虜」『조선시대사논집』(느티나무, 1992) 24쪽.

3) 김문자, 앞의 논문, 38쪽.

4) 仲尾宏, 「壬辰·丁酉再亂の朝鮮被虜とその定住·歸國」『朝鮮被虜人と壬辰倭亂』, 明石書
店, 2000, 190쪽.

5) 윤달세, 「九州地方에서의 임진·정유왜란 피로인 쇄환 상황」『조선통신사연구』제5
호, 2011, 67쪽.

그렇다면 임진 정유재란을 통해 얼마나 많은 피로인이 일본으로 피랍되어 갔을까.

피로인의 숫자에 대해서는 아직 통일된 의견은 없고, 한국과 일본의 견해차이도 크다. 우선 일본측의 연구에 의하면, 內藤雋輔는 일본에 끌려간 피로인의 수를 처음에는 5~6만으로 파악하였으나, 나중에는 2~3만으로 축소하여 추정했다.6) 현재 일본의 역사서나 교과서에는 이 숫자가 공식적인 숫자로 표시되어 있다. 이에 비해 한국에서는 김의환·이원순이 10만으로 추정하고 있다.7) 한국측에서 10만으로 잡는 근거는 피로인중 잡혀갔다가 돌아온 金以生이 '자신 이외에 30,700명의 피로인들이 薩摩지역에서 무술을 연마하고 있어 이들을 쇄환하면 국가에 큰 힘이 될 것이라'는 기술과 정희득이 『月峰海上錄』에서 '우리나라 남자로 일본에 잡혀와서 군사훈련을 받은 자를 모두 모으면 3~4만명은 되겠고, 늙고 약한 여자는 그 수가 갑절이나 될 것입니다'라고 했기 때문이다. 따라서 이들 기록을 믿을 수는 없지만 이 기록에 기초하여 대략 10만 명으로 추정했다.

이와 관련하여 최호균은 임진왜란이 일어나기 직전 1591년의 조선인구를 1,200만 명으로 보고, 1598년의 인구를 1,085만 명으로 계산하여 115만 명의 인구가 감소한 점에 주목하여 100만 명 이상을 임진왜란의 사망자 또는 피로인으로 계산했다. 그 중에서 코베기 자료 등으로 분석한 사망자를 제외하고 피로인은 40만 명 이상이라고 추정했다.8) 한편 민덕기는 9만에서 14만 명으로 추정하였다.9) 따라서 현재의 연구단계에서는 통일적인 견해가

---

6) 內藤雋輔, 『文祿·慶長における被虜人の硏究』, 東京大學出版會, 1976, 216쪽.
7) 김의환, 『조선통신사의 발자취』, 정음문화사, 1985, 165쪽. 이원순, 앞의 책, 24쪽.
8) 최호균, 「임진·정유왜란기 인명피해에 대한 계량적 연구」『국사관논총』 89집, 2000. 51~55쪽.
9) 민덕기, 「임진왜란중에 납치된 조선인문제」『임진왜란과 한일관계』(경인문화사, 2005) 395쪽.
   a) 시마즈씨 군대 : 金以生說에 의거, 1만명을 동원한 시마즈씨의 사츠마가 30,700명 납치. b) 그외 일본군 : 강항과 정희득의 기록에 의거, 약 5,000명의 군대가 조선

없어 조선피로인의 숫자는 가늠하기가 어렵다.

그러나 임란후 돌아온 피로인의 숫자는 『朝鮮王朝實錄』이나 회답겸쇄환사들의 기록을 통해 파악이 가능하다. 물론 이 숫자도 누락된 것을 감안하면 정확한지는 알 수 없지만, 이들 기록을 통해 나름대로 파악해보면 다음과 같다.

우선 1604년 탐적사의 귀국 전후까지 일본에서 강화를 요청하면서 사절을 보내올 때 동행한 기록들을 종합해보자.

번호	연대	사자	내용	출처
1	1599. 6	源智實	피로인 정희득 등 15인 송환	선조 32년 7월 신유
2	1600. 2		피로인 160명 송환	선조 33년 2월 정유
3	1600. 4		피로인 20여명 송환	선조 33년 4월 갑신
4	1601. 6	橘智正	전현감 남충원 등 250명 송환	선조 34년 6월 갑오
5	1602. 7	橘智正	피로인 229명 송환	선조 35년 8월 임진
6	1603. 3	橘智正	피로인 94명 송환	선조 36년 3월 경진
7	1605. 4	惟政	1390명 쇄환(3,000명 쇄환설도 있음)	선조수정 38년 4월
계			2,158명 (3,768명)	

이상의 내용을 통해서 보면, 1607년 회답겸쇄환사가 파견되기 전까지 송환된 피로인은 2,158명이며, 사명대사의 3,000명설을 인정해도 3,768명이다.

인 1,000명을 납치하고 있으므로 침략 일본군 14만명(시마즈씨 군대 1만명 제외)이 그 20%인 28,000명 납치하고 북구주 지역의 다른 다이묘나 대마도주의 납치 수를 추정하여 1만명을 합해 38,000명 납치. c-1)나가사키 통한 포르투갈 노예상인 :야소회측의 임진왜란기에 2,000명을 구제했다는 자료에 의거, 그 10배인 20,000명의 조선인이 나가사키 방면으로 납치. c-2)나가사키 통한 포르투갈 노예상인 : 야소회측의 1596년 1년간 300명의 피로인을 구제했다는 자료에 의거, 「임진왜란」기에 15,000명(300명×10배=「임진왜란」기 年間 납치인원×5년간), 납치가 10배 증가했다는 정유재란기에 60,000명(「임진왜란」기 年間 납치인원×10배×2년간), 도합 75,000명이 나가사키 방면으로 납치. 이에 a) b) c)를 합산하면 88,700명에서 143,700명이 된다. 이를 단순화 시키면 9만~14만여명이다.

그리고 1607년 회답겸쇄환사가 파견되면서 쇄환한 인원을 포함해 보면, 1607년 1,418명, 1617년 321명, 1624년 146명, 1636년 미상, 1643년 14명으로 쇄환사에 의해 쇄환된 피로인이 1,899명으로 총 4,057명으로 사명대사의 3,000명 설을 감안하면 5,667명으로 6천명을 넘지 않는다.

이러한 수를 감안한다면, 피로인의 전체수를 알지 못하지만, 1607년 회답겸쇄환사로 파견되었던 경섬이 '지금 쇄환해 오는 수는 아홉 마리 소 가운데 털 한 개 뽑을 정도도 못되니, 통탄함을 이길 수 있겠는가'라고 한탄을 금지 못하는 표현에서처럼 지극히 일부였음을 알 수 있겠다.

3. 회답겸쇄환사의 피로인 쇄환

1) 1607년 회답겸쇄환사의 경우

최초의 공식적인 쇄환사였던 1607년 회답겸쇄환사는 정사 여우길 등 406명으로 구성되었다. 부사 경섬의 『海槎錄』에 의하면, 이들은 1607년(선조 40) 1월 12일 한양을 출발해, 2월 29일에는 부산을 떠나 대마도를 거쳐 오오사카까지는 해로를 이용해 갔고, 4월 12일 교오토 거쳐 5월 24일에 에도에 도착했다. 이어 6월 6일 선조의 회답국서를 전달한 후, 아들 德川秀忠 명의의 회답서를 받은 후, 동 14일에 에도를 떠나 귀로에 올라 7월 17일, 피로인 1,240여명과 함께 한양에 돌아와 선조에게 복명했다.

『海槎錄』에 기술된 피로인에 관한 기록은 다음과 같다.

> 4월 12일(갑진) 江戶
> …… 구경하는 남녀가 어깨가 맞닿고 발이 포개져 서로 짓밟는데, 몇천 몇만 몇억이 되는지 알 수 없었다. 이따금 눈물을 흘리는 사람이 있으니, 이는 우리나라의 여인인데, 고국 사람을 보고는 울먹이며 슬퍼하지 않는 사람

이 없는 것이다. ……

6월 22일(계축) 濱松

현천을 떠나 見付鄕村에서 점심을 먹었다. 저녁에 濱松村에 도착하였다. 원풍이 준하에서 뒤따라 와서 말하기를, "家康이 돌아가기를 원하는 피로들을 일체 쇄환하게 하고, 만약 돌아가기를 원하는데도 억류하는 주인이 있으면 죄를 주리라 …… 하였습니다."하였다.

윤 6월 11일(임신) 兵庫

午時에 작은 배를 타고 점포를 지나는데, 어떤 남자 하나가 포구의 갈대밭 속에서 달려 나와 부르짖기를, "나는 조선 사람이오. 돌아가는 배에 태워 주시오." 하므로 배를 멈추어 태워 주었다. 그는 전라도 사람이다. 그 주인이 놓아 보내려 하지 않으므로 도망쳐 와 여기 숨어서 행차를 기다렸다 하니, 그 정상이 가련하다. 또 한 여인은 그 주인에게 울며 호소하였더니, 그 주인이 놓아 주므로 곧 몸을 빼져 달려왔다. 그의 남편인 왜인은 나쁜 사람이었다. 칼을 어루만지며 맞서서 놓아주지 않으려 하므로, 橘智正이 접대하는 왜인 우두머리와 함께 만단으로 타이르니, 그가 마지못해 물러갔다.

또 한 여인은 그의 남편이 놓아보내려 하지 않자, 그 여인은 가지 않을 것처럼 하고는 그 남성에게 속여 말하기를, "사신의 행차가 집앞을 지날 적에 그 가운데는 반드시 우리 일가와 고을 사람이 있을 터이니, 나는 비록 가지 않을지라도 소식은 전할 수 있으니, 문에 기대어 기다리겠습니다."하였더니, 그 남편이 청을 들어주었다. 그래서 우리 일행이 지나갈 때에 그 여인이 곧 군관들의 호위 행렬 속에 뛰어들어, 배가 이르자 곧 올라탔는데 그 남편이 따라왔지만 잡지 못하였다.

또 남녀 수십 명이 갈대밭 속에서 나와 부르짖으므로 모두 배에 오르게 하였다.

저녁에 일행이 海船을 타고 닻을 내려 바다 안에 정박하였다. 그리고 배를 임대하여 쇄환인을 나누어 실었다. 경상도 울산 등지의 사람 40여 명이 저들대로 배 한 척을 사서 미곡을 가득 싣고 술을 동이에 가득 채워, 돛을 달고 돛대를 두드리며 노래를 부르며 따라왔다. 그 안에는 海平令이란 자가 있었는데 종실이다. 처음에는 오려 하다가 배를 탈 때에 와서는 도로 돌아가 버렸으니, 해괴한 일이다.

윤 6월 18일(기묘) 赤間關

적간관에 머물렀다. 上使의 군관 呂卿軸과 京砲手 金碩連 등을 馬島의 배에 태워, 回還한다는 장계를 붙여 먼저 내보내었다. 풍후주 태수 충오가 휘하 장수를 보내어 下程宴하는 소·돼지·술·음식 등의 물건을 바치고, 또 피로인 남녀 40여 명을 보내왔다. 崔義吉을 시켜 피로인 士族 羅大男 등 두 사람을 대동하고, 小窓城에 가서 충오에게 말하고, 여러 방법으로 불러 모아서 오게 하였다. 그런데, 최의길이 1백여 명을 얻어 그중에 40인을 거느리고 먼저 밤을 타서 돌아오고, 그 나머지는, 나대남 등이 남아서 행장을 꾸려 거느리고 오게 하였다.

윤 6월 19일(경진)

피로인은 이 關보다 더 많은 곳이 없는데, 關人들이 우리 일행이 나온다는 말을 듣고 모조리 옮겨다 숨겨서 찾아내지 못하게 하였다. 그런데 지방관이 거짓 찾아내는 체하고 끝내 실제의 數가 없었던 것은 가는 곳마다 다 마찬가지였지만, 이 관이 더욱 심하니, 통분하고 통분하였다. 아침밥을 먹은 뒤에 발선하여 혹은 돛으로 가기도 하고 혹은 노를 저어 가기도 하여, 초저녁에 藍島에 도착하고, 館所에 下宿하였다. 그런데 종사관은 곽란으로 관소에 내리지 못하고 홀로 배 위에서 묵었다. 筑前州 代官이 와서 지공하고, 이어서 말하기를, "축전 태수 長政이 현재 博多州에 있으면서 피로인 1백여 명을 모아 장차 내보내려 합니다." 하였다.

윤 6월 21일(임오) 名護屋

肥前州太守 政成이 대관을 보내어 支候하고, 겸하여 우리나라 사람 1백40명을 찾아내어 보내왔다. 대관이 館에 내려와서 밥 들기를 청하였는데, 그릇이나 떡과 음식을 모두 융숭한 예로 대접하였다. 景直이 전복 따는 것을 구경가기 청하므로 午時에 배를 타고 포구의 외딴 섬가에 나갔다. 전복잡이 왜인 10여 명으로 하여금 잠수하여 전복을 잡게 하는데, 모두 女人이었다. 잠수하여 전복을 매우 잘 잡으므로 상으로 쌀 3석을 주었다. 나대남 등이 牛窓城으로부터 피로인 60여 명을 거느리고 뒤따라 도착하였다

6월 22일(계미)

平戶島主 法印이 館에 내려와서 밥을 들기를 청하였다. 밥을 든 뒤에 법

인이 청하여 뵙고 물러갔다. 저녁에 배 위로 돌아와서 잤다. 격군 守福의 어미가, 임진년 난리 때에 피로가 되어 간 곳을 모른 지 지금 16년인데, 그의 어미가 마침 이 섬에 있었다. 우연히 상봉하여, 모자가 부둥켜안고 울었다. 그들을 같이 배에 태워서 돌아왔다. 이 일은 왜국 사람들도 모두 감탄하여 기이하게 여겼다.

6월 26일(정해) 對馬島

大阪의 대관 片桐主膳이 피로인 24명을 나중에 보내오고 甲斐守 長正이 또 피로인 64명을 보내오므로 당상 역관으로 하여금 편지를 보내어 사례하게 하였다. 대마도 사람들이 일행을 따라다니느라 비용을 많이 썼으므로 쓰다 남은 은 1천 2백여 냥을 주었다. 되돌아오는 피로를 점검해 보았더니 남녀 합쳐 겨우 1천 4백 18명이었다. 이어 10일 양식을 내주었다. 대개 피로인으로 일본 내지內地에 흩어져 있는 자가 몇만이나 되는지 모른다. 비록 돌아가기를 원하는 자에게는 돌아가게 하라는 관백의 명령이 있기는 하였으나 그 주인들이 앞을 다투어 서로 숨겨서 마음대로 할 수 없게 하였고, 또 피로인들도 머물러 사는 것을 편히 여겨 돌아오려는 자가 적었다. 지금 쇄환해 오는 수는 아홉 마리 소 가운데 털 한 개 뽑은 정도도 못 되니, 통탄함을 이길 수 있겠는가?[10]

경섬의 『海槎錄』에는 기록이 에도에 가기까지는 피로인에 관한 기록이 없고, 돌아오는 길에 등장한다. 최초의 기록은 에도에서 통신사 행렬을 구경하는 여인의 눈물에서 고국에 대한 그리움으로 표현된다. 그리고 많은 피로인들이 고국으로 돌아가고 싶지만, 倭主들이 놓아 보내주려하지 않아 귀국할 수 없다는 것이다. 이들 가운데는 倭主의 감시를 피해 탈출을 하여 귀국행렬에 합류하고 있는 모습도 발견할 수 있다. 이 기록을 통해 피로인의 신분은 노예의 상태임을 알 수 있다. 또한 여인의 경우는 왜인 남편이 놓아주지 않는다는 표현을 한 것을 보면, 대부분 왜인의 처나 종이 되어 생활하

---

10) 경섬, 『海槎錄』 하(국역 해행총재 II, 만족문화추진위원회, 1974, 이하 같음), 정미 6월.

고 있는 모양이다.

또한 피로인들이 赤間關(현재의 시모노세키) 부근에 많이 있는데, 지방관들이 모조리 숨겨 놓아 찾을 수가 없었으며, 지방관들이 막부의 명을 어길 수 없어 찾는 체는 하지만 실제로는 피로인들의 귀국을 막고 있는 실태를 파악할 수 있다. 그러나 비전주 태수나 축전주 대관, 대판의 대관, 갑비수 등 중로의 다이묘들은 막부 장군의 명에 따라 일부 이기는 하지만 수십명씩의 피로인을 쇄환하고 있다.

한편 격군 守福의 경우에서처럼 회답겸쇄환사로 참여하는 관원 가운데는 가족 중에 피로인의 된 경우도 있어 사행중에 만나 함께 귀국하는 경우도 있었다.

피로인을 쇄환하기 위한 최초의 공식 사절인 1607년의 회답겸쇄환사가 쇄환한 피로인은 총 1,418명이었고, 경섬의 『海槎錄』에서는 '지금 쇄환해 오는 수는 아홉 마리 소 가운데 털한개 뽑은 정도도 못 된다'고 했다. 일본 내지에 흩어 사는 피로인들이 몇만이나 되는지 알 수 없지만, 돌아가기를 원하는 피로인들을 돌아가게 하라는 관백의 명령이 있었으나, 그 주인들이 앞을 다투어 서로 숨겨서 마음대로 돌아 올 수가 없었으며, 피로인 자신들도 이미 머물러 사는 것을 편히 여겨 돌아오려는 자도 적었다고 기술했다.

한편 귀환한 피로인들에 대한 대우는 너무 박대하고 있다. 『海槎錄』에는 다만 10일분의 양식을 주었다고만 기술되어 있다. 귀환한 피로인들이 기본적으로 조선에 연고가 있을 것이라고 단정해서 일까, 이들에 대한 사후조치는 미흡하기 짝이 없다.

2) 1617년 회답겸쇄환사의 경우

두 번째 쇄환사였던 1617년 회답겸쇄환사는 정사 吳允謙 이하 428명으로 구성되었다. 종사관 이경직의 『扶桑錄』에 의하면, 이들은 1607년(선조 40)

7월 5일에 부산을 떠나 대마도를 거쳐 오오사카까지는 해로를 이용해 갔고, 8월 21일에 교토에 도착했다. 당시 장군이 교토에 체류중이어서 국서봉정은 교토에서 이루어졌다. 8월 26일 伏見城에서 선조의 회답국서를 전달한 후, 아들 德川秀忠 명의의 회답서를 받은 후, 교토를 떠나 귀로에 올라 10월 18일, 피로인 231명과 함께 부산으로 돌아왔다.

『扶桑錄』에는 피로인 쇄환에 관한 일을 다음과 같이 기록하고 있다. 그런데 1607년 회답겸쇄환사와는 달리 출발 초장부터 대마도에서 이번 사행의 목적이 피로인쇄환에 있음을 강조했다.

> 7월 10일(임신) 對馬島
> 각 왜인에게 禮式을 거행한 후에 의성과 조흥이 각기 그들의 관대를 갖추고 차례로 들어와 읍하고 東西로 나눠 앉았다. 이번 행차가 오로지 우리나라 사람을 刷還하기 위한 것이라는 뜻을 이르자 저들의 답이, "이미 알고 있으니 마땅히 마음을 다해 하겠으나, 다만 금년 사세가 그전과는 아주 다릅니다. 젊은 사람은 이미 장성해서 남자는 장가들고 여자는 시집갔으며, 늙은 사람은 이미 자손이 자랐으니, 비록 쇄환하는 영이 있더라도 반드시 좋아하지 않는 사람이 있을 것이니, 이것이 매우 염려스럽습니다."
> 는 것이었다. 답하기를,
> "우리 백성으로서 여기에 있는 사람이 한이 없다. 장가든 남자 시집간 여자와 자손이 장성한 자는 생각건대 반드시 많지 않을 것이요, 사람의 정이란 고국을 그리는 것이다. 전일에 혹 쇄환하고 혹 도망쳐 돌아온 사람이 모두 장가든 남자와 시집간 여자였다. 다만 貴島에서 心力을 쓰지 않을까 염려될 뿐이지, 우리 백성이야 어찌 좋아하지 않을 리가 있겠는가?" 하였다.11)

즉 조선측에서 이번 사행이 피로인쇄환에 있음을 강조하자, 이에 대해 대마도에서는 젊은 피로인은 이미 장성하여 혼인을 했고, 늙은이들은 자손이 있어 쇄환이 어렵겠다고 답했고, 조선측에서는 과거에 쇄환한 사람들이

---

11) 이경직, 『扶桑錄』 7월 10일.

모두 결혼한 자들이니, 힘써 달라고 강조했다. 그러자 대마측에서는 다음날
에 피로인 쇄환의 댓가로 재물을 요구해 왔다.

> 7월 12일(갑술) 부중
> 술잔을 돌리는 동안에 調興은 말하기를, "앞으로의 事勢가 전일과는 조금
> 달라 手中에 물품이 없으면, 執政과 주선하는 즈음에 혹 쉽지 못함이 있을
> 듯합니다."하였다. 사신이 답하기를, "두 나라의 修好는 다만 信義에 있는
> 것이다. 이미 수호한다면 여기에 피로되어 있는 사람을 의당 낱낱이 쇄환해
> 야 하는 것인데, 만일 반드시 재물을 쓴 다음에야 쇄환한다면 신의로 서로
> 사귄다는 것이 어디 있겠는가? 이는 사신으로서 생각지도 않은 것이다."하
> 니, 조흥이 즉각 사과하기를, "재물을 쓰고 싶어 한 것이 아니요, 다만 우리
> 나라 사세가 이렇다는 것을 말한 것뿐입니다. 만일 재물로써 바꾸기로 한다
> 면 비록 마도의 힘을 다한들 어찌 될 수 있겠습니까? 의당 심력껏 할 것이
> 니 염려하지 마십시오."하였다.12)

즉 피로인 쇄환의 댓가로 재물을 요구하자, 조선에서 이에 대해 항의하
자 사과를 하기도 했다. 이에 대해 『扶桑錄』에는 "재물을 쓰라는 단서를 약
간 발설하다가, 말이 곧고 의리가 바르자, 곧 제 말을 뒤집어 사과했는데 나
이는 비록 젊으나 計略은 실로 奸巧하였다."고 기술했다.

또 8월 2일의 기록에는,

> 8월 2일(갑오) 對馬島
> 어두울 무렵에 귤지정이 와서 뵙고, 本島에서 마련한 식사를 드리기를 원
> 했으나, 이미 행차 주방에서 식사를 마련했으므로 사양하고 먹지 않았다.
> 한 사람이 와서 주방 군관 李瀛生에게 말하기를,
> "소인은 바로 順天 加里浦에 살던 坊踏水軍이었습니다. 鎭撫하는 일을 하
> 다가 閑山에서 패전하였을 적에 法印의 陣에 피로되어, 飛蘭島에 와서 살고
> 있습니다. …… " 하는데, 곧 平戸島였다. 곧 불러 보고 먼저 그 나라를 향모

---

12) 이경직, 『扶桑錄』 7월 12일.

하는 정성을 격려해 주고, 다음에 조정에서 선유하는 뜻을 일러 돌아갈 때에 모집하여 기다릴 것을 약속하였더니, "이미 수십 명이 서로 약속했습니다. 使行이 바다를 건넌다는 말을 듣고 여기에 와서 等待한 지가 벌써 10여 일입니다."하였다. 우리나라 이름으로는 朴春節이고, 왜의 이름은 信時老였다. 대마도 왜인들이 우리나라 피로인를 금하여 마음대로 와서 보지 못하도록 하니, 놀랍고 분함을 견딜 수 없다.

라는 기록이 있는 것을 보면, 큐슈의 平戶에서부터 쇄환을 위해 대마도까지 온 것을 볼 수 있다. 그러나 8월 3일 기록에는,

8월 3일(을미) 壹岐
金堤 사람 하나가 와서 뵙기에 거주하던 곳과 성명, 부모, 형제의 유무를 물으니, 모두 모르고, 조선 말도 또한 알아듣지 못했다. 10세 때에 피로되었다 하는데, 그 어리석고 용렬함이 이와 같았다. 올 때에 나와서 기다리도록 약속했으나, 이와 같은 사람은 하나의 왜인일 뿐이었다 ……
우리나라 사람 하나가 작은 종이 쪽지를 군관들이 있는 배 위에 던지는데 바로 한 편의 작은 시(詩)였다. 그 시에,
바닷길을 평안히 건너 오셨는지 / 平安渡來海上路
어사(御使)를 공궤하느라 또한 수고하겠소 / 御使供億亦切勞
20년 이래 소식이 없었는데 / 二十年來無消息
서로 만나 서로 대해도 말을 다 못하오 / 相逢相對語不盡
국하충신(國下忠臣)은 씀.
이라 하였다. 本島 왜인들과 대마도 왜인들이 상호 가로막아 서로 만나지 못하도록 하여, 그 거주와 성명을 묻고 싶었으나 또한 할 수 없었으니, 지극히 통분스러웠다. 곧 군관 등을 시켜 答書를 만들어 부처 주되, 朝廷에서 쇄환할 뜻으로 선유한 것을 말해 주어, 여러 사람들을 召募해 놓고 돌아갈 때를 기다리도록 하였다.
또 한 사람은 하인들이 있는 곳에 諺文 편지를 던졌다. 그 편지의 대략에,
"조선국 전라도 淳昌 南山 뒤에 살던 權牧使의 손녀이며, 아버지는 權伯이었습니다. 外祖父는 정유년에 龍安縣監으로 있었습니다. 妾의 나이가 열다섯일 때에 피로되어 와 이 고을 태수와 친근한 奴의 여종이 되었습니다.

이 고을 이름은 바로 至久前인데 이곳에서 가장 귀한 것은 虎皮니, 만약 한 장만 얻으면 제대로 팔아서 돌아갈 수가 있습니다. 비록 그렇게 되지 못하더라도 이 고을 태수에게 말을 할 것 같으면 반드시 놓아주어 돌아가도록 할 것입니다. 妾은 살아 돌아가 고향에서 죽으려고 생각하여, 남들은 모두 시집갔으나 저는 홀로 살고 있습니다. 이번에 우리나라 사신이 온다는 것을 듣고 救濟될 길이 있기를 바라며 감히 이렇게 仰達합니다. …… "[13]

라고 하여, 10세 때에 납치되어 와서 조선말도 모르고 부모형제도 모른다고 했다. 납치 당시 10세의 어린 나이이어서 자신의 출신과 부모 형제에 대한 아무런 기억도 못하는 경우이다. 다만 조선에서 사신이 왔다는 사실만으로 회답사를 만나는 사례이다. 이들은 물론 쇄환에 대한 의지가 없었다. 그러나 15세에 피랍되어 主倭의 종이 된 여인은 자신의 신분과 가족의 이름을 언문으로 적어 처한 상황을 알려왔다. 그러나 그녀 역시 보복이 두려워 主倭의 성명을 발설하지 못하였다.

    8월 6일(무술) 赤間關
    피로된 晉州 사람 李仁松이 와서 군관 등을 보고, "소인은 진주 士人 李萬璟의 아들이요, 李芬의 아우인데, 정유년 난리에 河東에서 피로되어 지금 豐前州 小倉市街에 있습니다. 행차가 여기에 도착한다는 것을 듣고 사정을 아뢰려 나루를 건너왔는데, 사신이 돌아갈 때에 따라갈 작정입니다."
    하였다. 군관을 시켜 특별히 위로해 주고, 피로된 딴 사람들도 불러 모아 기다리라는 뜻으로 타일렀다.

    8월 13일(을사) 蒲苅島
    역관 강우성이 여기에 와서 말하기를, "上關에 있을 때에 왜인 하나가 말하기를, '임진년 난리에 조선에 갔다가 장하고 용맹스러운 사람 하나를 보았다. 慶州에 갔을 때 한 사람을 사로잡았는데 왜인 6~7명이 결박할 수가 없었다. 겨우 결박했는데 두 팔을 조금 드니 큰 새끼가 곧 끊어져 버렸다.

---

13) 이경직, 『扶桑錄』 8월 3일.

창으로 옆구리를 찔러도 조금도 동요하지 않았다. 왜장이, 기이한 사람을 여기에서 죽일 수 없다 하여, 큰 나무 3개에다 온몸을 비끄러매어 작은 배에 실어 일본으로 보냈었다. 8일 만에 도착했는데 물과 醬을 입에 넣지 않았으나 또한 속히 죽지 않았다. 秀吉도 이를 이상한 사람이라 하여 救療해서 풀어 주도록 했으나 또한 10여 일을 먹지 않고 죽었는데, 참으로 전에 들어보지 못한 장사였다.' 하였습니다."

한다. 다만, 장사일 뿐만 아니고 반드시 義烈스런 사람일 것이다.

왜인 등이 지금까지 칭송하건마는, 그 성명을 모르는 것이 애석하다. ……

8월 13일의 기사에는 피랍된 후, 왜인에게 타협하지 않고 스스로 목숨을 끊는 경우도 있었다. 일본인들은 그를 기인으로 여기지만, 『扶桑錄』에는 의열스런 사람으로 기록하였다. 또한 피로인들간에는 남녀가 서로 혼인하여 가정을 이루고 살아가는 경우도 있었다.

8월 20일에 大阪에 상륙하여 京都로 향했다. 21일에 京都에 도착하여 大德寺에 여장을 풀었다. 京都에서는,

8월 22일(갑인) 京都

지나오는 도중에 더러 피로당한 사람이 있었으나 그 수효가 많지 않았고, 倭京에 도착한 이후에는 와서 뵙는 자가 연달아 있었으나 돌아가기를 원하는 자는 매우 적었다. 나이 15세 이후에 피로된 자는 본국 鄕土를 조금 알고 언어도 조금 알아 돌아가고 싶어 하는 마음이 있는 듯하였으나, 매양 본국의 살기가 어떠한가를 물으며 양쪽에 다리를 걸쳐 去就를 정하지 못하므로, 친절하게 말해 주고 되풀이해서 간곡하게 타일러도 의혹이 풀리는 자는 또한 적었다. 10세 이전에 피로된 사람은 언어와 동작이 바로 하나의 왜인이었는데 특히 조선 사람이라는 것을 아는 까닭으로 사신이 왔다는 것을 듣고 우연히 와서 뵙는 것이고 故國을 向慕하는 마음은 조금도 없었다. 그나마 돌아가고 싶기는 하나 결정하지 못하고 이럴까 저럴까 망설이는 사람은 모두 품팔이꾼으로 고생하는 사람이고, 生計가 조금이라도 넉넉하여 이미 뿌리를 박은 사람은 돌아갈 뜻이 전연 없었다. 혹 듣기도 하고 혹 보기도 하였는데 마음과 태도가 가증스러워 바로 풀 베듯 하고 싶어도 할 수가 없었다.

또 왜인들의 풍속이 使喚하는 사람을 가장 요긴하게 여기므로, 조선의 피로
는 태반이 왜인의 奴僕이 되어 있는데, 왜주인들이 매양 공갈하기를, "조선
사람으로서 쇄환된 자는 혹은 죽이고 혹은 絶島에 보내며, 또 사신이 각자
불러 모았다가 바다를 건너가서는 그 多少에 따라 바로 제 종으로 만들어
사환으로 부려먹는다. …… "하므로, 저 사정을 모르는 이들이 천만 가지로
의심이 생겨 그 고국을 그리는 정을 끊게 되니, 왜인들의 교묘하고 간사함
이 너무도 분한스럽다.14)

라고 하여, 피로인들이 10세 이전에 피랍된 경우는 언어와 동작이 모두
왜인으로 다만 사신이 조선인이라는 것만 알고 있는 것이며, 15세 이후에
피랍된 사람들은 언어와 조선에 대해 알고는 있지만 조선의 상황을 물으며
거취를 정하기를 꺼려했다고 한다. 귀국을 꺼리는 가장 큰 이유는 생계 문
제이며, 대부분의 피로인이 왜인의 노복이 되어 사는데, 왜인들이 풍문을
퍼뜨려 피로인이 쇄환하는 경우, 귀국 후에 죽이거나 귀향을 보내며 사신의
종으로 삼는다는 소문 때문이라고 했다.

진주 士人 張漢良의 아들 仁凱라는 사람이 와서 뵈었는데, 글씨 쓰는 것
으로써 생활하는 밑천으로 한다 하였다. 이 사람은 나이가 癸酉生이고, 문자
도 조금 알아 자못 고국을 향모하여 돌아가기를 원하는 마음이 있었다. 羅
州 사람 羅允紅은 제 말이, 羅德昌의 6촌으로 名文家의 자제인데, 10세 때에
피로되었다 한다. 그 모양을 보고 그 말을 들으면 돌아갈 마음이 조금도 없
었으니, 미운 마음을 견딜 수 없었다. 대개 고향을 그리워하는 마음이 없기
로는 湖南 사람으로서 피로된 자가 더욱 심했다.

왜인이 문을 지키며 우리나라 사람으로 피로된 사람들이 출입하지 못한
다 하므로 일행 중의 別破陣·旗牌官·小通事들을 교대로 수직하게 하여 왜인
이 제멋대로 금단하지 못하도록 하였다.15)

---

14) 이경직, 『扶桑錄』 8월 22일.
15) 위와 같음.

또한 무슨 이유에서인지, 라고 하여, 호남인에 대한 편견을 기록하고 있다. 임진왜란의 피해가 가장 극심했던 호남지역에서 10세 이하의 피랍인이 가장 많았다는 것을 의미하는 것은 아닌지 따져봐야 할 일이다. 뿐만 아니라 이곳에서는 왜인들이 피로인의 출입을 금단하여 사절과의 접촉을 방해하고 있다고 했다.

이후, 京都에서 많은 피로인들을 만나 사연을 듣고 피로인의 명단을 직접 작성하여 장군에게 청하기도 했다. 예를 들면,

> 9월 2일(갑자) 京都
> 해진 후에 조흥이 왔다는 것을 듣고 죄다 돌려보내도록 하는 곡절 및 문서를 수정하는 일을 다시 청했는가를 물었더니, 답하기를, "오늘 집정에게 다시 청해 두고 왔는데, 오자 곧 또 부릅니다. 지금 또 복견으로 갈 참이니, 오는 즉시 자세히 보고하겠습니다."하였다.
> 피로당한 사람으로서, 晉州에 거주하던 河魏寶의 아들 河愃이 중이 되어 관 앞에 와서 뵙는데, 이 사람이 바로 좌의정이 稱念하던 사람이므로 역관 등이 서로 만나게 됨을 기뻐하여, 그 부모의 소식을 자세히 전해 주고, 이어서 관백이 이미 영을 내려 쇄환한다는 뜻을 말하며, 그가 거주하는 寺刹을 물으니, 우물거리며 말하지 않았다. 그 부모의 말을 듣고도 조금도 생각이 움직이지 않았으며, 내일 다시 오겠다고 핑계하고는 한 번 간 후에는 形跡도 없으니, 情狀이 지극히 밉살스러웠다.
> 光州에 사는 柳玹의 아들 命環이 大坂에서 梁千頃의 아들 夢寅·夢麟 등 및 전일에 편지했던 愼向 등 딸과 그 누이동생 惠蘭의 편지 아울러 3통을 가지고 왔는데, 신향의 딸 등의 편지는 곧 전일 편지에 돌아가기를 원하던 그 뜻이었고, 혜란의 편지도 또한 그 뜻이었다. 몽인 등의 편지는 대략, "어미를 모시고 아우·누이동생과 같이 탈 없이 보존하고 있습니다. 멀리 동떨어진 지역에 흘러온 지 20년 동안 여름의 긴 날, 겨울의 긴 밤 잠깐 동안도 고국으로 돌아가려는 심정을 잊지 못하고 있습니다마는, 호랑이 아가리 같은 데를 벗어나기 어려워 지금까지 그 뜻을 이루지 못하니, 부끄럽고도 부끄럽습니다. 원컨대 恩德을 힘입어 고국에 돌아가고 싶습니다. …… "하였다. 명환을 불러서 물으니, 답하기를,

"脇板 中書가 나이 많아 그 임무를 그 아들에게 전해 주어서, 그 아들이
信濃州로 바꿔 제수되어서 장차 그곳에 부임하고, 中書는 왜경에 永住하게
되므로, 眷屬을 데리고 대판부에 왔으나, 장군이 복건성에 있기 때문에 들어
오지 못하고 우선 체류하고 있습니다. 저희 母子와 양몽인은 제 뜻대로 가
고 옴을 허락하나 그 나머지는 모두 나가는 것을 허락하지 않습니다. 그중
에도 몽린은 중이 되어 茶 끓이는 것을 맡아 하는데 중서가 가장 愛重하게
여기므로 도망갈까 염려하여 그 모친을 擔保로 하고 있습니다. 모친은 비록
늙었으나 이 때문에 돌아가기가 어렵습니다. …… "하였다. 곧 각 사람의 성
명을 別紙에다 기록하여 調興에게 주며 장군에게 청해서 돌아가도록 하게
하였다. 다만 들건대, '중서의 아들로서 15~16세 이하인 두 사람이 방금 관
백의 좌우에 있으면서 신임과 사랑을 받고 있다 하며 그들이 가로막을까 염
려된다.……' 하였다. 들으니, '쇄환하라는 영을 왜경에 알리되, 만약 가기를
원하는데도 숨기고 歸還시키지 않는 사람이 있으면 중한 죄를 준다. …… '
고 하였다.16)

이러한 사실에 접한 쇄환사는 9월 4일에는 별도로 별지에 피로된 사람
중에 士族으로서 두드러진 자인 柳植·愼向·梁千頃의 자녀 등 40여 인을 列
書하여 調興에게 주면서, 伏見의 執政들에게 보내어 특별히 찾아 보내주도
록 요청하기에 이르렀다. 그 후 이러한 요청이 이루어지기는 했지만 피로인
들에게는 외출을 금지하는 등 단속이 더욱 심해졌다.

9월 8일(경자)
피로되었던 사람 命環이 와서, 愼向의 딸 등 및 梁夢麟의 편지를 전하는데,
"板倉이 이미 脅板 中書에게 편지를 하여 말끔히 찾아내어 보내도록 했
고, 중서란 자도 마땅히 보내겠다는 것으로써 답했는데, 몽린이 그 편지를
베껴 보냈으니 일은 이미 되었습니다. 다만 外出하는 것을 허락하지 않으니
밤중에 그가 자기를 기다렸다가 館所로 나가서 곡절을 자세하게 아뢰겠습
니다. …… "하였다. 2更쯤에 몽린이 과연 와서 뵙고 말하기를, "20년 동안
욕을 참고 이에 이른 것은 다만 오늘이 있기 위한 것이었습니다. 이번에 만

---

16) 이경직, 『扶桑錄』 9월 2일.

약 나가지 못하게 된다면 맹세코 自決코자 합니다. 지금 老母를 모시고 고국으로 돌아가게 되니 기쁨을 스스로 견디지 못하겠습니다." 하였다. 내일 橘智正을 보내서 중서에게 말하여 찾아내도록 해 줄 것을 약속하고 갔다. 李涵一의 아우 獻民이 그 누이동생을 찾아내어 데리고 왔다.

9월 9일(을축)

역관 최의길을 보내어 橘智正 및 板倉의 관하 왜인을 대동하고 魯板 中書가 있는 곳에 가서 金順命·順興君·柳植·愼向·梁千頃의 자녀 등 및 피로된 딴 여인 22명을 찾아내었는데, 여자 6명과 남자 1명은 나왔다가 도로 들어갔다 하니, 통분함을 견딜 수 없다. 그중에 柳錫俊의 딸이 있었는데, 말하기를,

"부모 형제가 모두 나를 찾지 않는데, 내가 비록 나가더라도 다시 누구에게 의지하겠는가?" 하고, 도로 들어갔다 하니, 매우 고약한 일이다.

결국 梁千頃의 아들 夢寅·夢麟 등과 愼向 등 딸과 그 누이동생 惠蘭의 사연을 듣고, 피로인의 명단을 적어 伏見에 있는 집정에게 보내어 22명을 찾아냈는데, 이들 가운데 7명은 나왔다가 도로 돌아갔다고 하면서 통분함을 견딜 수 없다고 했다. 이 시기가 되면 이미 쇄환의 기회가 주어져도 본인이 스스로 포기하는 경우도 많았고, 이후에도 이러한 상황은 계속되었다.

9월 20일(임자) 下津

피로된 昌原에 살던 金開金이라는 사람이 와서 뵙고 12~13세 적에 피로되어 왔다고 하는데, 한 마디 말도 통하지 못하니, 특히 하나의 왜인이었다. 고향으로 돌아가자는 뜻으로 타이른즉, 답하기를,

"왜주인이 지금 강호에 있으니 돌아오기를 기다려 고한 다음이라야 갈 수 있습니다. 20여 년이나 은혜 받은 사람을 저버릴 수 없습니다." 하였다. 재삼 타이르기를,

"은혜를 받은 것이 너의 부모와 어느 쪽이 더한가? 네가 피로되어 올 때에 너의 부모에게 고했던가? 네가 만약 고향에 돌아가서 부모 형제를 보게된다면, 이것은 죽었다가 살아난 즐거움이다. 너의 부모를 다시 보는 즐거움을 어찌 헤아릴 수가 있겠는가? 禽獸는 지극히 무지한 것이지만, 새는 옛 둥우리로 돌아오고 말이나 소도 제 집을 아는데, 하물며 사람으로서 금수만

같지 못하여서야 되겠는가?" 하였다.

옆에 있는 왜인이 듣고는 혀를 쯧쯧 찼는데, 이 사람은 미련하게 움직이지 않아 죽이고 싶었으나 어찌할 수가 없었다. 대개 돌아가기를 생각하는 자는 조금 식견이 있는 士族 및 여기에 있으면서 고생하는 사람이었고, 그 나머지 처자가 있거나 재산이 있어서, 이미 그 삶이 안정된 자는 돌아갈 뜻이 전연 없으니, 가증스럽기 한이 없는 일이다.[17]

즉, 피로인 가운데에 돌아가려고 하는 사람들은 士族이거나 일본에서 고생하는 사람들이 주를 이루었고, 처자가 있거나 재산이 있고, 생활이 안정된 사람들은 이미 돌아가기를 포기하는 상황을 구체적으로 기술하고 있다.

9월 22일(갑인)

피로되었던 사람 넷이 와서 뵙는데, 하나는 스스로 일컫기를, 전 선공감 판관 朴佑, 倭名은 休菴인데 중이 되어 醫術을 업으로 하여 岩島에 있으며, 岩國太守 吉川廣家에게 의탁하고 있는데, 전라도 나주 사람이고, 하나는 대구 사람으로 별시위 安夢祥의 아들 景宇인데, 僧名은 卓菴이고 의술을 업으로 하면서 太輔의 조카 右衛門에게 의탁하여 廣島에 살고 있는 사람이고, 하나는 전라도 金溝에 사는 金承守의 아들이고 玄鶴의 손자로서 이름이 應福인데, 왜명은 正三郎으로서 廣島 紙屋町에 살고 있는 사람이고, 하나는 咸平 廣橋에 사는 夢傑의 아들 木漢이라 하였다.

그런데 목한은 군관 安景福과 뒤쫓아 下關에 오기를 약속하고 밖에서 벌써 가 버렸다. 그 나머지 세 사람은 앞에 불러 와서 諭示文을 내어 보이며 간곡하게 開諭하였는데, 안경우는 돌아갈 뜻이 아주 없어 매양 太輔가 허락지 않는다고 핑계하고, 박우는 스스로 말하기를, "고국을 향하는 마음이 없는 것은 아니나, 이런 먼 섬에 있기 때문에 도망갈 길이 없었습니다. 마침 사신의 행차를 만났으니, 만약 배 한 척을 얻으면 살던 곳에 돌아가서 처자를 이끌고 中路에 뒤따라 가겠습니다. 자녀가 6~7명인데, 딸 하나는 江戶의 장군 곁에 있고, 하나는 또 廣家의 곁에 있으니, 만약 본국 문서만 얻으면 내어 보이고 데려올 수가 있습니다." 하였다. 곧 마도에 말하여 배 한 척을 세내고, 의성의 관하 왜인 勝兵衛와 통사 왜인 利兵衛 등을 데리고 岩島·廣島 등지에 앞서 가서 각 사람의 처자를 찾아낸 다음, 행차가 도착한 곳에

---

17) 이경직, 『扶桑錄』 9월 20일.

뒤쫓아 오도록 하였다.

9월 26일(무오) 小倉

피로되었던 사람 남녀 아울러 일곱 사람이 와서 뵈오므로 각 배에 나눠 태웠다. 越中太守 忠奧가 사람을 보내 피로되었던 사람 李太成 夫妻를 압송해 왔다. 小倉城 안에 피로된 사람이 가장 많다고 하는데, 다만 두 사람을 보내어 말막음하는 소지로 삼으려 하니, 고약한 일이다. 평지장이 의성의 사자로 소창에 가서 충오를 보고 피로된 사람의 일에 대해서 언급했는데, 반드시 돌아가지 않을 사람 3~4명을 곧 불러, 돌아가기를 원하는가 않는가를 물으니, 모두 머리를 흔들었다. 충오가 가리키면서, 저렇고 저러한데 어찌하느냐고 했다 하니, 그 情態의 奸巧함이 이와 같았다.[18]

이처럼 조선측에서 쇄환의 요구가 거세어지자, 일본측에서는 돌아갈 의사가 없는 피로인을 불러 귀국의사를 확인하는 체하며 피로인들이 귀국의사가 없음을 확인시키기도 했다.

9월 27일(기미)

德源 사람, 興陽 사람, 益山 사람으로서 피로되어 博多에 있던 자가 뱃머리에 와서 뵙고 差人과 함께 가서 그 처자를 데려오게 해 주기를 원하였다. 박대근을 시켜 곧 조흥 및 長政의 관하 사람에게 말하여 마도 통사와 소통사 德孫을 데리고 가도록 約定했는데, 장정의 관하 사람이 피로되었던 사람과 먼저 배를 타고 소통사는 물리치며 태우지 않았으니, 그 정상을 알 수 있었다. 곧 調興에게 말하고 소통사를 보내서 뒤따르도록 했으나, 밤이 깊다고 핑계하고 奉行하려 하지 않았다. 재삼 독촉하니, 내일 보내겠다고 답하였다.

10월 18일(기묘)

調興이 포구에 뒤따라 와서 전송하므로, 朴佑 등이 오거든 곧 보내라는 뜻을 말하였다. 바람이 매우 약하므로 돛을 올리고도 노를 저어서 戌時에야 부산에 도착하였다. 일행 선박이 6척이고, 피로되었던 사람을 실은 倭船이 3척이며, 橘智正의 배가 1척이고 歲遣船이 2척인데 동시에 와서 정박하였다. 우리들이 마도에 도착했다는 기별이 벌써 왔는데, 支待官은 한 사람도 와서

---

18) 이경직, 『扶桑錄』 9월 26일.

기다리지 않고 本官도 또한 나와 기다리지 않아, 正使 이하가 모두 支供이 없었으니, 사체가 매우 埋沒스러웠다.

왜선에 실려서 돌아온 피로인의 수는 321명에 불과했다. 1607년의 1,418명에 비하면 엄청나게 줄어든 셈이다. 그 이유는 여러 가지 있겠지만, 이미 전쟁이 끝난지 20여년이 지난 시점이어서 피랍된 때부터 따지면 20년이 경과했다. 10세 전후하여 피랍이 되었더라도 이미 30세를 넘어 결혼을 했을 것이고, 나름대로 일본생활에 익숙해 졌을 터이다. 『扶桑錄』의 여러 곳에서 언급하였듯이 士人으로서 조선에 확실한 기반이 있다 던지, 아니면 일본 생활이 너무 힘이 들어서 귀국을 원한 것 말고는 거의 대부분이 피로인 들이 일본에 정주하기를 원했으며, 또한 일본측의 관리들도 1차 때보다는 훨씬 비협조적이었다.

3) 1624년 회답겸쇄환사의 경우

세 번째 쇄환사였던 1624년 회답겸쇄환사는 정사 鄭岦 이하 460명으로 구성되었다. 부사 강홍중의 『東槎錄』에 의하면, 이들은 1624년(인조 2) 8월 20일에 한양을 출발한 후, 10월 2일에 부산을 출항하여 12월 12일에 에도에 도착했다. 12월 24일에 에도를 떠나 3월 24일 한성으로 돌아와 인조에게 복명하였다. 이들은 146명의 피로인을 쇄환하였다.

『동사록』에는,

> 10월 15일(병신) 對馬島
> 小童들이 말하기를, "50세 가량된 한 여인이 빨래를 핑계하고 문밖 시냇가에 앉아 使行의 하인을 만나서, '나는 全羅道 玉果 사람인데, 사로잡혀 이곳에 온 지 벌써 28년이 되었다. 본국으로 돌아가려 해도 이곳의 법이 엄중하여 자유롭게 되지 못한다. 행차가 돌아갈 때에 同志 몇 사람과 더불어 몰래 도망쳐 나올 터이니, 이 말을 삼가 미리 전파하지 말라.'하였습니다." 한다. 그래서 소통사를 시켜 다시 그 거주를 탐문하게 하니, 이미 가 버렸다.[19]

19) 강홍중, 『東槎錄』10월 15일.

라고 하여, 그 이전의 기술과는 다르게 대마도에서도 법령이 엄해져서 자유롭게 이동하지 못한다는 사실을 알 수 있다. 피로인의 쇄환이 점점 더 어려워진다는 것을 예고하는 대목이다. 그리하여 조선사절은 대마도에서 쇄환에 대해 더 적극적으로 임해줄 것을 요구한다.

> 10월 25일(병오) 京都
> 사로잡혀 온 사람들이 혹 고국으로 돌아갈 생각이 있어 일행을 찾아오는 자가 있으면 문득 대마도 사람의 꾸중을 받으므로 임의로 나타나지 못하였다. 한 여인이 그 아들을 데리고 몰래 조그만 배를 타고 와 우리 뱃사람에게 말하기를, "나는 康津에 살던 백성의 딸입니다. 丁酉年 사로잡혀 올 때에 아들은 6세 아이로 따라와 지금 이 섬에서 3息 거리에서 살고 있는데, 사신의 행차가 있음을 듣고 기쁜 마음을 견딜 수 없어 배를 세내어 타고 찾아왔습니다. 돌아가실 때에 다시 와 기다리겠으니, 원컨대, 행차를 따라 고국으로 돌아가게 해 주옵소서. 사로잡혀 온 사람으로 나와 같이 있는 자가 한 부락을 이루고 있는데, 모두 돌아가려 해도 되지 못하니, 내가 미리 알려 두었다가 같이 오겠습니다." 하였다.
> 또 한 사람은 金海에 살던 양반이라 칭하며 군관 등에게 찾아와 말하기를, "사로잡혀 와 이 섬에 살고 있는데, 본국으로 돌아가려 하나 탈출할 기회가 없소. 행차가 돌아갈 때에 마땅히 따라가겠으니, 그때에 하인을 시켜 여염 가운데서 외치기를, '사로잡혀 온 사람으로 본국에 돌아가려는 자가 있으면 모두 즉시 나오라.' 하면, 마땅히 죽음을 무릅쓰고 도망해 오겠소." 하며, 비밀히 약속하고 돌아갔다.
> 또 문자를 아는 한 왜인이 조그만 종이쪽지에 글을 써서 보이기를, "사로잡혀 온 사람으로 明鑑에 살고 있는 자가 매우 많은데, 만약 관백의 허락을 얻는다면 모두 나갈 수 있습니다."
> 하였다. 이로써 미루어 보면 사로잡혀 온 사람이 곳곳에 있는 것을 알 수 있는데, 혹은 사세에 구애되어 비록 뜻대로 몸을 빼어 돌아가지는 못하지만, 고향을 그리는 정은 사람마다 일반인 것이니, 불쌍하다.[20]

그리고 京都에서는 피로인들이 한마을에 모여 산다고 하면서, 미리 알려

---

20) 강홍중, 『東槎錄』 10월 25일.

서 함께 돌아가기를 원한다고 했다. 이 내용으로 보면 조선피로인의 경우 왜인에게 종살이를 하지 않는 경우는 자기들끼리 마을을 이루어 가면서 살았던 경우가 많았던 것 같다.

그러나 피로인들 가운데는 쇄환에 대한 부정적인 생각이 많았던 것도 부인할 수가 없다.

11월 23일(계유) 京都
······ 사로잡혀 온 사람으로 李成立·金春福이란 자가 있는데, 일찍이 康·朴 두 역관과 친분이 있으므로 술을 가지고 찾아왔다. 이어서 말하기를, "조선이 사로잡혀 온 사람을 비록 쇄환하기는 하나 대우를 너무 박하게 한다 하는데, 사로잡혀 온 것이 본디 제 뜻이 아닌데, 이미 쇄환했으면 어째서 이같이 박대하오" 하므로, 두 역관이 반복하여 변론하였으나 오히려 믿지 않고, 또 말하기를, "우리들이 모두 宦者로서, 일찍이 北政殿에 있어 使令 노릇을 했습니다. 南忠元의 딸과 며느리도 또한 그곳에 있었는데 모두 신임을 받았습니다. 그런데 지난 9월에 북정전이 작고하여 이제는 의탁할 곳이 없으니, 마땅히 관백의 분부를 기다려 거취를 정하겠습니다." 하였다. 이성립은 곧 茂長 사람이요, 김춘복은 晉州 사람으로 일찍이 社稷洞에 사는 內官의 양자가 되었다가 임진왜란 때에 사로잡혀 왔다 하며, 북정전은 곧 秀吉의 本妻라 하였다.

11월 27일(정축)
강우성이 말하기를, "간밤에 大津 사람과 더불어 담화하였는데, 한 사람의 말이 '조선 사람 李文長이 방금 왜경에서 점을 쳐 주고 생계를 하고 있는데, 사로잡혀 온 사람들을 공갈하여 말하기를, '조선의 법이 일본만 못하고 생계가 심히 어려워 살 수 없으니, 본국으로 돌아가는 것이 조금도 이로울 것이 없다.' 하며, 만 가지 좋지 않은 말로 두루 다니며 遊說하여 그 본국을 흠모하는 마음을 끊어버리게 하므로 사로잡혀 온 사람들이 모두 문장의 말에 유혹되어 나가려 하지 않는다.' 합니다. 또 그 마음 쓰는 것이 이와 같으므로 사신이 왔다는 말을 듣고 혹 심문을 당할까 염려하여 숨어 나오지 않습니다."

하였다. 이른바 문장이란 자는 어느 지방에서 왔는지 알 수는 없으나 이와 같은 간사한 무리가 다른 나라에서 날뛰니, 심히 불행스럽고 통분한 일이다.

뿐만 아니라, 일본에 피랍되어 온 것이 본래 자신의 뜻이 아닌데 조선에서는 피로인의 쇄환이후 조선에서 너무 박대한다는 소문과 李文長이란 자가 조선에서는 생계가 어려워 돌아가는 것이 이로울 게 없다고 유세를 하여 돌아가고자 하는 마음을 끊어버리게 한다는 것이다.

11월 28일(무인)

사로잡혀 온 두 여인이 스스로 양반의 딸이라 하며, 군관들을 찾아와 고향 소식을 묻고자 하는데, 사로잡혀 온 지가 이미 오래이므로 우리나라 말을 모두 잊어 말을 통하지 못하고 다만 부모의 存沒을 물은 다음 눈물만 줄줄 흘릴 뿐이었다. 귀국의 與否를 물으니, 어린 아이를 가리킬 뿐이었다 한다. 이는 아들이 있으므로 돌아가기 어렵다는 것이었다.

11월 30일(경진)

사로잡혀 온 사람 朴承祖라는 자가 찾아와 뵙고, 스스로 雲峯 사는 양반의 아들이라 일컬으며, "정유년에 사로잡혀 와 지금 尾張城主 義眞의 馬夫로 있는데, 본국으로 돌아가려 해도 길이 없으니, 사신의 행차가 돌아가실 때에 같이 갈까 합니다. 그리고 아내도 또한 서울 남대문 부근에 살던 사람이니, 마땅히 일시에 데리고 가야겠습니다." 하였다. 또 두 사람이 와서 뵙는데, 하나는 蔚山 사람이요, 하나는 鎭海 사람으로, '임진년에 사로잡혀 와 또한 義眞의 종이 되어 방금 敎師로서 사람에게 鳥銃을 가르친다.' 하였다. 운봉 사람은 그 말이 거짓 같으나 자못 정녕하게 믿음을 보이므로 돌아갈 때에 데리고 가겠다고 약속해 보냈다.

2월 24일(계묘)

맑음. 海晏寺에서 머물렀다. 강우성이 당진에서 被擄人 남녀 20명을 얻어 돌아왔다. 강 역관의 말을 들으니, "사로잡혀 온 사람이 없는 곳이 없어 그 수효를 헤아릴 수 없는데, 그 지방 대관 등이 모두 찾아내지 않습니다. 그리고 당진으로 말하더라도 처음에 80여 명을 얻어 모두 돌아가기를 원하였는데, 떠나는 날에 대관이 20명만을 보내고, 나머지는 모두 허락하지 않으니,

뒤진 사람들은 모두 가슴을 두드리고 눈물을 흘렸습니다." 하였다. 들으매 측은함을 금할 수 없었다.

그럼에도 불구하고, 여전히 조선으로 돌아가려는 피로인들은 조선사절을 찾아와 돌아가기를 희망하고 있고, 제3차 회답겸쇄환사는 146명의 피로인을 대동하고 부산으로 돌아왔다.

> 3월 7일(을묘)
> 부산에서 발행할 때에 쇄환인 등이 서로 이끌고 따라오며 말 앞에서 통곡하였다. 아마 배 안에서는 廚房에서 공궤하였는데, 부산에 와서는 의뢰할 곳이 없고, 고향으로 가고자 해도 또 길을 알지 못하여서이리라. 이 때문에 울부짖으며 따라오니, 정경이 지극히 가련하였다. 行中의 나머지 양식을 덜어내어 각기 5일간 양식을 주어 보내고, 그 살던 고을에 關文을 써서 각기 그 사람에게 부쳤다.[21]

그러나 부산에 도착하자, 이들의 처지는 또다시 어렵게 되었다. 돌아올 때까지는 사절단의 배에서 숙식을 해결했지만, 부산에 돌아오자 의지할 곳도 갈 곳도 막연해진 것이었다. 이들에게 주어진 것은 단지 5일치의 식량과 본래 살던 고을에 보내는 관문이 고작이었다.

3차례의 회답겸쇄환사에 의해 쇄환된 조선피로인의 현황은 다음 표와 같다.

년도	豊前 小倉	筑前 福岡	肥前 唐津	그 외 지역	합계	구주비율
1607	140	464	140	674	1,418	52%
1617	9	21	44	247	321	23%
1624	15	85	20	26	146	82%
합계	164	570	204	947	1,885	50%

---

21) 강홍중, 『東槎錄』 3월 7일.

이 표에서 파악되듯이 역시 구주지역에 피로인이 제일 많이 거주하고 있었고, 그 가운데서도 현재의 福岡이나 唐津에 집중되어 있었음을 알 수 있다.

4. 통신사의 피로인 쇄환

1) 1636년 통신사

임란이후 최초의 통신사의 명칭을 가진 사절인 1636년 통신사는 정사 任絖 이하 475명으로 1636년 8월 11일 한양을 출발하여 10월 6일 부산에서 출항했다. 그해 12월 13일에 江戶에서 장군에게 조선국왕의 국서를 전달하고 그 이듬해 3월 9일, 인조를 알현하고 모든 임무를 마쳤다. 그러나 이 통신사의 끝은 비극적이었다. 병자호란에 의해 국토가 다시 전장터로 변했고, 인조는 청태종에게 三田渡에서 항복을 했다.

1636년 통신사의 사행록은 3편이 남아 있으나, 피로인의 쇄환숫자는 정확하게 기록에 남은 것이 없다. 사행록 중에 피로인에 관한 기술은 다음과 같다.

> 1637년 2월 11일(신사)
> 묘시에 발선하여 30여 리를 간 후에는 비를 무릅 쓰고 갔다. 신시에 藍島에 이르러 하륙하여, 전에 잤던 새 집에서 숙박했다. 저물녘에 부사와 얘기를 나눴다. 赤間關에서 藍島까지 2백 40리다. 강우성은 刷還의 일로 파견됐으니 지금 마땅히 小倉으로 발향해야 할 터인데, 이 핑계 저 핑계를 하며 가지 않고 藍島에 주저앉고 있으니, 이 무슨 까닭인고?

> 2월 16일(병술)
> 저녁에 강우성이 西海道에서 돌아왔는데, 한 명도 刷還함이 없었으니 정말로 돌아감을 생각하는 사람이 없단 말인가? 한심스러운 일이다.22)

정사 임광의 사행록에 피로인에 관한 부분이나 이제까지 피로인의 쇄환
에 주요 역할을 했던 강우성이 쇄환에 대해 소극적이며, 큐슈지역에서 단
한명의 피로인도 쇄환하지 못했음을 적고 있다.

부사 김세렴의 『海槎錄』의 내용을 보자.

12월 1일(신미)
어떤 사로잡혀 온 사람이 우리 부엌에서 음식을 요구하였는데, 고향을 그
리워하는 생각이 전연 없었다. 도중에 가끔 사로잡혀 온 사람을 만났는데,
모두들 本色을 숨기고, 하는 말이 다 '나이가 늙었고 자손이 있다.' 핑계했
으며, 심한 자는 혹 불손하게 말을 하기를, "지금 우리나라로 돌아가면 軍卒
이 아니면 종이 될 것이니, 차라리 이 땅에서 편히 지내는 것만 못합니다."
하니, 지극히 통탄할 일이다.

12월 19일(기축) 宇都宮
저녁에 어떤 사람이 스스로 慶州 사람이라 하고 말하기를, '임진년에 사
로잡혀 와 지금 관백의 廚子(음식 만드는 일을 하는 사람)가 되었는데, 일
때문에 이 站에 온 지 두어 달이 되었습니다. 조선 사신의 유람을 위하여
백성을 징발하여 길을 닦은 지 7일이 되었는데, 비로소 사신이 강호에 들어
왔다는 기별을 들었습니다. 집정 伊豆守가 일로를 신칙하는 일 때문에 어제
지나갔고, 각 참의 이바지하는 비용이 수만 냥을 넘으며, 이제 비로소 새로
館舍 수백여 칸을 지었는데, 역시 만 냥을 썼다고 합니다.' 하였다.

1637년 2월 16일(병술) 對馬島
강우성이 唐津에서 돌아와 말하기를, "사로잡혀 간 사람을 하나도 만나지
못했고, 地方官들의 禮待는 아주 후하였습니다. 일찍이 정사년 사신이 藍島
에서 風勢가 순하지 않음으로 인하여 당진에서 대마도로 향하였기 때문에
수백 칸의 집을 새로 지어 이바지할 장막을 훌륭하게 베풀고서 기다렸다고
합니다." 한다.[23]

---

22) 임광, 『丙子日本日記』, 정축 2월 16일 병술.
23) 김세렴, 『海槎錄』, 정축 2월 16일 병술.

부사 김세렴의 기록에도 피로인에 대한 기술은 거의 없는데, 日光에 가는 길에 만난 피로인도 이미 일본 생활에 안주하고 있었으며, 귀국 한다 해도 군졸이나 종이 된다고 하면서 귀국을 전혀 고려하고 있지 않음을 분명히 했고, 피로 도공들이 많았던 큐슈 唐津을 다녀온 역관 강우성도 피로인을 한명도 만나지 못했다는 보고를 하였다.

또한 종사관 황호의 『東槎錄』에도,

> 12월 1일(신미)
> 또 우리나라 海南에 사는 백성으로 피로되어 온 자라 스스로 일컬으며 부엌에서 구걸해 먹는 사람이 있었는데, 고향을 그리워하는 생각이 조금도 없었다. 도중에 이따금 피로인을 만나서 데려가겠다는 뜻으로 타이르면, 모두들 나이가 늙었고 자손이 있으며 본국의 말을 다 잊었고 부모 친척이 없다고 말하고, 심한 자는 불손하게 말하기를, "비록 본국에 가더라도, 衣食을 의지할 데가 없어 생활이 매우 어려우므로, 軍兵이 되지 않으면 남의 奴隷가 될 것이니, 본국에서 고난을 받기보다는 차라리 여기에서 편안히 지내겠습니다." 하니, 이런 말을 들으면 몹시 미워서 곧 목을 베어 버리고 싶으나 어쩔 수 없었다. 역관들도 한껏 타일렀으나, 그 마음을 돌릴 수 없었다.[24]

라고 했다. 부엌에서 구걸하는 사람조차도 고국에 대한 생각이 없었으며, 이따금 피로인을 만나서 귀국을 종용하면 말도 잊었으며, 부모 친척도 없고, 귀국한다고 해도 의식을 할 수도 없으며, 노예나 군병이 될 것이므로 일본에 정주할 것을 원했다.

2) 1643년 통신사

1643년이면 이미 임진왜란이 일어난지 50년이 넘었지만, 아직도 피로인의 기사가 통신사의 사행록에 등장한다. 통신사는 정사 尹順之 이하 462명

---

[24] 황호, 『東槎錄』 병자 12월 1일 신미.

이 1643년 2월 20일 한양을 출발하였다. 4월 10일 부산을 출항하였으나 도중에 거친 파도를 만나 되돌아 왔다가 4월 24일 다시 출발하였다. 7월 8일에 江戶에 도착하여 7월 18일에 국서를 전달했고, 8월 5일에 江戶를 출발하여 10월 29일 피로인 14명을[25] 대동하여 부산에 돌아와, 11월 21일에 인조에게 복명하였다. 작자미상의 『癸未東槎日記』에는 피로인에 관한 다음과 같은 기사가 있다.

　　8월 6일(정묘)
　　　우리가 江戶에 있을 때, 피로가 되어온 京城사람 仿叱金과 淸道사람 者叱沙里·者叱德내외는 모두 나이가 많고 자식이 없어서 나가기를 원하는 것이었다. 그래서 사신이 역관 李亨男·金謹行으로 하여금 行中에 있는 옷과 먹을 것을 주어서 데리고 오도록 했다.
　　　피로인 安慶佑라는 자는 참관을 좇아서 品川에 왔는데, 그는 자칭 大邱양반이라고 했다. 그 일가를 물어보니 과연 士族이었다. 그는 말하기를, '자기는 醫術로 祿 3백 석을 받으며, 또 자녀도 있는데 그 아들도 역시 의원노릇을 한다.'고 했다. 그러면 故國에 돌아가지 않겠느냐고 물으니, 그는 主將이 허락해 내보내지 않는다고 하였다.[26]

　　이미 50년이 지난 이상 더 이상의 피로인 쇄환은 기대하기가 어려웠다. 귀국한 피로인들에 대해 정사였던 윤순지와 조경은 비변사에 "그들을 본적지에 돌려보내게 하였으나 굶주리고 얼어 죽을지도 모르니 경상감사로 하여금 의복이나 식량을 넉넉히 주기 바란다" 는 건의를 했고, 인조도 이들에

---

25) 『인조실록』 21년 10월 기축. 「通信使 尹順之와 副使 趙絅이 對馬島에 돌아와 치계하기를, "신들이 사명을 받들고 일본에 당도하니 關白이 예로써 접대하고 극도로 후의를 보였습니다. 임진·정유년에 사로잡혀간 인민들은 모두 자손을 두고 그 땅에 안주해 살면서 고향에 돌아가려고 하지 않아 14명만 데리고 나왔는데 도중에 병들어 죽은 자가 여섯 사람입니다. …… 황공하기 그지없습니다." 하니, 상이 대죄하지 말라고 명하였다.」
26) 작자미상, 『癸未東槎日記』 8월 6일.

대해 "그들의 친척이 살아 있지 않을 것이므로 식량을 계속 대주어 굶어 죽지 않도록 할 것"을 명했다.[27]

이후 조선측은 1655년에도 피로인의 교섭은 하지만, 그것은 명분에 지나지 않고, 일본과의 피로인 쇄환은 일단락 지워졌다.[28]

5. 피로인에 대한 기록 분석

이상에서 1607년부터 3차례의 회답겸쇄환사 및 1655년까지의 3차례 통신사의 사행기록의 피로인 쇄환에 관한 기록 중 지역과 신분, 이름 등이 밝혀진 피로인들의 인적사항을 도표화하면 다음 표와 같다.

「사행록에 기록된 피로인 일람표」

번호	연대	지역	이름	성별	신분	현업	지역	피랍시기	쇄환	출처
1	1607	울산	海平令	남	종실		兵庫			『海槎錄』
2	〃		羅大男	남			赤間關		쇄환	〃
3	〃	진주	姜珥	남	사족		對馬島		쇄환	〃
4	1617	순천		남	수군		對馬島		쇄환	『扶桑錄』
5	〃		朴春節	남			平戶		쇄환	〃
6	〃	김제	모름	남			壹岐	10세때		〃
7	〃	순창	밝히지않음	여	사족		壹岐	15세때		〃
8	〃	진주	李萬璟의 子	남	士人		小倉	정유년	쇄환	〃
9	〃	웅천	座首의 子	남	士人		廣島	임진년		〃

---

27) 『인조실록』 21년 11월 계사, 「통신사 尹順之와 趙絅 등이 일본에서 돌아왔다. 비국이 아뢰기를, "信使가 쇄환한 일본에 사로잡혀 간 남녀 14인이 부산에 도착하였는데, 비록 본적지로 돌려보낸다 하더라도 굶주리고 추위에 떨 것이 염려되니, 경상감사로 하여금 의복과 식량을 넉넉히 지급하게 하소서." 하니, 상이 따랐다. 이어하교하기를, "그 친속들은 필시 생존해 있지 않을 것이니 경상 감사에게 양곡을 계속 지급하게 하여 굶어죽지 않도록 하라." 하였다.」

28) 김문자, 앞의 논문, 60쪽.

10	〃	이천	嚴渭의 딸	여			廣島	임진년		〃
11	〃	진주	張仁凱	남	사인		京都			〃
12	〃	나주	羅允紅	남	양반		京都			〃
13	〃	구례	梁應海	남	사인	중	京都		쇄환	〃
14	〃	김해	金應昌	남	무과	중	京都		쇄환	〃
15	〃	울산	韓應鳳	남			京都		쇄환	〃
16	〃	진주	河愃	남		중	京都			〃
17	〃	광주	柳命環	남			兵庫			〃
18	〃	창원	金開金	남			韜浦	12~3세때		〃
19	〃	나주	朴佑	남	사인	중	岩島			〃
20	〃	대구	安景宇	남		중	福島			〃
21	〃	금구	金應福	남			廣島			〃
22	〃	함평	木漢	남			廣島			〃
23	1624	강진		여			京都			『東槎錄』
24	〃	김해		남	양반		京都			〃
25	〃	무장	李成立	남	내관		京都			〃
26	〃	진주	金春福	남			京都			〃
27	〃	운봉	朴承祖	남	양반	마부		정유년		〃
28	〃	무안	李愛贊	남	공생					〃
29	〃	낙안	曹一男	남	양반		平戶	정유년		〃
30	〃	곤양	金僉使의 子	남	양반		江戶	임진년		〃
31	1636	경주	성명미상	남		주자	江戶	임진년		『海槎錄』
32	1643	대구	安慶佑	남	양반	의원				『癸未東槎日記』

이상의 내용을 통해서 볼 때, 출신지역과 이름이 밝혀진 피로인들은 이천인 한사람을 제외하고는 모두 영남과 호남 출신들이었으며 대부분이 남자였다. 이들 가운데 여자는 2명이었으나 이름은 밝히고 있지 않다. 신분상으로는 양반과 사족이 15명이었고, 일본에서의 직업으로는 중이 4인이었으며, 의원도 있었고, 마부나 주방 일을 하는 경우도 있었다. 피랍시기는 임진년이 4명이었고, 정유년이 3인이었으며, 15세 이하의 어린 나이에 피랍된 사람도 3명이었다. 이들 가운데 쇄환이 확실한 경우도 8명에 불과했다. 그 이상의 자세한 사항은 알 수가 없다.

6. 결론

이상에서 임란·정유재란 시기에 일본으로 피랍되어간 조선인의 현황과 그들의 쇄환실태에 관하여 살펴보았다. 이미 서술한 바와 같이 피로인의 쇄환문제는 국가중대사였음에도 불구하고 1604년 사명대사의 탐적사에 의해 이루어지기 전까지는 강화를 요청하는 대마도사절단에 의해 주도되었다. 그 후 1607년 강화가 이루어지면서 3차례의 회답겸쇄환사와 3차례의 통신사 등 총 6차례에 걸쳐 이루어졌다.

현재 조선피로인의 정확한 숫자는 파악되지 않고 있다. 일본학자는 2~3만, 한국학자는 적게는 10만 전후, 많게는 40만까지 추정하고 있다. 또한 조선피로인의 거주지역도 조선침략의 선봉장이었던 大名들의 출신지역과 거리상 구주지역에 제일 많았고, 그 외에 조선사절의 사행로 주변에는 거의 대부분 분포되어 있었다.

이들 피로인 가운데 조선으로 귀국한 사람은 6천명(5,667명)을 넘지 않으며, 이 가운데 대마도사절에 의해 송환된 피로인은 768명이고, 나머지는 探賊使 및 회답겸쇄환사에 의해 4,885명이며, 통신사에 의해서는 14명만이 조선에 돌아왔다.

이처럼 피랍인에 비해 쇄환인원이 적은 이유는 우선 일본측의 비협조적인 태도 때문이었다. 막부 장군은 피로인 본인이 귀국을 원하는 경우는 모두 본인의 의사에 따라서 돌려보내도록 각 지역의 다이묘들에게 명령을 했으나, 이것은 형식적인 것일 뿐, 실제로는 각 지역에서 많은 방해가 자행되었다. 뿐만 아니라 倭主에게 억매에 있는 피로인의 경우는 倭主의 허락이 없으면 귀국이 불가능했다. 따라서 이를 피해 탈출하는 경우도 속출했으며, 시간이 흐를수록 피로인들에 대한 倭主들의 경계는 더욱 강화되었다.

또한 피로인 자신도 10세 이하의 어린 나이에 피랍된 경우는 언어도 통하지 않고, 조선의 실정도 모르기 때문에 거의가 귀국을 염두에 두고 있지 않으며, 일본의 생활에 익숙해진 경우, 예를 들면 처자가 있거나 재산이 있어서 그 삶이 안정된 경우는 귀국을 원치 않았다. 뿐만 아니라 조선에서 피로인을 쇄환한 이후 너무 박대한다는 소문과 본국으로 돌아가도 의식을 의지할 데가 없어 생활이 어려우므로 軍兵이나 남의 奴隷가 될 것이니, 차라리 일본에서 지내겠다고 하면서 귀국을 포기하는 경우도 적지 않았다.

물론 이러한 경우를 예상하여 1604년 탐적사 사명대사일행이 피로인을 쇄환했을 때에도 모두 免罪, 免賤, 免役의 특전을 내린 적도 있었고, 그러한 내용을 관아에 알리는 등 開諭文을 使臣便에 주어서 널리 홍보하기도 했다.29) 그러나 세월이 가면서 이러한 내용이 흐지부지하게 되어 귀국 후의 대우문제에 대한 부정적인 소문이 난무하게 되었고, 그 결과 귀국을 망설이거나 포기하는 결과를 초래하게 되었던 것이다.

뿐만 아니라 1617년 귀국 피로인들에게 10일치의 양식을 내주었다던가, 1624년 귀국피로인들에게 회답겸쇄환사의 귀국 때에 단지 5일치의 식량과 본래 살던 고을에 보내는 관문이 고작이었던 점이나, 1643년 통신사가 14명을 쇄환하여 돌아왔을 때 인조가 피로인이 굶주리고 얼어 죽지 않도록 식량을 넉넉히 주라고 했던 것을 감안하면 조선정부의 피로인 귀환대책의 한계성을 지적하지 않을 수 없다.

또한 강항의 경우처럼, 피랍생활을 무릅쓰고 일본의 정세를 남몰래 수집하여 조선정부에 알렸으며, 일본인이 감탄할 정도로 절의를 지키며 생활했음에도 불구하고, 귀국 후에는 敍用되지 못한 채 관직에서 소외당했고, 『朝鮮王朝實錄』에도 부정적으로 기술되고 있다. 그 이유는 왜적에게 붙잡혀 목숨을 이어간 것은 절의를 잃은 것이며 선조가 그를 등용하지 않은 것은 당연하다는 인식 때문이었다. 이러한 인식은 양반뿐만 아니라 평민이나 천민에게도 마찬가지였을 것이다.

일반적으로 쇄환된 피로인은 비변사의 청에 의해 일단 原籍地로 보내도

---

29) 민덕기, 앞의 논문, 141쪽.

록 되어 있다. 그래서 1617년이나 1624년의 경우도 그들의 연고지로 가도록 했다. 그 후 1638년 일본 淡路州에 잡혀와 살다가 西生浦로 도망쳐 돌아온 무안사람 李欣福에 대해서도 조선에서는 그의 아비가 마침 살아 있다고 하여 原籍地로 보내고 약간의 식량을 지급해 주었다.[30] 천민의 경우도 1604년에는 면역이나 면천이 되었을지는 몰라도, 그 이후에는 이점이 강조되지 않았던 점을 생각하면 하층민에 대한 차별은 여전했던 것 같다. 그리고 그러한 사례는 여러 곳에서 발견할 수 있다.

결론적으로 조선왕조는 양반중심의 체제였고, 유교적 가치관이 지배했던 사회였던 만큼, 오랑캐 나라에 피로가 되어 끌려갔다가 돌아왔다는 자체가 그들의 애환을 수용한다는 것보다는 차별과 멸시의 대상이 되었을 것이다. 節義를 강조했던 양반의 가치관으로는 받아들여지기가 어려웠을 것이다. 또한 양반 중심의 신분제사회를 유지하려는 체제 속에서 평민이나 천민이 설 자리는 그 어느 곳에도 없었던 것이다. 이점에서 조선왕조의 피로인 쇄환정책은 그 한계를 가질 수밖에 없었던 것이다.

(이 글은 2012년 8월 25일 전라남도 담양에서 개최한 「임진란 7주갑기념 문화학술대회」에서 발표한 논문 『조선 통신사의 피로인 쇄환과 그 한계』를 수정 보완한 것이다).

---

30) 『인조실록』 16년 정월 계사.

제3장
외교적 관점에서 본 조선통신사, 그 기록의 허와 실

1. 머리말

우리나라에서 주변국에 대한 외교사절의 파견은 삼국시대부터 이미 있어 왔는데, 외교사절의 명칭은 일반적으로 사절의 목적이나 파견국(지역)에 따라 명칭이 붙여졌다. 예를 들면 遣唐使, 遣隨使, 春信使, 冬至使, 聖節使, 朝天使, 燕行使 등 사절단의 명칭이 그러하다.

그런데 通信使라는 명칭은 중국이나 일본에도 없고, 오직 조선시대에 일본에 파견했던 사절에만 붙여진 명칭이다. 이 경우 통신사란 한자음 그대로, 통할 通, 믿을 信, 사절 使로, 믿음을 통하는 사절, 또는 믿음을 통하기 위한 사절이라는 의미로 붙여진 명칭이다.

이글에서는 조선시대에 통신사가 왜, 무슨 목적으로 일본에 파견되었으며, 그들이 남긴 기행기록들이 조선시대 한일관계에서 어떠한 역사적 의미를 갖는가를 재조명하고자 한다.

통신사 및 그 사행록에 대한 연구는 이미 상당한 양의 선행연구가 있다. 여기서는 이들 선행연구를 바탕으로, 주로 외교적인 관점에서 통신사의 개념과 한일관계에서의 기능을 살펴보고, 나아가 이들이 남긴 기록물 중 시대적 추이를 확연하게 드러낸다고 생각되는 대표적인 사행록 4가지를 선정하여, 각 시기의 시대적인 배경 속에서 사행목적과 기록의 내용을 분석하고자 했다. 대상기록물은 조선조 최초의 사행기록인 송희경의 『日本行錄』(1423년), 임란직전 통신사 기록인 김성일의 『海槎錄』, 江戶에 왕복한 마지막 통신사 기록인 원중거의 『乘槎錄』과 『和國志』를 외교사의 관점에서 그 기록의 허와 실을 살펴보고자 한다.

2. 통신사의 개념

한일관계에서 '通信使'라는 명칭이 처음 사용된 것은 고려 말 왜구의 약탈이 창궐하던 1375년이다. 당시 고려에서는 왜구의 금압을 요청하기 위해, 교토에 있는 막부장군에게 羅興儒를 파견했는데, 이 나흥유 사절단에 처음 통신사란 명칭을 붙였다. 그러나 이 통신사는 믿음을 통하는 의미가 아니고, 단순하게 소식을 전한다는 의미의 사절이었다. 따라서 나흥유 통신사의 의미는 고려와 일본이라는 인접국가 간에 연락사절 이상의 의미는 없었다.

조선이 건국된 후에도 일본과의 당면했던 가장 큰 문제는 역시 왜구였다. 조선 초 왜구대책도 고려 말 군사와 외교의 양면정책을 그대로 계승했지만, 건국 초부터 군사적인 방법보다는 그들을 회유하여 평화적인 통교자로 전환시키기 위한 외교적인 노력을 경주하였다.

조선은 태조즉위 직후인 1392년 11월 승려인 覺鎚를 足利將軍에게 파견하여, 장군으로부터 왜구금압과 함께 피로인의 송환을 약속받았다. 조선국왕 사절이 막부장군과 직접 접촉한 것은 이때가 처음이며, 이때부터 九州지방을 비롯하여 이키, 쓰시마등 조선과 근접한 지역의 중소영주들과도 사절왕래가 이루어지기 시작했다.

태조 년간(1392~98년) 조선에서는 일본에 5차례 사절을 파견했는데, 그 명칭은 回禮使였다. 이 명칭은 왜구에게 붙잡혀 간 피로조선인들을 돌려 보내준 데에 대해, 禮로 답한다는 의미였다.

회례사에 이어 1398년 12월, 將軍(相國大夫)의 명을 받은 사자가 다시 조선에 파견되어 피로인을 송환시키고, 예물을 바쳤는데, 이 사절에 대한 답례로 이듬해 8월에 崔云嗣를 報聘使라는 명칭으로 장군에게 보내었으나, 이 사절은 바다에서 풍랑을 만나 되돌아오고 말았다. 이 사절 역시 왜구의 금압과 피로인을 송환시켜준 것에 대한 은혜에 보답하고 안부를 묻는다는 의미였다.

그러다가 1404년 조선과 일본 모두, 중국의 책봉체제에 편입하게 되자, 양국의 외교체제에 큰 변화가 나타난다. 그 단적인 예가 막부장군의 호칭이 「日本國王」이 되고, 장군의 사신을 「日本國王使」라고 칭하게 되었다. 그 결과 외교체제상 조선국왕과 일본국왕 간의 '對等한 交隣關係'를 성립시켰다.

그런데 일본장군의 사절의 명칭은 이후 日本國王使로 일원화되었지만, 조선의 경우는 달랐다. 즉 1404년 10월(여의손), 1406년 12월(윤명)은 報聘使, 1410년 2월(양유)는 回禮使, 1413년 2월(박분)은 通信官, 1420년(송희경), 1423년 12월(박희중), 1424년 12월(박안신)은 回禮使였고, 通信使의 명칭이 처음 사용된 것은 1428년 12월 박서생 일행이었다.[1]

그렇다면 1428년부터의 통신사는 어떠한 의미일까.

조선에서는 막부장군에게 사절을 보낼 때마다, 交隣을 강조하는 국서를 보냈는데, 그 내용을 통해 通信의 의미를 유추해 볼 수 있다. 『조선왕조실록』에서 쓰여진 교린의 용례를 참고할 때, 교린은 信·道·義·禮를 의미하며, 구체적으로 '交隣之信' '交隣之道' '交隣之義' '交隣之禮'라는 용어로 표현되었다. 즉 交隣이란 信義·道理·義理·禮意라는 유교적 가치기준을 가지고 국제관계를 맺는 것이며, 通信使란 이러한 이념을 실천하기 위한 외교사절로 일본에 파견되었던 것이다.[2]

그러나 통신사가 왕래한다고 해서, 이것이 곧바로 조·일 교린체제의 완성을 의미하지는 않는다. 왜냐하면 당시 일본의 사정은 막부장군에 의해 일본 국내의 통치가 완전히 이루어지지 않았으며, 조선에 대한 직접적인 외교

---

1) 손승철, 『조선통신사 -일본에 통하다』, 동아시아아, 2006, 64쪽.
2) 손승철, 「조선시대 통신사 개념의 재검토」『조선통신사 사행록 연구총서』5, 65쪽.

능력도 부족했기 때문이다. 즉 조선의 입장에서 보면 막부장군은 많은 통교자중 하나일 뿐 총괄자는 아니었다. 또 조선에게는 왜구문제 및 급증해 가는 통교자 등 해결해야 할 문제가 여전히 남아있었다. 따라서 조·일관계의 안정은 이러한 多元的인 구조를 어떻게 정비해 가느냐에 달려 있었다.

「조선전기 대일사행 일람표」

순번	파견일	명칭과 파견자	목적	출처(실록)
1	1392.11	승려 각추	왜구금압요청	『善隣國宝紀』
2	1398.12	통신관 박돈지	六州牧 大內義弘의 사자편에 회례	정종 1년 5월 을유
3	1399.08	보빙사 최운사	일본에 보내 보빙, 풍랑 중단.	정종 1년 8월 계해
4	1402.07	조관	화호요청, 왜구금압	태종 2년 7월 임진
5	1404.10	보빙사 여의손	일본국왕사 주당일행에 대한 보빙	태종 4년 10월 계사
6	1406.12	보빙사 윤 명	피로인쇄환에 대한 보빙	태종 6년 2월 신사
7	1410.02	회례사 양 수	일본국왕사의 보빙과 조상	태종 10년 2월 신축
8	1413.02	통신관 박 분	일본과의 교통, 발병·해로위험중단	태종13년 12월 병오
9	1420.01	회례사 송희경	일본국 原義持의 사신 회례	송희경 『老松堂日本行錄』
10	1422.12	회례사 박희중	일본국왕 사신(主籌)의 회례	세종 4년 12월 계묘
11	1424.02	회례사 박안신	일본국왕사의 피로인 쇄환 회례	세종 6년 2월 계축
12	1428.12	통신사 박서생	신장군 하례, 전장군 치제, 수호	세종 10년 12월 갑신
13	1432.07	회빙사 이 예	일본국왕사 회빙, 대장경하사	세종 14년 7월 임인
14	1439.07	통신사 고득종	수호교빙	세종 21년 7월 정사
15	1443.02	통신사 변효문	일본국왕 사위, 치제	신숙주『海東諸國紀』
16	1460.08	통신사 송처검	세조즉위 수호, 조난으로 중지	세조 5년 8월 임신
17	1475.08	통신사 배맹후	수빙, 일본 내란 및 해적으로 중지	성종 6년 8월 정유
18	1479.04	통신사 이형원	일본내란 정사발병, 중도 귀국	성종 10년 4월 정해
19	1590.03	통신사 황윤길	왜정탐색	김성일『海槎錄』
20	1596.08	통신사 황 신	강화교섭	황신『日本往還日記』

조선에서 일본 측과 교린체제를 완성해 간 방법은 일본장군과 조선국왕을 '國王使'와 '通信使'의 왕래에 의해 對等關係의 틀 속에 엮어가는 한편, 국왕이외의 다른 계층을 여러 통교규정에 의해 羈縻關係에 편입시키는 것

이었다. 『海東諸國記』의 朝聘應接紀 諸使定例에는 이들을 4부류로 구분했
다. 일본장군의 사절인 일본국왕사를 비롯하여 나머지 계층을 크게 세 그룹
으로 나누어, 이들이 조선과 통교를 원할 경우 조선이 만든 여러 규정을 지
키게 함으로서, 조선 중심의 기미질서에 편입시켰다. 조선이 실시한 통제규
정은 三浦制度, 書契·圖書·文引·釣魚禁約·歲遣船制度 등 매우 다양하다.3)

　　이러한 각종의 통교제도는 1407년 포소의 통제로부터 시작하여, 1426년
삼포가 개항되고 통교제도가 정비된 후, 1443년 변효문 통신사에 의해　계
해약조가 맺어지면서　완성되었다고 본다. 그리고 이 과정에서 1428년 통신
사의 파견이 시작되며, 1439년부터 정착되었다. 따라서 통신사 명칭의 시작
과 정착은 조선전기 한일관계의 역사적인 추이와 밀접한 관련 속에서 이해
하지 않으면 안 된다. 한편 임란이후 조선후기에는 探賊使를 포함하여 총
13회의 사절이 일본에 파견되었다.

3. 통신사의 기록과 내용

　　조선시대 전 기간을 거쳐 막부장군에게 총 32회(전기 20회, 후기 12회)에
걸쳐 사신이 파견되었는데,

연대	집필자	사행록 명칭	소장처	순번
1420(세종2)	회례사 宋希璟	老松堂日本行錄	해행총재	1
1443(세종25)	서장관 申叔周	海東諸國紀	해행총재	2
1590(선조23)	부사 金誠一	海槎錄	해행총재	3
1596(선조29)	정사 黃愼	日本往還日記	해행총재	4
1607(선조40)	부사 慶暹	海槎錄	해행총재	5
1617(광해군9)	정사 吳允謙	東槎上日錄	해행총재	6

---

3) 손승철, 『조선시대 한일관계사연구』, 제2장 조선전기 중화적 교린체제, 경인문화사,
　　2006 참조.

	종사관 李景稷	扶桑錄	해행총재	7
	부사 朴梓	東槎日記	서울대 중앙도서관	8
1624(인조2)	부사 姜弘重	東槎錄	해행총재	9
1636(인조14)	정사 任絖	丙子日本日記	해행총재	10
	부사 金世濂	海槎錄	해행총재	11
	종사관 黃○	東槎錄	해행총재	12
1643(인조21)	부사 趙絅	東槎錄	해행총재	13
	종사관 申濡	海槎錄	해행총재	14
	작자미상	癸未東槎日記	해행총재	15
1655(효종6)	정사 趙珩	扶桑日記	미국허버드대학 燕京學舍	16
	종사관 南龍翼	扶桑錄	해행총재	17
	군관 李東老	日本紀行	일본 天理大學 도서관	18
1682(숙종8)	역관 金指南	東槎日錄	해행총재	19
	역관 洪禹載	東槎錄	해행총재	20
1711(숙종37)	부사 任守幹	東槎錄	서울대 규장각	21
	역관 金顯門	東槎錄	일본 京都大學 河合文庫	22
1719(숙종45)	정사 洪致中	海槎日錄	일본 京都大學 河合文庫	23
	제술관 申維翰	海游錄	해행총재	24
	군관 鄭后僑	扶桑紀行	일본 京都大學 河合文庫	25
	군관 金瀷	扶桑錄	국립중앙도서관	26
1746(영조24)	종사관 曹命采	奉使日本時見聞錄	서울대 규장각	27
	군관 洪景海	隨槎日錄	서울대 중앙도서관	28
	작자미상	日本日記	일본 京都大學 도서관	29
	작자미상	日觀要考	국립중앙도서관	30
1764(영조40)	정사 趙曮	海槎日記	국립중앙도서관	31
	역관 吳大齡	癸未使行日記	국사편찬위원회	32
	작자미상	癸未隨槎錄	고려대학교 도서관	33
	제술관 南玉	日觀記	고려대학교 六堂文庫	34
	정사서기 成大中	日本錄	일본 お茶の水圖書館	35
	군관 閔惠洙	槎錄	고려대학교 六堂文庫	36
	부사서기 元重擧	和國志	서울대 중앙도서관	37
	부사서기 元重擧	乘槎錄	일본 大阪中之島圖書館	38
	종사관서기 金仁謙	日東壯遊歌	해행총재	39
	역관 李彦瑱	松穆館爐餘稿	국립중앙도서관	40
1811(순조11)	정사 金履喬	辛未通信日錄	通文館 영인본	41
	군관 柳相弼	東槎錄	고려대학교 아세아문제연구소	42
	정사서기 金善臣	島遊錄	국립중앙도서관	43

이 가운데 사행록이 남아있는 것은 전기 4회와 후기 12회 등 총 16회이다. 조선시대 대일 사행에서 남긴 사행록 중 현존하는 것은 43편에 이른다.[4)]

이들 사행기록은 공식적인 보고서의 성격을 가진 「등록」과는 달리 대부분 개인적인 기록의 성격을 가지고 있다. 우선 43편의 집필자의 신분을 분석해 보면, 다음 표와 같다.

「사행록 집필자의 신분」

신분	삼사			제술관	서기	역관	군관	미상	계
	정사	부사	종사관 서장관						
사행록	8	7	6	2	5	5	6	4	43

집필자의 신분은 삼사와 제술관 이외에도 역관이나 군관 등 하급신분도 다수 참여 하고 있다. 특히 18세기 이후 문화교류의 역할이 중대되면서 그러한 현상이 두드러지면서 사행록의 숫자도 급격히 늘어나, 1764년의 경우 10편이나 된다.

사행록의 체제와 내용은 매우 다양하게 구성되어 있다. 사행록의 체제는 크게 6가지의 형태를 취하고 있다. ①일기체 ②시문체 ③일기체+견문록 ④일기체+시문 ⑤일기체+견문록+시문 ⑥견문록 등으로 분류가 가능하다.[5)]

---

4) 이 표는 이원식, 「통신사기록을 통해 본 대일본인식」『국사관논총』제76집, 304~5쪽과 하우봉, 「새로 발견된 일본사행록들」『역사학보』제112집, 102~4쪽의 자료를 참고하여 작성하였음. 두 자료를 비교한 결과 이원식은 39편, 하우봉은 41편을 수록하였는데, 이원식의 자료에 조선전기 4편을 추가하면 총 43편이다.

5) 하우봉, 앞의 논문, 82쪽 참조, ①使行日記 : 출발에서부터 귀국 후 복명할 때까지의 과정을 일기체로 적은 것으로, 이 경우 문견사항은 일기 속에 포함되는데, 이 체제를 취하고 있는 것은 10편이다. ②시문만으로 되어 잇는 것 : 사행의 과정을 敍事詩(송희경의『노송당일본행록』, 김인겸의『일동장유가』등)도 있고, 풍경과 서정을 읊은 시만으로 구성되어있는데 6편이다. ③사행일기에 견문록이 붙어 있는 것 : 가장 일반적인 형식으로 '문견잡록' '견문총록' '문견별록' '總記' '追錄' '견문록' 등

이 가운데 사행과정을 일기로 쓰면서 견문을 정리한 일기체+견문록의 형태가 가장 일반적인 형태이며, 사행록에 공통적으로 기술되어 있는 내용으로는 사행원의 명단과 매일 매일의 路程과 일어난 일의 기록, 그리고 주고받은 서계 등이 수록되어 있다. 견문록의 내용으로는 일본의 국정·풍속·유학·시문·종교·군제·법제·지리·대외관계 등이 서술되어 있으며, 사행록에 따라 내용과 분량에 많은 차이가 있다.

삼사가 쓴 사행록은 예외가 있기는 하지만 대체로 체제면에서 갖추어져 있고, 내용도 일본의 국정이나 사회에 대한 깊은 관찰과 견문한 바가 서술되어 있다. 제술관과 서기의 사행록은 대개 18세기 이후에 문화교류가 본격화한 시기에 서술되었고, 그들이 당대 최고의 문사들로 구성되었던 만큼 체재나 내용면에서 우수한 것이 많다. 견문록도 상세하고, 일본인과의 문화교류 기사나 일본문화에 대한 서술이 많아 좋은 참고가 된다. 신유한의『해유록』, 남옥의『일관기』, 원중거의『乘槎錄』『和國志』등이 대표적인 예이다.

한편 역관이 쓴 사행록의 경우, 사행의 일정과 진행과정이나 경제관련 기사가 많았고, 군관의 사행록은 주로 자제군관의 신분이라서 비교적 실질적인 임무가 없는 입장이어서인지, 문학적인 내용이나 경치의 묘사, 일본풍속과 필담창화에 관한 기사가 많다. 이상의 내용을 통해서 볼 때, 사행록은 단순한 기행문의 차원을 넘어서 한일관계에 관한 자료는 물론 동시기 양국의 정치 사회 경제 문화 등 각 방면에 풍부한 기록을 남기고 있다.

그러면 이들 사행록 가운데 조선전기, 중기, 후기의 대표적인 사행록으로

의 명칭이 붙어있다. 17편이 여기에 해당된다. ④사행일기에 시문이 붙어 잇는 것 : 일기체에 사행도중 읊은 시가 있고, 일본문인과 唱酬한 시문이 포함되어 있다. 조엄의『해사일기』를 포함하여 3편이 이형식을 취했다. ⑤사행일기에 견문록과 시문이 붙어 있는 것으로 김세렴의『해사록』등 3편이 이 형식을 취하고 있다. ⑥견문록만 있는 것 : 신숙주의『해동제국기』나 원중거의『和國志』가 여기에 해당되는데, 형식면에서 볼 때, 사행록이라기보다는 일본에 관한 人文地理書나 日本國誌 같은 형식을 취하고 있다.

지목할 수 있는 송희경, 김성일, 원중거 등이 남긴 4편의 사행록을 중심으로 외교사행의 관점에서 그 기록의 의미를 생각해보자.

4. 기록의 허와 실

1) 송희경의 『日本行錄』

① 사행목적

1419년, 조선은 왜구의 거점을 정벌할 목적으로 對馬島를 공격하였다. 이에 대하여 室町幕府는 조선의 본의를 탐지하기 위하여 大藏經求請으로 명분으로 無涯亮倜를 사절로서 조선에 파견하였다. 이듬해 1420년 조선은 그 요구대로 대장경을 줌과 동시에 宋希璟을 回答使로 無涯 일행이 일본으로 돌아갈 때 같이 보냈다. 송희경은 윤 정월 15일에 서울을 출발하여 4월21일에 京都에 도착하였지만, 足利將軍의 不信으로 2개월이 지난 6월 16일에야 足利義持를 만났다. 6월 27일에 京都를 떠나 10월 25일에 서울로 돌아왔다. 宋希璟은 9개월 남짓한 일본 견문과 활동을 날짜순으로 五言·七言의 漢詩 227편과 散文의 序라고 하는 형식으로써 기록하였다. 그리고 復命 후, 이것을 엮어서 『日本行錄』으로 남겼다.

이 책은 기록에 남아있는 것으로는 제일 오래된 日本紀行으로써 조선전기 이른 시기의 대표적인 대일 사행기록으로 동시기의 한일관계나 조선인의 대일인식을 연구하는데 매우 중요하다.

동시기의 한일관계는 1419년 6월에 조선측의 대마도침공에 의해 긴장상황에 처해 있었다. 전쟁이 끝난 직후, 九州探題 涉川義俊는 조선 측의 진의를 탐색하기 위해 博多의 상인 宗金을 교토에 보내서 조선의 대마도침공에 대한 상황을 설명하고, 막부의 생각을 물어보게 하였다. 이에 막부는 博多

妙樂寺의 승려 無涯亮倪를 조선에 파견하였다. 표면적인 파견이유는 「請經」, 즉 대장경의 求請이 임무이었다.6) 당시 無涯가 휴대한 장군의 국서는 다음 과 같았다.

우리나라와 貴國은 바다를 사이에 둔 가장 가까운 나라입니다. 그러나 파 도가 험하고 많아서 때때로 소식을 전하지 못했으나 이것은 게으른 까닭이 아닙니다. 이제 중 亮倪를 보내서 起居를 문안드리고, 겸해서 불경 7천 축을 구하옵니다. 만일 윤허를 내리셔서 이 나라 사람으로 하여금 오래도록 좋은 인연을 맺게 하시면 그 이익됨이 또한 넓지 않겠습니까. 엎드려 빌건대 부 디 이를 받아들여 주옵소서. 변변치 못한 토산물은 書契 끝에 자세히 열기 하였습니다.

이듬해 정월 6일 無涯 일행은 세종을 배알했다. 조선 측은 대장경의 求請 을 승락함과 동시에 송희경을 回禮使로 일본에 보내기로 결정하였다. 송희 경이 휴대한 조선국왕의 국서의 주요 부분은 다음과 같다.

우리나라와 貴國은 대대로 이웃간의 친선을 닦아서 그 정리가 매우 두터 웠습니다. 그러나 풍파에 가로막혀 때때로 소식을 전하지 못한 것은 과연 말 씀하신 바와 같습니다. 불경에 관하여 말씀드리자면, 우리나라에도 원래 많 지는 않으나 어찌 청에 따르지 않을 수 있겠습니까. 전하는 말을 들으니, 우 리나라 백성이 일찍이 풍랑에 표류하여 귀국의 雲州·安木에 붙어 사는 자가 많아서 70여 호에 이른다고 합니다. 더러는 도둑에게 약탈을 당하고 이리저 리 팔려 다녀서 여러 섬에 흩어져 사는 자가 매우 많다고 합니다. 만일 조사 하여 찾아서 돌려보내신다면, 사람을 구제하는 사랑과 이웃나라와 친선하는 의리 두 가지가 거의 다 완전한 터이니 매우 훌륭한 일이 아니겠습니까.7)

당시 일본사절의 주목적은 대마도정벌 이후 조선국정의 탐색이었고, 조

---

6) 『世宗實錄』 원년 12월 정해.
7) 『世宗實錄』 2년 윤정월 갑신.

선도 대마도정벌에 대한 진의를 설명하려는 것이었지만, 양국의 국서에는 대마도정벌에 대한 한 마디의 언급도 없었다. 그러나 無涯 일행의 도항의 배후에는 조선에 대한 막부의 의심과 우려가 뒤섞인 복잡한 사정이 숨겨져 있었다.

대마도정벌 직후의 京都에는, 대마를 공격한 것은 明과 조선의 연합군이며, 이들은 곧이어 일본 본토를 토벌할 것이라는 소문이 들끓고 있었다. 또한 소문의 내용도 상당히 황당무계했다. 「出雲大社가 흔들리고 피를 흘린다, 西宮・荒戎宮이 흔들린다, 군병 수십 기가 廣田寺에서 나와 동쪽으로 갔는데 그 중에 말을 탄 여자 무사가 대장 같았다, 神人이 이들을 보살핀다 ……」[8] 라든가, 「唐人이 쳐들어와서 이미 薩摩에 이르렀다, 서로 전투가 벌어져서 唐人 약간을 토벌하고 우리도 다쳤다, 唐人 중에 귀신 형상을 한 자가 있으며 사람의 힘으로는 물리치기 어렵다, 바다에 떠 있는 오랑캐가 8만여 척이고 大內 방면으로 먼저 注進이 도래했다」는 등 전혀 사실이 아닌 정보였다. 뿐만 아니라 대마도를 관장했던 구주탐제 小貳滿貞도 대마도정법을 몽골과 고려의 연합군이 침공한 것이고, 곧이어 조선과 명군이 일본 공격 계획을 보고했다.

송희경은 京都에서 少貳의 보고가 「강남의 병선 2천과 조선의 병선 3백 척이 우리나라를 향해 온다, 우리는 힘을 다 해 싸워서 이들을 물리치자」는 내용이라는 것을 듣고 깜짝 놀라서, 對馬를 공격한 것은 조선군뿐이라는 것, 이전부터 일본 본토를 공격할 의도는 추호도 없다는 것을 역설했다.[9]

또한 대마도에서 송희경을 혼란스럽게 했던 것은 대마도정벌 직후에 「대마도인이 경상도에 속하게 해 줄 것을 요청하고, 임금이 이를 허락했다」는 문제였다. 그가 서울을 출발하기 5일 전인 윤 정월 10일, 예조는 대마도주 都都熊丸(宗貞盛)의 사신이라 칭하는 時応界都의 서계를 전해왔다. 거기에

---

8) 『看聞日記』 応永 26년 6월 25일・29일
9) 송희경, 『日本行錄』 10월 26일.

①대마도 백성들을 경상도의 거제도로 이주시켜 조선의 보호를 받도록 하고, 그들에게서 걷는 田稅의 일부를 宗貞盛에게 지급한다, ②대마도를 조선 국내의 州郡이 되게 하여 州名을 부여하며, 貞成은 조선으로부터 印信을 받고 신하가 된다 - 는 두 가지 점을 밝힌 것이었다. 조선에서는 이를 받아들여서 23일에 대마도를 경상도에 소속시키고, 貞盛에게 「宗氏都都熊丸」이라는 인장을 수여했다.10)

時応界都의 제안은 전쟁으로 조선과의 교역에서 타격을 입은 대마도의 일부 세력이 교역의 회복을 노리고 획책한 것이었다. 대마도라는 경계적인 지역에서 조선과 일본을 왕래하며 교역을 생업으로 삼던 그들에게는 중앙과 연결된 영주 계급과는 달리 일본에 대한 귀속 의식이 희박했고, 조선에 대한 경제적인 의존을 통하여 대마도 자체를 조선에 소속시킨다는 발상을 가졌던 것이다.11)

또 하나, 京都에서 송희경을 기다리고 있던 어려운 과제는 국서에 적힌 年號였다. 조선국서에 「永樂」의 연호가 들어가 있는 것을 안 장군의 측근은 "이대로는 장군의 노여움을 사서 그대가 돌아갈 수 없게 된다. 「永樂」이란 글자를 「龍集」으로 바꾸는 게 어떤가"하며 요청하였다. 이에 대해 송희경은, 「내가 죽는다 해도 御書는 무엇 하나 바꿀 수 없다」는 원칙론을 견지하며 한 걸음도 양보하지 않았다.12)

당시의 장군 足利義持는 부친 足利義滿이 明에게서 日本國王으로 冊封된 것에 반발하여 明과의 國交를 단절하였다. 그리고 조선에 보낸 외교문서에도 「日本國源義持」라고 서명하여 「王」이란 글자를 사용하지 않았고, 연호도 일본의 「応永」을 사용하고 있었다. 한편 조선은 명의 冊封을 받았으므로

---

10) 『世宗實錄』 2년 윤정월 임진.
11) 村井章介, 「解説」(宋希璟 著・村井章介 校注, 『老松堂日本行録－朝鮮使節の見た中世日本－』岩波書店, 1987年3月) 참조.
12) 송희경, 『日本行録』 4월 23일.

외교문서에 명의 연호「永樂」을 사용하는 것은 당연했다. 막부에서는 이처럼 미묘한 관계를 감안하여 연호를 중립적인「龍集」으로 바꾸게 하려던 것이다.

이상에서 일본사행 중에 송희경이 겪었던 외교적인 난제를 예로 들어 보았는데, 이들 내용에는 당시 조선·중국·일본 삼국 관계의 특징 내지 모순이 응축되어 있다. 송희경은 이러한 난관을 훌륭하게 해결했던 뛰어난 외교능력을 갖추고 있었던 것이다.

그는 귀국 후 일본사행을 총괄하여,「이제 나는 일개 書生으로서 行兵 이듬해의 의구심에 가득 찬 때를 맞이하여, 세 치의 혀를 가지고 불측의 위험을 감수하며 倭王의 변해하기 어려운 의혹을 풀고, 二殿(小貳滿貞)의 보복계획을 저지했으며, 돌아와 주상께 알렸다」고 자랑스럽게 쓰고 있다.

②『日本行錄』의 허와 실

『일본행록』에 나타난 송희경의 일본에 대한 기술은 분석적인 면보다는 대부분 보고 느낀대로 즉흥적으로 적어 내려간 것이다. 또한 당시의 일본 내의 불안한 정세와 귀국에 대한 두려움 때문에 일본 문물에 대한 깊이 있는 관찰도 부족했다. 그러나 그 이전의 사행기록이 전혀 남아있지 않고, 최초의 사행기록이라는 점에 있어 동시기 조선인의 일본에 대한 인식을 유추할 수 있다.

송희경의 『일본행록』에 대한 선행연구를 바탕으로 그의 일본인식을 정리해 보면,[13)]

첫째, 송희경은 일본민족에 대해서, 기본적으로 화이관적 입장에서 일본

---

13) 하우봉, 「조선초기 대일사행원의 일본인식」『조선통신사 사행록연구총서』8.
정성문, 「송희경의『일본행록』연구」『조선통신사 사행록연구총서』3.
이채연, 「조선전기 대일사행문학에 나타난 일본인식」『조선통신사 사행록연구총서』2.
강재언지음, 이규수옮김, 『조선통신사의 일본견문록』한길사, 2005 참조.

인을 이적시 하는 관념을 소유하고 있었다. 즉 송희경은 조선을 '上國' 으로 지칭하고, 조선사신을 '天使' 라고 했으며, 스스로를 '華人' 이라고 했다. 한편 일본에 대해서는 구주탐제의 노래와 그들의 언어를 '오랑캐소리' 라 했고, 일본인을 '遠人' '元戎' '島夷' 등으로 표현했다. 그러나 전체로서의 일본민족과는 달리 개인적으로 만난 일본인에 대해서는 우호적으로 인식했다. 예를 들면 사행을 안내한 藤狩野殿에 대해서, "왜풍이 없고 근후함이 조선인과 다름없었다." 고 평했고, 이러한 개인적인 호감이 일본에 대한 우호적인 인식으로 연결되었을 것이다.

둘째, 일본의 정치상황에 대해 足利幕府가 守護大名과 해적들을 통제할 수 있는 능력이 없음을 알았고, 대마도 정벌이후 조선에 대해 저항적인 태도를 지닌 小貳殿, 대마도의 左衛門太郎 등에 대해서는 부정적인 반면, 구주탐제에 대해서는 우호적으로 평가했는데, 이후 조선의 통교정책 수립에 큰 영향을 주었다. 그러나 송희경은 일본천황에 관해서나 막부장군과의 관계에 대해서는 전혀 언급이 없는 것으로 보아 일본의 정치체제에 관한 포괄적인 이해는 없는 것으로 보인다. 천황에 대한 구체적인 언급이 되는 것은 1470년대 신숙주의 『해동제국기』부터이다.[14]

셋째, 일본의 농업기술, 토지소유제도, 조세제도 등에 대해 실용적 입장에서 관심을 가지고 기술했다. 특히 1년에 3모작을 하는 농작법에 관심을 가졌는데, 이것을 가능하게 하는 수리시설에 대해서도 자세히 언급했다.[15]

넷째, 일본의 문화에 대해 "아득한 창해가 중화를 가로막아 의복도 말도 다르고 법도도 틀리다" 고 하면서, 조선은 中華이고 일본은 夷狄이라는 기본적인 인식을 가지고 있었다. 즉 일본의 농업기술에 대해서는 칭찬을 하면서, "仁義만 있다면 자랑할 만하다" 고 하여 문화에 대한 평가를 유교에 기준을 두었다. 또한 불교에 대해서는 그가 유숙한 장소가 대부분이 절이었

---

14) 손승철, 「조선시대 일본천황관의 유형적 고찰」『조선통신사 사행록연구총서』 4 참조.
15) 송희경, 『日本行錄』 6월 27일.

고, 접촉한 인물 중 승려가 많았던 관계인지, 불교의 성행을 신기하게 표현했고, 일본의 성풍속에 대해서는 '기이한 풍속' 이라고 하면서 娼女와 男色을 소개했다. 그러나 송희경은 이러한 일본의 문화와 풍속에 대해 지나치게 이적시하거나 배타적인 인식을 과시하는 식의 표현은 쓰지 않고, 비교적 담담히 소개하였다. 이러한 태도는 송희경의 『日本行錄』에 나타나는 하나의 특징으로서 주자학이 심화된 이후 16세기 이래의 유학자나 조선후기 사행원들과는 다른 면모이다.

2) 김성일의 『海槎錄』

① 사행목적

1595년 7월 관백에 오른 豊臣秀吉은 일본전국을 지배하게 되었는데, 1586년 9월 대마도주 宗義調는 이 사실을 조선에 알리면서 통신사 파견을 요청해왔다. 조선에서는 육조참의 이상이 중추부에 모여 통신사요청에 대한 논의를 했으나 처음에는 불가하다는 결론을 내렸다. 『선조수정실록』에 의하면 이즈음 豊臣秀吉이 內患을 막기 위해 外征, 그것도 중국침략을 계획하고 그에 앞서 조선을 침범하려한다고 기록하고 있다.[16)]

1589년 3월, 豊臣秀吉은 새로 도주가 된 宗義智에게 조선국왕의 入朝를 실현하라는 명령을 내렸다. 대마도주는 이것을 '통신사의 來日' 로 바꾸어 玄蘇를 정사로 25인의 일본국왕사를 조선에 파견했다. 이에 대해 조선왕조는 李德馨을 선위사로 하여 이들 사절단의 임무가 '通信一事' 라는 것을 확인한 후, 이제까지의 거부론을 철회하고, 오히려 통신사를 이용하여 왜구문제 처리에 대응함으로써 양국분쟁의 해결을 모색하기로 했다. 11월에는 정사 黃允吉, 부사 金誠一, 서장관 許筬을 비롯한 통신사행원이 편성되었다.

---

16) 『선조수정실록』 29년 9월 정해.

1590년 2월에는 조선측에서 요구했던 왜구의 首領 및 朝鮮叛民, 피로인 116명을 대마도에서 보내와 통신사의 파견조건이 이루어졌다. 김성일은『海槎錄』에서 통신사파견의 이유에 대하여 다음과 같이 기술했다.

> 양국의 화친은 단지 信義 두 글자뿐이지 强弱을 논할 바 아니다. 만약 신의를 중시하지 않고 오직 강약으로 본다면 이는 진실로 市井의 사귐이니 어찌 大國의 의리이겠는가. 지금 관백은 건국 초기에 모름지기 交隣의 의리를 중히 여겨 피로인과 적괴를 소환하고 그 예 또한 지극한 고로 우리 전하께서 특별히 사신을 보내어 그 뜻에 답하고자 한다.[17]

즉 피로인 쇄환과 적괴소환에 대한 관백의 信義에 답하는 통신사로 인식했다. 이는 豊臣秀吉이 생각했던 조선국왕의 복속과 입공과는 전혀 관계가 없는 것이었다. 물론 통신사 파견목적 중에 일본군의 침입 소문을 확인하기 위한 국정탐색이 가장 큰 임무였을 것이다.

1590년 3월, 통신사는 국서와 예물을 받들고 한양을 출발하여 7월에 교토의 大德寺에 들어갔다. 그러나 豊臣秀吉이 小田原에서 돌아오는 것을 기다려 인견을 한 것은 11월이었다. 豊臣秀吉은 조선사신을 入貢使로 간주하여 환대를 했지만, 회답서에는 "假道入明"을 요구했고, 김성일은 이를 분개하며 다시 써 줄 것을 요청했으나, 고쳐 받지 못한 채, 이듬해 2월 그대로 귀국하였다.

② 『海槎錄』의 허와 실

귀국 후 豊臣秀吉 및 일본 정세에 대한 보고는 이미 일본의 침입에 대한 소문이 퍼져 있었던 만큼 조선에게는 국가의 운명을 좌우하는 중요한 문제였다. 그러나 이 자리에서 통신사 삼사의 보고는 상반되었다. 정사 황윤길

---

17) 김성일, 『海槎錄』「擬答對馬島主書」

은 豊臣秀吉의 인상을 "그의 눈은 예리하게 빛나고 담력과 지혜를 가진 사람으로서, 생각건대 반드시 병화가 있을 것"이라고 경고했다. 또 서장관 허성도 "豊臣秀吉이 반드시 쳐들어 올 것이다."고 했으나, 항상 호기가 있고 의연하여 '殿上의 호랑이'로 지칭되던 김성일은 "그의 눈은 쥐와 같아 두려워할 것이 못된다."고 했고, 침략의 가능성에 대해서도 "신은 이와 같은 정황을 보지 못했다."고 보고했다. 그러나 1년 후 일본은 조선을 침략했고, 그 결과 당시뿐만 아니라 후세에도 비판이 되고 있다.

김성일은 일본사행을 마친 뒤 『海槎錄』5권을 남겼는데, 1·2권은 사행 중에 지은 기행시문이고, 3·4·5권은 사행 중 정사 황윤길, 서장관 허성, 일본의 접반사 현소 등과 왕복한 서찰과 說辨志, 행장 등으로 구성되어 있다.

이들 기록가운데 사행 중 외교적인 마찰을 일으켰던 3가지 사건을 중심으로 외교적 관점에서 살펴보자.

첫 번째의 사건은, 통신사 일행이 부산을 출발해 처음 대마도에 도착했을 때, 國分寺에서 향연을 받았는데, 이때 대마도주 宗義智가 가마를 타고 계단을 지나 당상에 올랐다. 김성일은 그 무례함에 격분하여 퇴장했고, 조선 측 역관은 김성일이 몸이 불편하여 먼저 일어선 것이라고 둘러대었다. 김성일은 역관이 거짓으로 왜인의 비위를 맞추어 체모를 손상시켰다 하여 왜인들 앞에서 역관의 볼기를 쳤다. 사태가 이에 이르자 宗義智는 가마를 메고 온 하인에게 모든 책임을 지워 그 하인의 목을 베고 사죄한 일이 있었다. 이 일에 대해 서장관 허성은, "가지가지의 의아와 간격으로 평지에 풍파를 일으켜 안색에 노기를 띠고 언사를 거세게 하여 사람마다 책하고 말마다 겨룬다면 악에 가깝지 않겠는가"하고 비난을 했다. 이에 대해 김성일은,

> 우리들이 대궐에서 절하고 하직할 때에 임금의 말씀이 분명히 하셨는데 그것이 귀에 남아 있지 않습니까. 처음에 이르시기를, '일마다 예법대로 하여 조금이라도 만홀한 뜻이 있어서는 안 된다.'고 하시고, 마지막에 '국체가

존중되게, 임금의 위엄이 멀리 전파되게 하는 것이 이번의 길에 있다.'하셨으니, 참으로 크신 말씀입니다. 이것은 신자로서 마땅히 조심조심하여 처음부터 끝까지 깊이 생각하여야 할 바가 아니겠습니까.18)

라고 하여, 사행 중 국체를 지키라는 선조의 명을 기억하여 경계하면서 이어서,

사신으로 왕명을 받고 국경을 나서 지금 이미 바다를 건너왔으니, 마땅히 조심스럽게 예의를 지키고 일일마다 법도대로 하여, 저지 당하지 않고 굴하지 않기를 의연하게 신과 같이하여, 국체가 九鼎보다도 무겁고 임금의 위엄이 한없는데 까지 펼쳐가게 해야 할 것입니다. …… 지금 그렇게 하지 아니하여 그 경계에 들어서자마자 스스로 신중하게 하지 않고, 한결같이 왜인의 마음을 기쁘게 하는 것으로 상책을 삼고 있으니, 저들이 비록 무식하나 또한 매우 영리한데 어찌 우리들의 염치없는 것을 알지 못하겠습니까, 이로써 말하면 國分寺에서 굴욕은 우리들이 자진해서 가져온 것이 아니겠습니까.19)

라고 하여, 왕명을 받들어 국체와 예의와 법도를 지켜야 할 것을 강조했다. 따라서 김성일의 입장에서는 허성과는 달리 國分寺에서의 대마도주 宗義智의 행동도 결코 용납할 수 없는 오랑캐의 행위로 추한 것들에게 능멸을 당했다고 인식했다.

두 번째 사건은 통신사일행이 7월에 堺濱의 引接寺에 이르렀을 때, 西海道의 某州某倭 등이 보내온 예단에 '朝鮮國使臣來朝' 라는 문구가 있었는데, 김성일이 이 사실을 뒤늦게 알고 '來朝' 라는 문구를 용인할 수 없다 하여 이미 나누어준 음식을 다시 시장에서 사서 반환한 일이었다. 이때 倭使는 이를 寫手의 실수라 하여 사죄했다. 그러나 이후 11월에 돌아가는 길에도 引接寺에서 西海道 肥前州 源久成 등이 다시 음식을 바쳤는데, 똑같은 일이

18) 김성일, 『海槎錄』 3, 許書狀官答.
19) 위와 같음.

발생했다. 이 사건에 대해 김성일은,

　　나는 부득이하여 그 예단에 회례를 보낼 때에 부사를 쓰지 말고, 또 음식
　물을 나의 從子에게는 나누어 주지 말기를 청했더니, 상사와 서장관이 통신
　사라고만 쓰고 내 이름은 쓰지 않았다. 나는 나누어주는 酒食을 나는 받지
　않았고, 왜인들로 하여금 먹게 했다. 아 아, 상사와 서장관은 실로 외국의
　사신이 될 만한 인재이며, 평소에 의리를 공부하여 밝혔으니 어찌 함부로
　처사할 분이겠는가, 이번에 받고 안 받고 하는 것은 장차 의리가 있을 것이
　므로, 우선 나의 소견을 기록하여 지혜 있는 사람을 기다린다.[20]

　　라고 하여, 이에 倭使가 改書를 해 왔음에도 김성일은 끝내 받아들이지
않았으며, 이 내용을 소상히 기록에 남겨 후대의 평가를 청했다. 김성일의
개인적인 성격을 단적으로 드러내는 대목이기도 하다.
　　세 번째 사건은 통신사가 豊臣秀吉을 만날 때, 정원에서 庭下拜를 할 것
인가, 아니면 堂에 올라 楹外拜를 하는가의 문제였다. 이에 대해 김성일은,

　　대저 일본이란 어떤 나라인가 하면 우리조정의 與國이요, 관백이란 어떤
　벼슬인가하면 소위 天皇의 대신입니다. 그런즉 일본을 맡은 것은 소위 천황
　이요 관백이 아니며, 관백이란 것은 정승이요 국왕이 아닙니다. 오직 그가
　일국의 권력을 마음대로 하기 때문에 우리조정에서 실정을 모르고 국왕이
　라고 하여 우리임금과 대등한 예로써 대우하였습니다. 이것은 우리임금의
　존엄을 강등하여 아래로 이웃나라의 신하와 더불어 대등히 되게 한 것이니,
　욕되게 한 것이 아닙니까. … 당당한 대국 사신이 이웃나라의 신하에게 庭
　下拜를 한다면 이것은 우리 임금을 관백에게 대등시키는 것이니, 나라를 욕
　되게 하는 것이 아니고 무엇입니까. 마루에 올라가 楹下拜를 한다면 이것은
　우리 임금을 소위 천황에게 대등시켜 관백과의 대등을 허락하지 않는 것이
　니, 임금을 높이는 것이 아니고 무엇입니까.[21]

---

20) 『해사록』 4, 倭人禮單志.
21) 『해사록』 3, 與許書狀論禮書.

라고 하여, 당당한 大國의 사신으로서 이웃나라의 신하에게 庭下拜를 행한다면, 이것은 임금의 존엄을 관백에게 대등하게 하는 것이니 나라를 욕되게 함이 심한 것이라고 주장하여 끝내는 楹外拜를 관철시켰다.

『海槎錄』에 기록된 이러한 행동들에 대해 기존의 연구들은 매우 비판적이다. 즉 김성일은 철저한 화이론적 입장에서 일본을 이적시했으며, 이러한 연유로 일본인의 기질이나 성격에 대해서도 아주 부정적으로 묘사하면서 야만시 했다는 것이다. 따라서 지나치게 화이론적 명분론에 집착한 나머지 일본문화나 사회에 대한 현실성이 결여되었다는 평이다.[22]

그러나 다른 한편에서 보면, 김성일이 경색되고 위협적인 분위기 속에서도 명분과 의리를 끝까지 지켜 국가의 위상을 훼손하지 않았음을 높이 평가하는 반면, 상반된 내용의 복명은 그가 민심의 동요를 우려한 데에 기인한 결과라고 했다.[23] 이 점은 김성일 자신도 자신의 복명이 정확한 판단이 아닐 수도 있음을 토로한 바가 있다. 즉 柳成龍이 만일 병화가 일어나면 어찌할 것인가를 물었을 때, 김성일은 "나도 어찌 왜적이 나오지 않을 것이라고 단정하겠는가. 다만 온 나라가 놀라고 의혹될까 두려워 그것을 풀어 주려고 한 것이다."[24] 라고 했다.

그렇다면 과연 김성일은 일본의 침략 가능성에 대해 어떠한 입장이었을까? 이 점은 豊臣秀吉의 회답서에 '假道入明' 과 '入朝' 의 문구에 대한 이의 제기에 잘 나타나 있다.

　　지금 와서 국서를 본즉, 위로는 大明國을 엿보고 옆으로는 이웃나라를 협박하여 능멸히 여기고 공갈하는 말이 마치 전쟁에 다다라 적을 욕하는 격문

22) 하우봉, 『朝鮮後期 實學者의 日本觀硏究』 제1장 17세기 지식인의 일본관, 일지사, 1989, 19~21쪽.
23) 이병휴, 「鶴峰 金誠一의 時代와 그의 現實認識」 『조선통신사 사행록연구총서』 12, 76~77쪽.
24) 『宣祖修正實錄』 24년 3월 정유.

과 같으니, 玉帛으로서 서로 修交하는 국서라 하겠는가.[25]

  라고 하면서, 이 국서의 내용을 고치게 하는데 事大와 交隣의 뜻을 설명하여 일본의 잘못을 지적하고 있다.

> 大明은 조선조정에게는 부모의 나라이다. 우리 전하의 事大의 정성은 처음부터 변함이 없기에 북으로 神京을 바라보고 天子의 위엄이 아주 가까운 곳에 잇는 것 같다. 朝貢하는 사신이 길에 잇달았으니 이는 실로 천하에서 하나같이 들어서 아는 바이다. 귀국이 지금은 비록 大明과 화친이 끊어졌지만 수십 년 전에 일찍이 대명에 가나 사신이 있었으니, 조선과 대명이 한 집인 것을 어찌 모르겠는가. 아 군신의 의는 천지의 떳떳한 법이니 이른바 인륜이다. …… 조선 조정은 귀국과 화친을 맺은 이래 대대로 이웃나라에 대한 신의를 두텁게 하여 일찍이 화살 한 개도 귀국의 변방에 던져 본 적이 없다. 交隣이란 이와 같다면 事大도 충분히 알 수 있을 것이니. 이것으로 생각하면 이웃나라와 黨이 되어 대국을 범하지 못할 것 또한 분명하다.[26]

  고 하여, 조선의 사대교린의 외교를 이해한다면 일본이 중국을 침범하는 일을 있을 수 없을 것이라 단정하면서, 일본이 오랑캐의 나라이기는 해도 君臣上下의 구분이 있기 때문에 인륜과 도리로써 사대교린을 설명하면 당연히 일본도 그것을 이해할 것이라고 생각했던 것 같다.[27]
  결국 당시의 국제질서를 주자학의 禮的 關係로 파악했던 김성일은 그 가치관에 충실했기 때문에, 유교와 다른 神國思想을 배경으로 동아시아의 覇

---

25) 『海槎錄』 4, 答玄蘇書.
26) 『海槎錄』 4, 擬答宣慰使書.
27) 『海槎錄』 3, 與許書狀書「일본으로 말하면 비록 오랑캐이지만 君臣上下의 구별이 있고, 賓主간에 접대하는 예절이 있으며, 성질 또한 영리하여 남의 뜻을 잘 알아보니, 금수로 대접한 것이 아닙니다. 그러므로 우리조정에서 이웃나라로 대우했고, 때로는 서로 통빙을 하여 교린의 뜻을 돈독히 하기위해 사신을 뽑아 교섭할 책임을 맡겼으며, 이것은 전조에서도 했고, 본조에서도 폐하지 아니한 것이니, 국가의 존중과 경미가 사신에게 달려 잇는 것입니다.」

者가 되려고 했던 豊臣秀吉의 본심을 파악치 못했던 것은 아닐까.28)

3) 원중거의 『乘槎錄』과 『和國志』

① 사행목적

1760년 4월, 德川家治가 장군직을 습직하자, 막부에서는 대마도를 통해 조선에 통신사파견을 요청했다. 통신사파견을 요청받은 조선은 곧바로 관례에 따라 파견준비를 위해 양질의 예단인삼을 준비하였다. 조선에서는 정사 조엄, 부사 이인배, 종사관 김상익을 비롯하여 477명으로 사절단을 편성하여, 1763년 8월 3일에 한양을 출발하여, 10월 6일 부산을 출항했다. 대마도-이키-세토내해를 거쳐 오사카에 상륙한 후, 이듬해 2월 16일 에도에 도착하여 같은 달 27일에 조선국왕의 국서를 전달한 후, 3월 11일에 江戶를 떠나 7월 8일 한양에 돌아와 영조에게 복명했다. 11개월 남짓한 일본 사행이었지만, 이 사행만큼 다사다난했던 사행도 드물었다.

부산을 출항하여 이즈하라에 입항하자마자 卜船將이 사망했고, 대마도에 체류하는 동안 다시 6명의 환자가 발생하여, 부산으로 돌려보냈으며, 12월 3일, 아이노시마에 입항할 때, 부사선이 좌초했다. 또 이듬해 1월 20일 오사카에 입항했을 때, 小童 金漢重이 병으로 죽었다. 뿐만 아니라 귀환 도중 4월 7일에는 통신사 역사상 유래가 없던 수행원 살해사건이 일어났다. 대마번의 通詞가 都訓導 崔天宗을 살해한 사건이다. 또 4월 30일에는 정사선 下官 李光夏가 자살했다. 모두 10여명의 사상자가 발생했다. 사행의 출발전 정사가 2차례나 바뀌어 사행준비가 혼란스러웠던 만큼 사행도 순탄치 않았다.

18세기 후반 동아시아 국제정세는 비교적 안정되어 있었다. 그러나 조일

---

28) 小幡倫裕,「鶴峰 金誠一의 日本使行에 대한 思想的 考察」『韓日關係史研究』10, 1999, 83쪽.

양국의 국내정세는 그리 순탄치가 못했다. 조선의 경우, 영조 말기에 접어들면서 농민의 빈곤이 확대되었고, 기근이 계속되었으며, 통신사가 출발한 해 3월에는 호남에서만 48만여 명의 기민이 발생했고, 사망자가 450명에 이르렀다.[29] 그리하여 조정에서는 흉황을 고려하여 예단을 줄이자는 논의가 되기도 했다. 한편 일본에서는 1755년부터 오사카에서 쌀소동이 일어났고, 그해부터 4년 동안 민란의 형태로 '總百姓一揆'가 42건이나 발생했다. 이러한 상황은 통신사 접대준비에 관한 막부의 지령에 반영되어 빙례의 간소화 조치를 지시하고 있다.[30]

그러나 양국의 이러한 상황에도 불구하고, 1764년의 통신사는 조선후기 통신사가운데 가장 풍부한 사행록을 남기고 있다. 17세기 후반부터의 경향이지만, 동아시아 국제정세가 안정되고, 조일간에 외교현안이 줄어들면서 통신사행은 외교적인 행사에만 그치지 않고, 시문창화를 비롯해 마상재 풍악같은 놀이 등을 일본의 일반 백성들에게 보여주는 문화행사의 성격을 지니게 된다. 특히 시문창화는 조선의 문화를 과시할 수 있는 중요한 역할을 했기 때문에 통신사를 수행하는 제술관과 서기들은 문필의 대가로 선발하는 것이 관례였고, 매우 신중을 기했다. 1764년 통신사의 경우 제술관으로 南玉, 서기로 成大中, 元重擧, 金仁謙이 발탁되었는데, 이들을 四文士라 했으며, 이들은 앞의 표에서 볼 수 있듯이 정사 조엄의 『海槎日記』를 비롯하여 무려 10편의 각종 사행기록을 남겼다. 이 가운데 서얼출신으로 四文士중 한 사람인 원중거의 사행기록인 『乘槎錄』과 『和國志』를 통해 그 기록의 허와 실을 살펴보자.[31]

---

29) 『英祖實錄』 39년 3월 을유.
30) 『德川實記』 第十編 「浚明院殿御實記」 권6, 寶曆 12년 12월 9일.「道路, 宿驛은 물론 江戶의 객관에도 諸事가 너무 사치스럽다, 正德(1711)의 聘禮에는 장려함이 극에 달했기 때문에, 享保(1719)때에는 天和(1682)때의 舊制를 회복하였다. 延享(1748)은 향보의 제를 따른다고 했으나 역시 무익한 바가 많으니, 금번부터는 낭비를 제거하고 모두 天和의 정사를 따르도록 해야 한다.」

② 『乘槎錄』과 『和國志』의 허와 실

『乘槎錄』은 일기형식의 사행록으로 3권으로 구성되어 있다. 『乘槎錄』은 원중거가 영조를 배알한 1763년 7월 24일을 맨 앞에 기술했고, 이어 사행을 실질적으로 시작한 1763년부터 사행을 마치고 영조에게 복명한 1764년 7월 8일에 끝을 맺는다. 장장 332일의 사행일정이 매일 매일 일기로 기록되어 있다. 이 기간 중 누락된 날은 8월 27일뿐이었다. 당시는 부산에 머물면서 출발 일을 기다리고 있었는데, 그 즈음 일주일은 날씨 정도만을 기록했던 것으로 보아, 필사과정에서 누락된 것으로 보인다.32)

『和國志』는 '日本國志'의 성격을 가진 저술로, 천·지·인 3권으로 구성되어 있다. 『和國志』의 발견과 내용에 대해서는 하우봉교수의 자세한 연구가 있는데, 이를 참조하여 대략의 내용을 살펴보자.33) 『和國志』의 항목을 보면 체제상 중복되었거나 배열이 혼란스러운 부분이 있지만, 대체적인 내용을 보면, 天卷에서는 일본의 지리·역사·정치·외교 등을 중심으로 26항목, 地 卷에서는 일본의 사회·경제·풍속을 중심으로 31항목, 人卷에서는 경제·풍속·한일관계사를 중심으로 19항목을 서술했다. 또한 서술상의 특징을 보면, 『海東諸國記』를 비롯하여 25종의 국내서적 및 승문원 소장 각종 書契와 『日本三才圖會』 등 4종의 일본서적도 인용하고 있어, 『和國志』는 여타 사행록의 부록으로 붙어있는 見聞錄과는 전혀 다른 종합적인 '日本國志'의 성격을 지닌다.

---

31) 원중거의 사행록에 대한 연구는 박재금, 「원중거의 『和國志』에 나타난 일본인식」 『조선통신사 사행록연구총서』 10. 김경숙, 「현천 원중거의 대마도인 인식과 그 의미」 『조선통신사 사행록연구총서』 4. 동, 「『乘槎錄』의 서술방식과 사행록으로서의 의의」 『조선통신사 사행록연구총서』 1, 등이 있다.
32) 김경숙, 「『乘槎錄』의 서술방식과 사행록으로서의 의의」 『조선통신사 사행록연구총서』 1, 44쪽.
33) 하우봉, 「원중거의 『和國志』에 대하여」, 『전북사학』 11·12합집. 동, 「원중거의 일본인식」 『조선통신사 사행록연구총서』 7 참조.

원중거는 『乘槎錄』의 편찬목적에 대해서는 첫째, 이전의 기록들이 소략하여 이를 보충하기 위한 것이라 했고, 둘째, 이후에 사행 오는 자가 참고하여 실수하지 않고 대마도인과 商譯輩의 농간을 막고, 셋째, 나아가 조정에 죄를 입고 나라에 욕되지 않게 하고자 함이라 했다. 또한 『和國志』의 서술동기에 대해서는 첫째, 유사시에 정책당국자나 지식인들의 참고자료를 대비하기 위한 것이며, 둘째, 국내에서 볼 수 없는 일본자료를 구하여 올바른 역사서의 편찬을 돕기 위함이며, 셋째, 전란의 원흉인 豊臣秀吉에 대해 2백년이 되도록 아직도 원한을 갚지 못함을 비탄하면서, 臥薪嘗膽을 위한 것임을 밝히고 있다.

『乘槎錄』과 『和國志』의 분량과 내용이 워낙 방대하여 원중거 사행록의 평가는 그리 간단치 않다. 우선 원중거도 기본적으로는 화이론적 관점에 기초하고 있다. 즉 일본이 중화문화권에 속해 있지 않는 야만국이라는 점이다.

> 대개 倭國은 中華에서 수만리 떨어진 바다 가운데 처해 있어 그 땅은 중화의 영토를 넓히지 못하고, 그 백성은 중화의 호적을 더하지 못한다. 또한 그 풍속이 신귀를 중시하고 禮義를 경시한다. 개구리 가운데서 나서 굴과 소라의 무리에서 자라, 천지의 큼과 일월의 밝음과 부자의 도와 군신의 도리가 있는 것을 알지 못한다. 마치 물의 요괴나 물고기 정령의 무리가 모였다. 흩어졌다 하는 것과 같다.[34]

이는 중화로부터 멀리 떨어져 있어 그 영향을 받지 못해 미개한 종족이라는 것이다. 이러한 화이관은 중화를 중심으로 하는 전통적인 화이론적 세계관으로 통신사 사행원이 공통적으로 가지고 있던 관념이었다. 그러나 사행을 하면서 그의 일본인관은 크게 변화하고 있다.

> 어떤 사람은 혹 말하기를, 그들과 더불어 어찌 인의를 족히 말할 수 있겠

---

34) 원중거, 『和國志』 권1, 「中國通使征伐」

는가 라고 한다. 그러나 이는 크게 틀리는 말이다. 둥근머리와 모난발을 하고 있어도, 우리와 똑같이 눈으로 보고 귀로 듣는다. 어찌 우리만이 독특한 五氣와 五性을 가져서 그들과 다르겠는가? 하물며 그들의 총명하고 전정함과 의를 사모하고 선을 좋아하는 것, 자신의 일과 직업에 근면하고 몰두하는 점 등에 있어서는 나는 오히려 우리나라 사람이 그들에게 험잡히지 않을까 두렵다.[35]

라고 하여, 조선인과 동질성을 밝히고 조선인과 비교하여 일본인의 장점을 기술했다. 그러나 원중거는 대마도인을 일본 내지인과는 구별하여, "대마도는 오랑캐로서 문화가 없으며 교룡·이무기와 같이 산다." "내국인들이 항상 대마도를 蠻夷라고 부르며, 사람축에 같이 끼워주지 않는다." 고 본주인과는 뚜렷하게 구분했다. 그는 대마도인이 양국사이에서 부산왜관의 通詞輩와 짜고 이익을 취하는 행위를 누누이 비판했고, 사행도중에서도 대마도인의 행위에 대해 깊은 불신감을 지니고 있었다. 심지어는 대마도인을 "조선과 일본 양국의 적"이라고 했다.

원중거는 문화의 척도로서 주자학을 들고 있는데,

귀국의 사람들을 보건대 총명함이 빼어나니 이는 진실로 문화가 일어날 수 있는 날이 되었다. 그러나 아쉽게도 좋은 단서가 겨우 싹텄는데 이단이 그것을 잡아매니 산하 수천리의 나라로 하여금 주자성인이 있음을 알지 못하게 하고 있다.[36]

라고 하여, 문화발전의 기대는 갖고 있으나, 주자의 학문을 알지 못함을 개탄하고 있다. 나아가 주자학을 통해 일본을 교화시키려는 의도를 드러내고 있다.

---

35) 원중거, 『乘槎錄』 권4, 갑신년 6월 14일.
36) 원중거, 『和國志』 권2, 「詩文之人」.

지금 보건데, 통신사 일행이 여러 번 들어 왔으며 장기의 서적이 이미 통하였다. 그 유학을 닦는 선비들이 사람의 떳떳한 도리와 사물의 법칙이 있음을 알게 되어 부녀자와 젖먹이 천한 사람에게 날마다 선을 권장하니 만약 높은 지위에 잇는 자가 앞장서서 이끈다면 역말이 빨려 들어가는 것 같아서 일본은 아주 바뀔 것이다. 저들이 만약 仁義를 알고 염치를 알아 옛것을 기뻐하고 지금을 돌이킨다면 이는 단지 그 나라의 다행만이 아니라 우리나라와 중국이 침략당할 우환이 더욱 없어 질 것이다.[37)]

라고 하여, 통신사와 장기의 서적에 의해 일본문화가 긍정적으로 바뀌어 침략의 우환이 없어질 것으로 낙관했다.

두 번째, 원중거의 정치관은 주로 정치권력의 핵심인 天皇과 幕府將軍과 이 관계였다. 원중거는 천황이 실권은 없지만, 일본의 최고 통치자이며 일본신도의 최고사제로서 막부가 함부로 할 수없는 권위를 가지고 있다고 했다. 그는 막부장군이 왕이 아니라 형식상 천황의 신하임을 강조했다.

왜인이 존숭하는 바는 첫째 신도이고, 둘째 불교이며, 셋째가 문장인데 모두 倭京에서 전단하고 있다. 그래서 천황의 권력이 비록 옮겨졌지만 모두 긍지를 가지고 있어 江戸나 諸州다와 같이 하려하지 않는다. …… 만일 밝은 군주와 현명한 신하가 나와 지금의 구졸르 바꾸어 권세와 기강을 잡아 諸侯를 제어하면 한 귀퉁이에 있는 武州는 스스로를 돌보기에도 바쁠 것이다.[38)]

고 하였다. 원중거는 현실적으로 장군이 집권하고 있는 幕藩體制에 대해서는 인정하고 있지만, 막부정치의 여하에 의해 '尊王運動'이 일어날 가능성도 충분히 시사했다.

한편, 원중거는 일본경제의 발전상에 대해 감탄하면서 그 장점에 대해 상세히 기술했다. 江戸까지 천리를 왕래하는데, 名都와 大邑이 아닌 곳이

---

37) 원중거, 『和國志』권1, 「中國通使征伐」
38) 원중거, 『和國志』天卷, 風俗.

없다고 하면서, 대도시의 발전상을 기술했고, 국내 상업의 활발함과 함께
南蠻諸國과의 교역에 의해 경제력이 풍부하다고 했다. 또한 일본의 토지사
용과 농사방식의 효율성, 그리고 생산성을 높이 평가했다. 또 도로와 교량
에 대해서도 상세히 기술했다. 그러나 인삼종자와 재배법을 일본에 전해주
장을 하기도하는데, 이러한 견해는 인삼의 밀무역, 禮單蔘 마련의 어려움,
등의 폐단과 일본에서 인삼의 자급이 이루어진다면 일보의 生靈을 구할 수
있으며, 인삼의 품귀현상이 줄어들고, 밀무역의 폐단도 없어질 것이라는 소
박한 생각이다. 요컨대 국가경제나 대외무역에 미치는 영향은 고려치 않고
있다.

　원중거의 일본풍속관은 『和國志』 地卷에 잘 정리되어 있는데, 관혼상제
에서 삭발·帶劍·染齒·일부다처제·火葬·祭祀 등 조선과 다른 이국적인 풍속
에 대해 비교적 담담하고 객관적인 자세를 보여준다. 대체로 문화상대주의
적인 입장에서 일본풍속을 이해했고, 일본이적관이나 우월의식이 강하게
나타나지는 않는다.[39]

　다음, 원중거가 『和國志』에서 큰 비중을 두고 있는 기술이 조선과 일본
과의 외교 및 전쟁부분이다. 조선과 일본관계에 대해서는 고대부터 영조 때
까지 기술했는데, 삼국시대부터 고려시대까지의 대일관계와 일중관계를 기
술했고, 조선시대에는 대마도정벌과 조선전기 일본에서 조선에 온 일본사절
과 조선초기부터 1764년 계미사행까지의 조선사절에 대해 기술했다. 또 왜
관의 유래와 약조, 당시의 年例送使船의 숫자와 교역현황을 상술했다. 「李忠
武公遺事」, 「許萬春傳」, 「安龍福傳」 등 대일관계에서 공로를 세운 세 사람의
전기를 싣기도 했다. 원중거는 특히 임진왜란에 대해 자세히 기술했다. "흉
도들의 始終을 끝까지 기록함으로써 壬辰事首末을 갖추고자 한 것"이지만
그러한 동기는 기본적으로 臥薪嘗膽의 뜻에서 나온 것임을 분명히 했다. 그
는 『和國志』 地卷 「各州城府」에서 전국 大名을 기술하면서 임란 당시 침입

---

39) 하우봉, 「원중거의 일본인식」 『조선통신사 사행록연구총서』 7, 365쪽.

한 大名들에 대해서 별도로 부기를 하면서, 그 후손들의 존재여부까지 표기했다. 그 이유에 대해서는 비록 '討復之事'는 거론치 않지만 잊어서는 되기 않기 때문이라고 했다.

끝으로 원중거는 사행의 귀환 길에 통신사행의 목적과 폐단, 그리고 개선점에 대해 기술했다.[40] 그는 '通信有五利'에서 통신사를 파견해서 얻는 5가지 잇점으로 첫째, 교린의 의의를 전하고, 국서와 예물로 수호하여 양국의 기쁨을 맺고 누세의 우호를 두텁게 함으로써 의심과 시기함을 없애어 변방의 평안을 얻는 점, 둘째, 일본의 지세와 풍속을 살피고 政令과 서적 등을 견문해서 유사시에 기미를 알아 조치할 수 있는 점, 셋째, 대마도인의 간계와 횡포를 江戶幕府가 모르는데, 통신사행을 통해 폐해를 알리고 막을 수 있다는 점, 넷째, 우리나라의 舟楫 사용법이 본래 소홀하고 大海風濤를 겪은 경험이 없는데, 통신사행을 통해 익숙해 질 수 있다는 점, 다섯째, 사행의 문화교류를 통해 일본이 예의염치를 알게 되면 군사행동을 일으키지 않을 것이고 변경이 평안해 질 것이라는 점이다.

또한 '通信行中有三大弊'에서 통신사 수행원이 너무 많다는 점과 商譯들의 권한이 너무 중하다는 점, 교역물품이 너무 많다는 점을 지적했다. 따라서 통신사의 사행인원을 대폭줄이고, 상역과 교역물자를 제한하며, 사행원의 역할조정과 선발기준을 새로 정하며, 난잡한 시문창수와 마상재 등 놀이방식의 문화교류를 정비할 것을 제안했다.

당시 일본국내에서 통신사의 의미와 문화교류의 비판, 비용절감을 위한 대책 등이 제시되고 있음을 생각하면, 원중거 자신도 이미 통신사의 문제점을 정확히 파악했음을 알 수 있으며, 실제로 이러한 폐단에 의해 1764년의 통신사행은 에도를 왕래한 마지막 통신사가 되었다. 그리고 다음 사행은 몇 차례의 연기를 거친 후, 1811년 대마도에서 규모와 절차가 대폭 축소된 易地通信의 형태로 이루어졌다. 역지통신에 대한 평가가 다를 수는 있지만,

---

40) 원중거, 『乘槎錄』 권4, 갑신년 6월 14일.

원중거의 통신사에 대한 제안은 결과적으로 상당부분 현실화 된 셈이다.

그러나 원중거의 일본인식에도 전통적인 화이관을 벗어나지 못하고 있다. 즉 그 역시 성리학에 입각하여 일본을 교화한다는 명분론적 내지 문화 우월주의적인 인식에서 탈피하지 못했다. 나아가 일본문화의 발전에 따라 의리명분론이 강화되고, 尊王運動이 전개될 것이라는 견해는 매우 탁월하나 그에 따라 일본의 침략가능성을 배제했다는 점에 있어서는 전통적인 교화 론자의 한계를 벗어나지 못했다.

5. 맺음말

이상에서 조선시대 일본사행 기록 43편중 송희경, 김성일, 원중거의 사행 록 4편을 외교사적 관점에서 살펴보았다. 이들 사행록을 택한 이유는 송희 경의 『日本行錄』은 조선초기 대일관계 성립기의 사행록이며, 조선시대 최 초의 대일사행록이라는 점, 김성일의 『海槎錄』은 퇴계와 율곡에 의해 주자 학이 심화되어 가는 시기로 임진왜란 직전이라는 점, 원중거의 『乘槎錄』과 『和國志』는 조선후기 통신사행의 최절정기라 할 수 있는 18세기 후반으로 江戶까지 왕래한 마지막 통신사였다는 점 등이 각기 그 특징을 추출해 낼 수 있을 것이라고 생각했기 때문이다.

앞서 살펴본 대로 이들 사행록은 각 사행이 처한 시대적 상황을 충분히 표출하면서, 각기 외교사행의 목적에 충실했다. 송희경의 경우, 그가 기록 한 일본의 정치상황은 조선초기 대일정책을 수립하는 데 커다란 기여를 했 으며, 김성일의 경우, 임란발발에 대한 부정적인 보고로 오명을 남기기도 했지만, 국체를 지키려는 강직한 의지는 나름대로 높이 평가되고 있다. 그 리고 원중거의 경우는 이후, 홍대용·박지원·이덕무·박제가·유득공·이서구 등 북학파 내지 연암일파의 일본관 형성에 큰 영향을 주었으며, 정약용과

김정희에게 까지 이어졌다고 파악되고 있다.[41]

따라서 통신사 사행기록은 각 시대마다 일본의 모습을 나름대로 사실적으로 묘사했다고 평가할 수 있다. 그러나 조선시대 전기간을 통해 「화이관」적인 세계관을 탈피하지 못했고, 문화우월주의적인 인식에서 벗어나지 못했다. 이러한 장애로 인해 결국은 일본을 객관적이고 상대적으로 인식할 수 없었으며, 변화하는 한일관계에 능동적으로 대처할 수 있는 힘을 자생적으로 키워갈 수 없었던 것이다.

그러나 이들 사행록에 나타나는 각자의 화이관도 시대에 따라 상당한 차이를 보여주고 있다. 송희경의 경우, 조선 초기 소중화론이 싹터가는 시기여서 인지, 일본의 문화나 풍속에 대해 지나치게 이적시하거나 배타적인 인식을 과시하려는 식의 표현은 적었다. 그러나 퇴계·율곡에 의해 주자학이 심화되고 예적 질서가 강조되는 김성일의 시기에 와서는 철저한 화이론적 입장에서 일본을 이적시 하였고, 화이론적 명분론에 집착한 나머지 일본의 사회나 문화에 대한 현실적인 이해가 어렵게 되었다. 이점에서 현실성이 결여되었다는 비판을 면할 수는 없게 되었다. 그러나 원중거의 사행록은 18세기 실학시대의 산물로 평가될 만큼 화이관의 변화를 보여준다. 조선인과 일본인의 동질성을 밝히고, 조선인과 비교하여 일본인의 장점을 기술했다. 또한 천황과 막부장군과의 관계를 직시하여 尊王運動을 예견하기도 했다. 그리고 '通信有五利'와 '通信行中有三大弊'를 통해 통신사의 목적과 폐단을 직시하여 통신사제도를 개선할 것을 제시하기도 했다.

그렇다면 사행록에 나타나는 '華夷觀'을 역사적으로 어떻게 평가해야 할 것인가? 그들의 대일인식이 華夷觀에 기초한다고 해서, 무조건 현실성이 결여되었다고 치부해 버릴 것인가? 大阪 堺濱의 引接寺에서 "來朝"라는 문구에 격분하여 접대를 거부하고, '자신의 소견을 기록하여 지혜있는 사람을 기다리겠다'다던 김성일의 말이 떠오른다.

---

41) 하우봉, 「원중거의 일본인식」『조선통신사 사행록연구총서』7, 396쪽.

　우리는 이러한 점에서 조선시대의 절대적인 가치관이었던 朱子學적 세계관을 벗어날 방법을 우리의 역사 속에서 찾을 수 있을까? 그 점을 따지지 않고, 華夷觀만을 매도한다면, 혹 컴퓨터의 운영체계가 다른 일본의 프로그램을 그대로 한국에서 돌려야 한다는 생각을 가지고 있는 것은 아닌지, 다시 생각해 볼 일이다. 어쩌면 지금 우리가 말하고 있는 허와 실도 이러한 측면에서 생각해야 하는 것은 아닌지?

　이러한 점에서 통신사 기록의 허와 실을 찾아야 할 것이며, 이점 또한 현재의 한일관계에 시사하는 바가 크다고 생각한다. 현대 한국인의 일본인식에는 혹 이러한 문제는 없는지 역사적인 귀감으로 삼아야 할 것이다.

찾아보기